LA DÉPARTEMENTALISATION DE MAYOTTE

Sous la direction de
Julie Dupont-Lassalle,
François Hermet et Élise Ralser

La départementalisation de Mayotte

Un premier bilan juridique et économique

Préface d'Ericka Bareigts

L'Harmattan

5-7, rue de l'École-Polytechnique ; 75005 Paris

http://www.editions-harmattan.fr/

ISBN : 978-2-343-11035-6
EAN : 9782343110356

SOMMAIRE

AVANT-PROPOS

Cet ouvrage est un recueil d'articles visant à dresser un premier bilan juridique et économique du dernier-né des départements français : l'île de Mayotte. Les contributions constituent une version écrite et actualisée d'une sélection de papiers présentés oralement lors d'un colloque pluridisciplinaire organisé à l'Université de La Réunion, le 27 octobre 2016, sous l'égide de l'Observatoire des Sociétés de l'océan Indien (OSOI) et le haut patronage du ministère des Outre-mer.

PRÉFACE

Mayotte, comme le disent souvent les Mahorais est le 5e DOM français mais ne veut pas être la 5e roue du carrosse. Parce que les actes des représentants de la République sont importants, mon premier déplacement officiel en tant que ministre des Outre-mer fut dans ce département.

Alors que nous fêtons cette année le 72e anniversaire de la départementalisation des DOM historiques (la Guadeloupe, la Guyane, la Martinique et La Réunion), leur histoire a été cahoteuse, passant de l'espoir aux promesses, de crédits insuffisants à des plans de rattrapage.

Le territoire de Mayotte est devenu le 101e département français le 31 mars 2011 et la 9e région ultrapériphérique au sein de l'Union européenne le 1er janvier 2014. Ces deux dates marquent un aboutissement, l'ancrage de Mayotte au sein de la République française et de l'Union européenne, quarante ans après le 1er référendum qui lierait encore, contrairement aux autres îles comoriennes, ce territoire à la France. Cette évolution historique récente doit cependant permettre, au regard de l'expérience acquise, un développement et un rattrapage des indicateurs plus rapides que ses quatre « grandes sœurs ».

Si l'INSEE recense 256 500 Mahorais en septembre 2017, la présence humaine sur le territoire tend vers 400 000 habitants, qu'ils soient français, étrangers en situation régulière ou irrégulière. Le plus récent des départements français souffre de nombreux maux : le retard d'investissement des acteurs publics dû notamment au manque de moyens et de l'investissement de l'État à la hauteur des enjeux durant de nombreuses années alors même que les conditions sociales et sanitaires y sont les plus basses de France. Elle n'en a pas moins de très nombreuses richesses, notamment au regard de sa culture, de son environnement et de sa jeunesse. Mais encore faut-il donner les moyens à ce territoire et ses habitants de se développer de manière idoine. S'il y a bien sûr l'aménagement et les nombreux investissements à opérer en matière d'infrastructures publiques (écoles, centres de soins, ressources en eau, etc.), l'aspect juridique est également un enjeu de taille, qu'il concerne l'adaptation du droit coutumier aux lois nationales, que l'inverse, permettant *in fine* un accès au droit plus important pour tous.

C'est l'ambition de la loi Égalité réelle Outre-mer que j'ai portée au Parlement. Cette loi prévoit l'alignement des allocations familiales d'ici 2021, la mise en place du complément familial Outre-mer, parachève l'allocation d'éducation pour enfant handicapé, accompagnement de la mise en place d'un système complet d'assurance vieillesse. Il y a aussi le programme Mayotte 2025 signé le 13 juin 2015 mettant en place 325 mesures concrètes dont au moins un tiers ont été mises en œuvre en à peine un an. Il prévoit également une hausse importante annuelle des crédits de l'État en faveur de ce département – + 19,3 % en 2017 par rapport à 2015 – dans la continuité des 3 dernières années (+18 %) sans compter le facteur humain du développement avec la mobilisation de 6 500 agents de l'Éducation nationale contre 5 500 en 2012 car l'avenir de Mayotte dépend aussi et principalement de sa jeunesse qui représente plus de la moitié des habitants. Voilà pourquoi la qualité de l'éducation est aussi un défi éducatif important pour l'avenir du territoire.

Il faut contribuer à l'émancipation, à l'épanouissement de cette jeunesse qui est un véritable atout et une richesse pour le futur de l'île. En ce sens, la loi Égalité réelle a créé le dispositif cadres d'avenir Mayotte, pour que la jeunesse mahoraise devienne les cadres de demain.

C'est aussi pourquoi des partenariats ont été passés avec des universités de l'hexagone ou que des internats de réussite éducative sont actuellement en construction. Il faut également évoquer la mise en place, pour le projet de loi de finances 2017, d'une compensation financière annuelle de près de 10 millions d'euros. Enfin, dans le volet sécurité, le ministère des Outre-mer, en partenariat avec le ministère de l'Intérieur, déploie le Plan sécurité qui augmentera les moyens humains et budgétaires afin de garantir à tous, partout la sécurité que chacun est en droit d'attendre. Gageons que ces investissements nécessaires, mais jamais suffisants, seront bénéfiques et propices à un plus fort épanouissement.

Bien sûr, le bilan territorial de 5 années de changements importants pour Mayotte et les perspectives ne sauraient être uniquement étudiés par le prisme unique du soutien de l'État à ce territoire.

C’est pour réaliser un bilan plus large dans les domaines importants à la fois pour le territoire et pour ses habitants que ce recueil d’articles, codirigé par trois enseignants-chercheurs de la faculté de Droit et d’Économie de l’Université de La Réunion, aborde les principaux enjeux du territoire d’une part, par les enjeux de l’égalité juridique tant institutionnelle que matérielle, d’autre part, par la réalité économique et les enjeux de son européisation et de sa départementalisation.

Cet ouvrage permet d’établir un vrai premier bilan exhaustif tant sur des constats généraux que sur des situations particulières dans les principaux domaines tant juridiques qu’économiques, permettant de tracer les orientations importantes à suivre pour que Mayotte se développe au profit en premier des Mahorais.

Ericka BAREIGTS
Ministre des Outre-mer

Mayotte et son insertion dans les institutions françaises et européennes

Jacques ZILLER

Professeur de droit public à l'Université de Pavie. Anciennement professeur de droit public à l'Université des Antilles et de la Guyane, puis à l'Université Paris 1 – Panthéon-Sorbonne.

La présente communication a été pensée dans le cadre du programme du colloque « Cinq ans de départementalisation à Mayotte » et plus précisément comme explication de ce qu'est l'« égalité institutionnelle » en tant qu'élément de l'égalité juridique de Mayotte avec les autres départements et régions françaises. Il n'est sans doute pas inutile de souligner qu'il s'agit du statut juridique de Mayotte en tant que collectivité territoriale de la République, quarante ans après le référendum sur l'autodétermination de Mayotte du 8 février 1976, et soixante-dix ans après la loi du 19 mars 1946 sur la départementalisation outre-mer. Le titre de cette communication, judicieusement choisi par les organisateurs du colloque, met l'accent sur les institutions : « insertion dans les institutions françaises et européennes ». Il s'agit manifestement de traiter de l'égalité institutionnelle de Mayotte après le changement de statut et il est clair pour le juriste que le terme « institution » doit être entendu dans une définition large, non seulement organique mais normative.

En effet, si l'on s'en tenait à une définition purement organique du concept d'institution, l'analyse devrait se limiter à la représentation de Mayotte dans le cadre du Sénat de la République française – seule institution où la collectivité territoriale et sa population sont « insérées » en tant que telles. En effet, contrairement aux sénateurs, les députés élus à Mayotte ne représentent pas simplement leurs électeurs, mais – comme tout député – l'ensemble du peuple français. Quant aux institutions de l'Union européenne au sens étroit des traités – Parlement européen, Conseil européen, Conseil, Commission, Cour de justice, Cour des comptes, Banque centrale –, elles ne comportent aucune structure de représentation de Mayotte – ni d'ailleurs des collectivités d'outre-mer ou des régions ultrapériphériques. Si l'on élargit la notion à celle d'organes et organismes – selon le vocabulaire des traités sur l'Union (TUE) et sur le fonctionnement de l'Union européenne (TFUE) – l'on peut seulement noter que le Comité des Régions – organe consultatif de représentation des autorités locales et régionales des États membres de l'Union, ne comprend pas non plus de structure de représentation de Mayotte, pas plus d'ailleurs que le Parlement ou le Comité ne comprennent de structure garantissant une représentation des départements-régions d'outre-mer dans leur ensemble, ce qui n'est guère faisable étant donné que le nombre de députés européens élus en France est de 74 et celui des membres du Comité des Régions de 24 titulaires et 24 suppléants. Les départements-régions d'outre-mer et Mayotte ont la chance que parmi ces membres suppléants figure durant l'actuelle période législative 2014-2019 la présidente du Conseil général de La Réunion Nassimah Dindar.

Si l'on adopte par contre une définition large du terme « institution » c'est-à-dire l'ensemble des règles applicables aux activités de Mayotte dans le droit français et européen, il est clair qu'il s'agit d'analyser les changements dus au fait que Mayotte, qui était régie en droit français par les règles propres à son statut de collectivité d'outre-mer (un territoire d'outre-mer avant la réforme constitutionnelle de mars 2003) et en droit de l'Union européenne par les règles propres au statut des pays et territoires d'outre-mer (PTOM), est soumise au droit commun des départements et régions d'outre-mer depuis le 31 mars 2011, et au droit commun des régions ultrapériphériques (RUP) de l'Union européenne depuis le 1er janvier 2014 en vertu de la *Décision 2012/419/UE du Conseil européen du 11 juillet 2012, modifiant le statut à l'égard de l'Union européenne de Mayotte*[1]. Le simple énoncé de ces dates montre que les deux changements de statuts ne vont pas automatiquement de pair, même s'ils sont liés.

Ce colloque consacré à cinq ans de départementalisation vient particulièrement à point nommé en ce qui concerne l'insertion de Mayotte dans les institutions de l'Union européenne – sa « rupéisation » pour utiliser un néologisme peu élégant mais très en vogue, suite à une très importante décision de la Cour de justice de l'Union européenne, l'arrêt du 15 décembre 2015 dans les affaires

[1] JOUE L 204, p. 131.

jointes C-132/14 à C-136/14, *Parlement et Commission c. Conseil.* Le simple fait qu'il s'agisse d'une affaire opposant les trois institutions majeures de l'Union montre qu'il ne s'agit pas d'une décision limitée aux questions techniques concernant notamment la pêche à Mayotte, mais bien d'une décision d'importance générale pour le droit de l'Union, qui mérite d'être commentée ici.

Si la départementalisation de Mayotte a eu des conséquences notables du point de vue du droit de l'Union européenne il n'en va pas de même de l'autre pan du droit européen, celui du Conseil de l'Europe et au premier de la Convention européenne des droits de l'homme. L'on pourrait certes réfléchir sur la question de savoir si la référence aux « nécessités locales » des « territoires d'outre-mer » et de la « collectivité territoriale » de Mayotte contenue dans les réserves et déclarations de la France en ce qui concerne la CEDH[2] est devenue caduque du fait de la départementalisation, ce qui n'est d'ailleurs pas une question seulement théorique. Mais il convient de rappeler en premier lieu que la Cour européenne des droits de l'homme est en tout état de cause très réticente à admettre la pertinence de telles « nécessités locales » dans les affaires qui lui sont soumises[3] ; et en

---

[2] *Déclaration consignée dans l'instrument de ratification, déposé le 3 mai 1974* : « Le Gouvernement de la République déclare en outre que la présente Convention s'appliquera à l'ensemble du territoire de la République, compte tenu, en ce qui concerne les territoires d'outre-mer, des nécessités locales auxquelles l'article 63 [article 56 de la Convention depuis l'entrée en vigueur du Protocole no 11] fait référence » ; *Réserve contenue dans l'instrument de ratification, déposé le 17 février 1986* : « le Protocole n° 7 à la Convention de sauvegarde des droits de l'homme et des libertés fondamentales s'appliquera à l'ensemble du territoire de la République, compte tenu, en ce qui concerne les territoires d'outre-mer et la collectivité territoriale de Mayotte, des nécessités locales auxquelles l'article 63 [article 56 depuis l'entrée en vigueur du Protocole no. 11) de la Convention européenne des droits de l'homme et des libertés fondamentales fait référence. »

[3] Voir à ce propos l'intéressante note publiée le 27 février 2015 sur le site internet *Combats pour les droits de l'homme (CPDH)* : Camille Escuillié, « Mayotte : un encadrement cosmétique du renvoi des mineurs étrangers arbitrairement rattachés à des adultes accompagnants » qui se réfère notamment à l'affaire *De Souza Ribeiro c. France* (Requête n° 22689/07), arrêt du 13 décembre 2012. Voir aussi le communiqué de *La Cimade (Comité inter mouvements auprès des évacués)* à l'occasion des arrêts du 12 juillet 2016 *A.B. et autres c. France* (n° 11593/12), *A.M. et autres c. France* (n° 24587/12), *R.C. et V.C. c. France* (n° 76491/14), *R.K. et autres c. France* (n° 68264/14) et *R.M. et autres c. France* (n° 33201/11) – dont aucun ne concernait directement Mayotte – : « La Cimade appelle le gouvernement français à tirer toutes les conséquences des arrêts de la CEDH. La loi doit changer pour mettre fin à l'enfermement en rétention des enfants, y compris à Mayotte »,

second lieu qu'il n'y a aucune limitation juridique à l'application territoriale de la Charte des droits fondamentaux de l'Union, qui renvoie à la CEDH, et qui s'applique aussi bien aux PTOM qu'au reste des territoires des États membres de l'Union[4].

Étant donné d'une part l'intérêt de l'arrêt de décembre 2015 et d'autre part le fait que la littérature concernant le changement de statut de Mayotte en droit interne et en droit de l'Union européenne est à la fois abondante et de qualité[5], il me semble plus intéressant pour la contribution écrite à la publication des actes du colloque du 27 octobre 2016 de me consacrer essentiellement à la jurisprudence de la Cour de justice de l'Union européenne, après un bref rappel de ce qu'implique le passage de la situation de collectivité de l'art. 74 à celle de département/région de l'art. 73 de la Constitution française, et le passage de la situation de PTOM à celle de RUP.

A. Le changement de statut de Mayotte en droit français et en droit de l'Union européenne

En premier lieu, il faut souligner que le changement de statut de Mayotte, peut-être plus encore que celui de Saint-Barthélemy qui l'a précédé[6], confirme la justesse de l'analyse selon laquelle le statut de droit interne de collectivité d'outre-mer ne préjuge pas de leur statut en droit de l'Union européenne. Cette thèse a été confirmée en droit positif par le traité de Lisbonne, qui a introduit dans l'ancien art. 299 CE une nouvelle disposition (art. 355 par. 6 TFUE), selon laquelle « Le Conseil européen, sur initiative de l'État membre concerné, peut adopter une décision modifiant le statut à l'égard de l'Union d'un pays ou territoire danois, français ou néerlandais visé aux paragraphes 1 et 2. Le Conseil européen statue à l'unanimité, après consultation de la Commission ». C'est principalement en vue de l'évolution de Mayotte que pendant la Convention européenne 2002-2003, le gouvernement

---

http://www.lacimade.org/presse/la-france-condamnee-cinq-fois-par-la-cedh-lenfermement-des-enfants-en-retention-doit-cesser/

[4] V. Ziller, J., « Champ d'application du droit de l'Union européenne », in *Juris-Classeur Europe*, Lexis-Nexis, fasc. 470.

[5] En particulier Thomas M'Saïdié, *Les Pays et territoires d'outre-mer dans l'Union européenne*, Bruxelles, Bruylant, 2013 et Faneva Tsiadino Rakotondrahaso, *Le statut de Mayotte vis-à-vis de l'Union européenne,* Aix-en-Provence, PUAM, 2014.

[6] *Décision du Conseil européen n° 2010/718/UE : du 29 octobre 2010 modifiant le statut à l'égard de l'Union européenne de l'île de Saint-Barthélemy*, JOUE L 325, 9.12.2010, p. 4-5.

français – conjointement le gouvernement des Pays-Bas, qui agissait à la demande avancée par les leaders du parti d'opposition de l'époque Aruba MM. Eman et Sevinger[7] – avait demandé l'insertion dans les traités de cette « clause passerelle » devant permettre la modification du régime juridique de ces collectivités ultramarines sans révision du traité.

La thèse en question était minoritaire dans la doctrine jusqu'aux années quatre-vingt-dix, car la doctrine dominante s'appuyait sur le cas de Saint-Pierre-et-Miquelon pour affirmer que le statut communautaire suivait automatiquement le statut de droit interne. En effet, le gouvernement français avait demandé l'application du Fonds européen de développement régional, récemment créé, à Saint-Pierre-et-Miquelon tout de suite après sa départementalisation le 9 juillet 1976 ; après quoi le gouvernement français avait fait transformer le département en collectivité territoriale de l'art. 74 de la Constitution par la loi n° 85-595 du 11 juin 1985, afin de soustraire les espaces maritimes adjacents à la compétence de la Communauté européenne en matière de pêche, car celle-ci comprenait la compétence pour négocier sur la délimitation des eaux territoriales avec le Canada. Or, la Commission européenne n'avait jamais accédé à la demande du gouvernement français entre 1976 et 1985, et en l'absence de contentieux porté devant la CJCE, il n'existait pas d'interprétation authentique relative à la contradiction apparente entre l'art. 227 par. 2 CEE qui visait expressément les départements français d'outre-mer et la mention de Saint-Pierre-et-Miquelon à l'Annexe II au traité – qui a la même valeur juridique que le traité lui-même. L'énumération des collectivités pertinentes à l'art. 355 TFUE due au traité de Lisbonne consacre définitivement, avec le paragraphe 6 cité ci-dessus, la thèse de la dissociation entre les deux statuts, que le gouvernement français avait donc avalisée officiellement, au moment où se préparait la révision constitutionnelle de 2003[8].

---

[7] Il s'agit des demandeurs dans l'affaire C-300 / 04, ECLI:EU:C:2006:545 ; voir aussi Eman, Mike "Defending the Democratic Rights of EU Citizens Overseas: a Personal History" *in* Kochenov, Dimitry, (éd.) *EU Law of the Overseas: Outermost Regions, Associated Overseas Countries and Territories, Territories Sui Generis*, Alphen aan den Rijn, Kluwer Law, 2011, p. 433-437.

[8] Pour des exposés divergents relatifs à cette thèse, v. notamment les différents chapitres de Tesoka, L. et Ziller, J. (dir.), *Union européenne et outre-mers, unis dans leur diversité – Actes du colloque organisé à Florence les 12 et 13 avril 2007*, Aix-en-Provence, PUAM, 2008.

En second lieu, quelques considérations relatives au passage de la situation de collectivité de l'art. 74 de la Constitution à celle de département-région de l'art. 73. Le principe est que Mayotte est passée de la spécialité législative à l'identité législative[9]. Selon le principe de la spécialité législative, qui s'appliquait à tout l'outre-mer avant la loi de départementalisation de 1946, le droit commun des lois et décrets de la République ne s'applique pas, sauf indication expresse du législateur, alors qu'avec le principe de l'identité législative que l'on dénommait « principe d'assimilation » avant la révision de 2003 c'est le contraire : le droit commun des lois et décrets de la République ne s'applique pas, sauf indication expresse du législateur. Ainsi énoncés, les principes sont en effet opposés. La réalité est nettement plus nuancée, et l'a toujours été. Avant la loi de départementalisation de 1946, les « vieilles colonies » avaient déjà un régime organique (des institutions) très proche du droit commun métropolitain, avec comme différence essentielle un gouverneur au lieu d'un préfet. Après la loi de départementalisation, le régime organique des DOM était quasiment identique à celui des départements métropolitains, mais la régionalisation avait déjà introduit des différences, ne fût-ce que la superposition de la région et du département sur le même territoire. Après la révision de 2003 et ses lois d'application, le régime organique des départements-régions de l'art. 73 n'est pas identique à celui de la métropole, et n'est pas uniforme, comme l'on sait. Quant à l'identité normative, l'on sait que cela a été la pierre d'achoppement principale de l'assimilation voulue par la loi de départementalisation de 1946, avant de devenir une revendication de nombre de partis politiques outre-mer.

En troisième lieu, en ce qui concerne le passage de la situation de PTOM à celle de RUP, il y a un certain parallélisme avec le droit français. Il faut toutefois souligner qu'il ne s'agit pas de collectivités « de » l'Union européenne car celle-ci est uniquement constituée d'États souverains, mais de « structures d'autonomie locale » de certains de ses États membres au sens de l'art. 4 par. 2 TUE[10]. Les

---

[9] Pour des développements plus approfondis v. Faberon, J.Y. et Ziller, J., *Droit des Collectivités d'outre-mer*, Paris, LGDJ, 2007, notamment p. 217-219.

[10] « L'Union respecte l'égalité des États membres devant les traités ainsi que leur identité nationale, inhérente à leurs structures fondamentales politiques et constitutionnelles, y compris en ce qui concerne l'autonomie locale et régionale. Elle respecte les fonctions essentielles de l'État, notamment celles qui ont pour objet d'assurer son intégrité territoriale, de maintenir l'ordre public et de sauvegarder la

traités sur l'Union européenne ainsi que le droit qui en dérive sont en principe applicables sur tout le territoire des États membres, comme établi à l'art. 55 TUE, mais sous réserve des précisions de l'art. 355 TFUE relatif au champ d'application territoriale. Il résulte du paragraphe premier de cet article que l'ensemble du droit de l'Union s'applique aux structures d'autonomie qui y sont énumérées[11], et donc à Mayotte depuis le 1er janvier 2014 « conformément à l'art. 349 TFUE » relatif aux possibilités d'adaptation de ce droit en faveur des RUP. Par contre, en vertu du deuxième paragraphe du même article, les « pays et territoires d'outre-mer dont la liste figure à l'annexe II [ce qui était le cas de Mayotte jusqu'au 31 décembre 2013] font l'objet du régime spécial d'association défini dans la quatrième partie [du TFUE] ». Comme l'a confirmé la jurisprudence Cour de justice de l'Union européenne, il y a un certain parallélisme avec les principes du droit français : les dispositions du droit de l'Union s'appliquent aux RUP sauf dérogation expresse du législateur de l'Union, alors qu'elles ne s'appliquent pas en principe aux PTOM. En ce qui concerne ces derniers, toutefois, la détermination des règles applicables est plus complexe que ne l'est celle des règles applicables aux collectivités de l'art. 74 de la Constitution en droit français.

En effet, il y a quelques doutes quant à l'applicabilité aux PTOM de dispositions des traités qui ne figurent pas à la quatrième partie du TFUE relative à l'association des PTOM, et de ce fait, il n'est pas toujours évident que le droit dérivé de l'Union puisse légalement s'y appliquer lorsqu'il le précise de façon explicite. La discussion sur la question de la *lex specialis*[12] que constituent la quatrième partie du TFUE et le droit qui en dérive n'a toutefois qu'un intérêt limité dans le cadre du droit positif applicable à Mayotte. En effet, tant du point de vue quantitatif que qualitatif, les règles de droit de l'Union qui étaient déjà applicables à Mayotte avant le 1er janvier 2014 sont d'importance minime par rapport aux règles qui ne s'appliquaient pas auparavant et sont devenues applicables depuis le 1er janvier 2014. Il y a lieu de préciser qu'il s'agit des règles applicables sur le territoire de Mayotte, les eaux territoriales et le plateau continental adjacents et non des règles applicables aux personnes physiques. Certes, sur le papier, il

---

sécurité nationale. En particulier, la sécurité nationale reste de la seule responsabilité de chaque État membre. »

[11] « Les dispositions des traités sont applicables à la Guadeloupe, à la Guyane française, à la Martinique, à Mayotte, à La Réunion, à Saint-Martin, aux Açores, à Madère et aux îles Canaries, conformément à l'article 349. »

[12] La littérature mentionnée aux notes 5, 6 et 9 traite abondamment de ce sujet.

était possible à Mayotte avant 2014 d'adopter un régime spécifique limitant l'accès au marché du travail de citoyens de l'Union européenne non-résidents – à l'instar de la Nouvelle-Calédonie et de la Polynésie française – mais il s'agissait par là d'une problématique toute théorique, sans rapport avec les véritables problèmes d'immigration vers Mayotte, qui n'ont jamais concerné que des citoyens d'États tiers et non des citoyens de l'Union.

À partir du moment où un territoire d'un État membre de l'Union cesse de figurer à l'annexe II, l'ensemble de l'acquis de l'Union[13] s'y applique en principe. Dans le cas de Mayotte, il s'agit de l'ensemble du droit dérivé de l'Union et de la jurisprudence pertinente, avec les particularités dues au régime des RUP, mais à l'exception de l'« acquis de Schengen » – en particulier du « code des frontières Schengen »[14]. Cela signifie en particulier que Mayotte fait depuis lors partie du marché intérieur de l'Union et que toutes les politiques corollaires à celui-ci – qui sont évoquées à l'art. 3 par. 3 TUE sur les objectifs de l'Union – s'y appliquent, avec notamment un accès de plein droit aux financements du budget de l'Union, en particulier aux fonds structurels. Un tel changement pourrait avoir des effets négatifs s'il n'était pas accompagné de mesures de transition. C'est pourquoi, en même temps qu'il engageait la procédure prévue à l'art. 355 par. 6 TFUE qui conduisit à la décision du Conseil européen du 11 juillet 2012, le gouvernement français entreprit les démarches nécessaires pour que la Commission propose au législateur de l'Union une série de mesures transitoires, reportant l'échéance de l'application à Mayotte de certaines règles du droit de l'Union. La Commission accueillit ces demandes et proposa trois textes.

Une *Proposition de Règlement du Parlement européen et du Conseil portant modification de certains règlements dans le domaine*

---

[13] Selon le « Glossaire des synthèses » du portail d'accès au droit de l'Union européenne EurLex, l'acquis de l'Union européenne « correspond au socle commun de droits et d'obligations qui lie l'ensemble des pays de l'UE en tant que membres de l'Union. Il est en évolution constante et comprend : la teneur, les principes et les objectifs politiques des traités ; – la législation adoptée en application des traités et la jurisprudence de la Cour de justice de l'UE ; les déclarations et les résolutions adoptées dans le cadre de l'UE ; les actes relevant de la politique étrangère et de sécurité commune ; les actes convenus dans le cadre de la justice et des affaires intérieures ; les accords internationaux conclus par l'UE et ceux conclus par les pays de l'UE entre eux dans le domaine des activités de l'UE. »

[14] *Règlement (UE) 2016/399 du Parlement européen et du Conseil du 9 mars 2016 concernant un Code de l'Union relatif au régime de franchissement des frontières par les personnes (Code frontières Schengen)*, JOUE L 77 du 23. 3. 2016, p. 1-52.

de la pêche et de la santé animale en raison du changement de statut de Mayotte à l'égard de l'Union[15] devait permettre de modifier cinq règlements du Conseil dans le domaine de la pêche pour en reporter la date d'application au 31 décembre 2021, voire pour certains cas au 31 décembre 2031 : le *Règlement (CE) n° 850/98 du Conseil du 30 mars 1998*, « afin d'inclure les eaux bordant Mayotte et d'interdire l'utilisation de sennes tournantes pour encercler des bancs de thons et d'espèces similaires dans la zone de 24 milles à partir des lignes de base de l'île de manière à préserver les bancs de grands migrateurs à proximité de l'île de Mayotte » ; le *Règlement (CE) n° 104/2000 du Conseil du 17 décembre 1999 portant organisation commune des marchés dans le secteur des produits de la pêche et de l'aquaculture* ; le *Règlement (CE) n° 2371/2002 du Conseil du 20 décembre 2002*, « afin d'introduire des mesures spécifiques relatives au fichier de la flotte et au régime d'accès » ; le *Règlement (CE) n° 639/2004 du Conseil du 30 mars 2004*, « afin d'introduire le plan de développement présenté par la France à la Commission des thons de l'océan Indien (CTOI) comme référence en ce qui concerne la capacité de la flotte immatriculée dans les ports de Mayotte et afin d'autoriser la France à étoffer sa flotte jusqu'au niveau correspondant aux objectifs dudit plan de développement ; » le *Règlement (CE) n° 1224/2009 du Conseil du 20 novembre 2009,* « pour prévoir des mesures transitoires et des dérogations temporaires en ce qui concerne certaines règles relatives au contrôle des navires de pêche afin de leur permettre de se conformer progressivement à toutes les obligations et à tous les objectifs de l'Union en matière de contrôle prévus dans ledit règlement » ; le *Règlement (CE) n° 1069/2009 du Parlement européen et du Conseil du 21 octobre 2009*, « afin d'octroyer à la France une période transitoire de cinq ans en ce qui concerne Mayotte, pour lui permettre d'établir l'infrastructure nécessaire au recensement, à la manipulation, au transport, au traitement et à l'élimination des sous-produits animaux ».

Une *Proposition de Directive du Parlement européen et du Conseil modifiant certaines directives dans les domaines de l'environnement, de l'agriculture, de la politique sociale et de la santé publique en raison du changement de statut de Mayotte à l'égard de l'Union*[16] (dénommée la directive horizontale dans l'affaire portée devant la Cour de justice) devait permettre de reporter l'application à Mayotte

---

[15] COM (2013) 417 final.
[16] COM (2013) 418 final.

d'un certain nombre de règles contenues dans six directives différentes. Il s'agit de trois directives dans le domaine de l'environnement : la *Directive 91/271/CEE du Conseil du 21 mai 1991*, « afin d'accorder à la France des délais suffisants pour respecter les exigences des directives concernant le traitement des eaux urbaines résiduaires » ; la *Directive 2000/60/CE du Parlement européen et du Conseil du 23 octobre 2000*, « afin d'accorder à la France des délais suffisants pour l'adoption et la bonne mise en œuvre des plans de gestion des bassins hydrographiques » ; la *Directive 2006/7/CE du Parlement européen et du Conseil du 15 février 2006*, « afin de fixer des échéances spécifiques pour permettre à la France de respecter les normes de l'Union en ce qui concerne la qualité des eaux de baignade ». En matière d'élevage, il s'agit d'une *Directive 1999/74/CE du Conseil du 19 juillet 1999 établissant les normes minimales relatives à la protection des poules pondeuses*, « étant donné que les poules pondeuses sont élevées à Mayotte dans des cages non aménagées et qu'il serait difficile de changer cette situation à court terme ». Enfin en matière de santé, il s'agit de la *Directive 2011/24/UE du Parlement européen et du Conseil du 9 mars 2011 relative à l'application des droits des patients en matière de soins de santé transfrontaliers*, « étant donné la situation actuelle à Mayotte et le nombre d'adaptations à effectuer pour transposer la directive afin de garantir la continuité des soins et l'information des patients ».

Une proposition *de Décision du Conseil modifiant la directive 2010/18/UE*[17] *du Conseil en raison du changement de statut de Mayotte*[18] (dénommée la *mini-Directive horizontale* dans l'affaire portée devant la Cour de justice) concernait certaines modalités d'application du congé parental.

Que le lecteur se rassure : ni le Parlement européen, ni la Commission, ni le Conseil n'ont entendu remettre en cause sur le fond ces propositions, qui sont depuis lors entrées en vigueur dans une forme légèrement différente, à savoir une directive du Conseil au lieu d'une décision de celui-ci, et un règlement et une directive du Conseil au lieu des deux actes proposés en codécision qui auraient été adoptés par le Parlement européen et le Conseil. Il n'en vaut pas moins la peine d'analyser l'affaire en question, car le jugement de la Cour a

---

[17] *Directive 2010/18/UE du Conseil du 8 mars 2010 portant application de l'accord-cadre révisé sur le congé parental conclu par BUSINESS EUROPE, l'UEAPME, le CEEP et la CES et abrogeant la directive 96/34/CE.*

[18] COM (2013) 413 final.

permis de résoudre d'importantes questions relatives à la possibilité de futures autres dérogations au droit commun de l'Union.

B. L'arrêt du 15 décembre 2015, dans les affaires jointes *Parlement européen et Commission c. Conseil* C-132/14 à C-136/14[19]

La présentation d'une proposition d'acte par la Commission n'est que la première étape obligatoire de la procédure législative de l'Union européenne : il revient au législateur de discuter la proposition, de l'amender s'il le souhaite et de l'adopter conformément à la procédure indiquée dans les dispositions de traités applicables à la matière. En effet, l'Union ne peut légiférer que s'il existe pour ce faire une base juridique, c'est-à-dire des dispositions donnant compétence à l'Union pour légiférer dans la matière en question, avec l'indication du type d'actes qui peuvent être adoptés, de la procédure qui doit être suivie et, le cas échéant des objectifs qui doivent être poursuivis par le législateur[20]. Les trois propositions de la Commission étaient basées sur les dispositions du TFUE relatives aux matières en question. Le Conseil était saisi en tant que législateur en vertu de toutes les bases juridiques pertinentes pour les trois propositions, et le Parlement européen, saisi en tant que co-législateur en vertu des bases juridiques invoquées pour la proposition de règlement et celle de directive, et pour avis pour la proposition de décision. Or, le Conseil, comme il en a le pouvoir, a décidé que les actes en question devaient tous être basés sur l'art. 349 TFUE, s'agissant d'adaptation du droit dérivé de l'Union pour une RUP ; de ce fait, la procédure applicable était une procédure législative spéciale, dans laquelle le Conseil seul décide – à la majorité qualifiée – et le Parlement, par contre, n'est que consulté. Sur cette base, le Conseil a donc adopté le 17 décembre 2013 le Règlement n° 1385/2013[21], la

---

[19] ECLI:EU:C:2015:813. V. Perrot, D., « La première interprétation de l'article 349 TFUE par la CJUE – clarifications et interrogations sur le statut des régions ultrapériphériques », *Revue de l'Union européenne*, n° 604, janvier 2017, p. 40-52.

[20] Pour plus de détails v. Ziller, J. « Bases juridiques et compétences en droit de l'Union européenne », *in* Masclet, J.-C., Ruiz Fabri, H., Boutayeg, C, et Rodrigues, S., *L'union Européenne – Union de Droit, Union des Droits – Mélanges en l'honneur du Professeur Philippe Manin*, Paris, Pédone, 2010, p. 751-763.

[21] *Règlement du Conseil du 17 décembre 2013 portant modification des règlements du Conseil (CE) n° 850/98 et (CE) n° 1224/2009 et des règlements du Parlement européen et du Conseil (CE) n° 1069/2009, (UE) n° 1379/2013 et (UE)*

Directive n° 2013/64/UE[22] et la Directive n° 2013/62/UE[23], publiés au Journal officiel de l'Union européenne du 28 décembre 2013, n° L 354, qui sont entrés en vigueur en même temps que la Décision 2012/419/UE du Conseil européen. Le 21 mars 2014, le Parlement a introduit un recours en annulation du règlement, contestant l'utilisation de l'art. 349 TFUE comme base juridique – ce qui ne lui permettait pas d'exercer la fonction de co-législateur. Le même jour, la Commission introduisait également un recours en annulation du règlement et des deux directives, en tant que fondée sur des bases juridiques inappropriées ; l'intérêt de la Commission était en particulier de faire établir que l'art. 349 ne devait pas être utilisé pour la modification d'actes déjà existants, ce qui l'aurait également empêchée à l'avenir de modifier des actes délégués ou des actes d'exécution pour les adapter à la situation des RUP. Dans les deux cas, il s'agissait pour les requérants d'obtenir une décision de principe seulement, car ils demandaient que la Cour maintienne les effets de ces actes jusqu'à ce qu'ils aient été remplacés par des actes adoptés selon la procédure appropriée.

Les recours des deux institutions ont été joints aux fins de la procédure écrite et orale ainsi que de l'arrêt par décision du président de la Cour du 28 avril 2014. Le Conseil a déposé son mémoire en défense le 17 juin. Les gouvernements espagnol, français et portugais ont demandé à intervenir au soutien du Conseil, qui rejetait les arguments des requérants, et y ont été autorisés par décision du président de la Cour du 29 juillet. Les parties et les intervenants ont exposé leurs positions oralement lors de l'audience du 21 avril 2015. Le 25 juin, l'avocat général Nils Wahl présentait ses conclusions[24]. Par arrêt du 15 décembre, la Cour rejeta les recours, et confirma donc la légalité du règlement et des deux directives. L'important est bien

---

n° 1380/2013, suite à la modification du statut de Mayotte à l'égard de l'Union européenne, JOUE L 354, p. 86.

[22] *Directive du Conseil du 17 décembre 2013 modifiant les directives 91/271/CEE et 1999/74/CE du Conseil, et les directives 2000/60/CE, 2006/7/CE, 2006/25/CE et 2011/24/UE du Parlement européen et du Conseil, suite à la modification du statut de Mayotte à l'égard de l'Union européenne* (JOUE L 353, p. 8).

[23] *Directive du Conseil du 17 décembre 2013 modifiant la directive 2010/18/UE du Conseil portant application de l'accord-cadre révisé sur le congé parental conclu par BUSINESS EUROPE, l'UEAPME, le CEEP et la CES, en raison de la modification du statut de Mayotte à l'égard de l'Union européenne* (JOUE L 353, p. 7).

[24] ECLI:EU:C:2015:425.

entendu la motivation adoptée par la Cour pour résoudre le problème qui lui était soumis.

Comme le rappelait l'avocat général (par. 38 de ses conclusions) « comme en conviennent toutes les parties, le choix de la base juridique d'un acte de l'Union doit se fonder sur des éléments objectifs, susceptibles de contrôle juridictionnel, parmi lesquels figurent, notamment, le but et le contenu de cet acte. Si l'examen d'un acte de l'Union démontre que ce dernier poursuit une double finalité ou qu'il a une double composante et si l'une de celles-ci est identifiable comme étant principale ou prépondérante, tandis que l'autre n'est qu'accessoire, l'acte doit être fondé sur une seule base juridique, à savoir celle exigée par la finalité ou la composante principale ou prépondérante. À titre exceptionnel, s'il est établi que l'acte poursuit plusieurs objectifs, qui sont liés d'une façon indissociable, sans que l'un soit second et indirect par rapport à l'autre, un tel acte doit être fondé sur les différentes bases juridiques correspondantes. Toutefois, le cumul de deux bases juridiques est exclu lorsque les procédures prévues par l'une ou l'autre base juridique sont incompatibles. Ensuite, dès lors qu'il existe, dans les traités, une disposition plus spécifique pouvant constituer la base juridique de l'acte en cause, celui-ci doit être fondé sur cette disposition. »

Contrairement à ce que demandait le Parlement pour une partie des dispositions attaquées, il n'était donc pas possible de fonder le règlement à la fois sur l'art. 349 TFUE et sur les bases sectorielles pertinentes[25], puisque la plupart de ces dernières prévoient l'utilisation de la procédure législative ordinaire – donc la codécision du Conseil et du Parlement – contrairement à l'art. 349. Curieusement, d'ailleurs cela n'a été relevé ni par l'avocat général, ni par la Cour, qui ont seulement examiné si l'art. 349 était ou non la base juridique appropriée.

Pour s'en tenir à ce qui est essentiel non seulement pour Mayotte mais également pour l'ensemble des RUP, la question à trancher était en premier lieu de savoir si l'art. 349 TFUE permet uniquement l'adoption d'actes établissant un régime juridique spécifique pour les RUP – ce qui était la thèse de la Commission, qui estimait que pour modifier des actes déjà existants afin de les adapter aux nécessités des RUP – ou s'il s'agissait de la base juridique appropriée pour tous les

[25] Il s'agissait notamment des arts. 43(2) TFUE and 168(4)(b) TFUE, 43(2) TFUE, 114 TFUE, 153(2) TFUE, 168 TFUE and 192(1) TFUE.

actes de l'Union comportant une adaptation à ces nécessités. Le Parlement, de son côté, estimait que l'art. 349 était la base juridique appropriée, mais seulement pour des dérogations transitoires, pas pour des dérogations permanentes. La Cour a donné tort à la Commission et au Parlement sur ces deux questions. Au par. 79, l'arrêt précise en effet : « contrairement à ce que prétend la Commission, l'art. 349 TFUE habilite le Conseil à arrêter des mesures spécifiques visant à fixer les conditions de l'application à ces régions non seulement des dispositions des traités, mais également de celles de droit dérivé » ; au par. 81, la Cour précise également que « en ce qui concerne l'argumentation du Parlement selon laquelle l'art. 349 TFUE n'habiliterait pas le Conseil à arrêter des mesures ayant pour seul objet d'ajourner l'application à des régions ultrapériphériques de certaines dispositions du droit de l'Union, force est de constater que cet article ne restreint pas le pouvoir décisionnel du Conseil à une catégorie particulière de mesures ». Cela qui va, on le notera, au-delà de la simple différence entre mesures temporaires et mesures permanentes, pour lesquelles la Cour précise au par. 84 : « une telle limitation serait également contraire aux objectifs poursuivis par l'art. 349 TFUE, dès lors que rien ne permet d'exclure qu'un report dans le temps de la pleine applicabilité d'une disposition du droit de l'Union puisse s'avérer comme étant la mesure la plus apte à tenir compte de la situation économique et sociale structurelle d'une région ultrapériphérique ». Il est donc désormais établi que toutes les adaptations du droit de l'Union aux conditions particulières des RUP doivent être basées sur l'art. 349 et la procédure législative spéciale établie par celui-ci.

La deuxième question, qui n'était pas soulevée expressément en l'espèce par les requérants, puisque ceux-ci estimaient que les mesures étaient fondées, mais seulement adoptées sur une base inadéquate, était de savoir quel type de contrôle la Cour exercerait sur l'application par le législateur de l'art. 349 TFUE. Tant l'avocat général que la Cour elle-même ont pris la peine d'expliquer que l'art. 349 n'offrait pas un blanc-seing au législateur, et qu'au contraire, la justification des éventuelles adaptations et dérogations adoptées par le législateur au droit de l'Union en faveur des RUP était soumise au contrôle juridictionnel. La Cour rappelle en effet (par. 86) qu'il convient « d'examiner si les actes attaqués répondent aux exigences énoncées aux points 67 à 69 du présent arrêt ». La Cour relève que les facteurs énoncés à l'art. 349 par. 1 TFUE – « l'éloignement, l'insularité, leur faible superficie, le relief et le climat difficiles, leur dépendance économique vis-à-vis d'un petit nombre de produits, facteurs dont la permanence et la combinaison nuisent gravement à leur développement » – sont présentés par cette disposition « comme des éléments d'aggravation de la situation économique et sociale structurelle des régions ultrapériphériques que le Conseil doit prendre en considération, en vertu de l'art. 349, troisième alinéa, TFUE, lors de l'adoption des mesures spécifiques » (par. 68 de l'arrêt). La Cour en conclut que « le Conseil doit être en mesure [...] de présenter des éléments établissant un lien de rattachement de la mesure spécifique envisagée avec des caractéristiques et contraintes particulières de la région ultrapériphérique en cause » (par. 69). Il convient de noter que la Cour a précisé auparavant que « le Parlement n'est pas fondé à soutenir que toute mesure spécifique, au sens de l'art. 349 TFUE, doit être justifiée non seulement par la situation économique et sociale structurelle de la région ultrapériphérique concernée, mais aussi par l'existence de l'un au moins des facteurs énumérés limitativement à l'art. 349 ».

La Cour a donc donné une interprétation authentique de l'art. 349 TFUE – « qui n'est pas exactement un modèle de clarté » comme l'a relevé l'avocat général au point 41 de ses conclusions – au moins sur deux points : il s'agit de la seule base juridique utilisable pour toutes les mesures spécifiques aux RUP, et la liste de facteurs qui caractérisent l'ultrapérificité n'est pas limitative. Dans le cas d'espèce, la Cour s'est contentée d'une vérification assez peu approfondie de la justification des mesures applicables à Mayotte – en se limitant à l'examen des considérants pertinents des actes contestés –, ce qui s'explique notamment par le fait que les requérants ne les contestaient nullement sur le fond. Il faut toutefois relever que la Cour n'a pas pris la peine de préciser qu'elle se limitait à un contrôle de l'erreur manifeste d'appréciation par le législateur.

L'arrêt du 15 décembre 2015 ne met donc pas un point final à la question de la légalité des mesures d'adaptation spécifiques aux RUP : il n'est pas exclu qu'à l'avenir la Cour ne soit saisie de questions préjudicielles dans des litiges où l'une des parties aura intérêt à l'annulation de telle ou telle adaptation ou dérogation, ce qui pourrait conduire la Cour à un examen plus approfondi. La saga de l'interprétation de l'art. 227 par. 2 CEE, disposition précédente à l'art. 349 TFUE qui reprenait l'art. 299 par. 2 CE, nous a appris que les affirmations hâtives sur la jurisprudence de la Cour risquent d'être démenties par la suite[26].

---

[26] Voir Dubouis, L., « Les outre-mers dans la jurisprudence de la Cour de justice des Communautés européennes » *in* Tesoka et Ziller, *cit.*, p. 185-203.

Le contentieux familial à Mayotte et la disparition de la juridiction des Cadis

Zarianti NOURDINE ABDALLAH
Doctorante en droit privé

« *Les règles d'application du Code civil, constituent aujourd'hui un maquis dans lequel il est aussi difficile de se repérer que dans la végétation luxuriante qui couvre les pentes du mont Choungui dominant l'île* […] »[1] de Mayotte, affirmait-on suite à l'adoption de l'ordonnance du 19 décembre 2002[2], ajoutant dix-neuf articles dans le Code civil afin d'adapter le droit civil à Mayotte. La même remarque pourrait être formulée à propos du contentieux familial des Mahorais de statut civil de droit local depuis la disparition récente de la juridiction des cadis à Mayotte.

Mayotte[3] est un « *petit joyau de l'océan Indien* »[4] composé d'environ 200 000 habitants[5], situé dans le canal de Mozambique entre l'Afrique et Madagascar. Île française depuis la signature du traité de cession du 25 avril 1841, sa population, ayant pris goût de la présence et de la protection de la France, lui exprime depuis plus de cent cinquante ans son profond attachement. Cet attachement à la France

---

[1] R. CABRILLAC, J.-B. SEUBE, « pitié pour le Code civil ! (À propos de l'ordonnance n° 2002-1476 du 19 décembre 2002 »), *D.* 2003, chron., p. 1058 ; R. CABRILLAC, « La spécificité du droit civil applicable à Mayotte et ses conséquences sur le Code civil », *Annuaire des pays de l'océan Indien,* XVIII, 2003-2005, p. 193.

[2] Ordonnance n° 2002-1476 du 19 décembre 2002, portant extension et adaptation de dispositions de droit civil à Mayotte et modifiant son organisation judiciaire, *JORF* n° 297 du 21 décembre 2002, p. 21363, n° 52.

[3] O. GOHIN, P. MAURICE *(dir.), Mayotte,* Actes du colloque organisé les 23 et 24 avril 1996, à l'occasion du cent cinquantième anniversaire du rattachement de Mayotte à la France, Université de La Réunion, LGDJ, 1996.

[4] R. CABRILLAC, J-B. SEUBE, *op. cit.*

[5] Données issues du recensement de la population en 2012 de l'INSEE qui comptait 212 645 habitants à Mayotte.

justifie ce choix dit à « contre-courant » de rejeter l'indépendance en se séparant des autres îles de l'archipel des Comores en 1975.

Sa place dans la République[6] est toute particulière : de par son statut institutionnel[7], Mayotte était soumise au principe de spécialité législative dans de nombreux domaines depuis près de quarante ans. Elle est par ailleurs, depuis 2011, le plus jeune département français et la seule où aujourd'hui encore, une majorité écrasante de la population est de religion musulmane. La reconnaissance du statut personnel offre à cette catégorie de la population un statut civil particulier permettant l'application d'un droit civil exorbitant du droit commun faisant appel à un droit coutumier[8] inspiré du droit musulman, pratiqué selon l'orthodoxie sunnite de rite chaféite[9], et de coutumes africaines et malgaches. Pour l'application de ces règles, on s'instruit du recueil *Minhadj at-twalibin*[10] et, par ailleurs, l'article 75 de la Constitution dispose que *: « Les citoyens de la République qui n'ont pas le statut civil de droit commun, seul visé à l'article 34, conservent leur statut personnel tant qu'ils n'y ont pas renoncé »*[11]. Ce statut dérogatoire faisant subsister un exotisme juridique au sein de la

---

[6] L. SERMET, J. COUDRAY (dir.), *Mayotte dans la République,* Actes du colloque organisé par la collectivité départementale de Mayotte et par l'Université de La Réunion à Mamoudzou, les 14, 15 et 16 septembre 2002, Paris, Montchrestien, 2004 (Coll. Grands Colloques).

[7] F. MICLO, « Le statut de Mayotte dans la République française », *in Mayotte*, O. GOHIN, P. MAURICE (dir.), *LGDJ,* 2e éd., 1996, p. 245.

[8] S. MANCUSO, « La diversité des sources du droit aux Comores : entre droit occidental, droit islamique et droit coutumier », *RJOI*, 2012, n° 15, p. 73 ; A. DJABIRI, *Le droit comorien entre tradition et modernité, Mayotte*, éd., Baobab, 2006, p. 53 et s. ; P. SCHULTZ, « Le statut personnel à Mayotte »*, Droit et cultures,* n° 37, 1999/1, p. 95-113, spéc. 97.

[9] L'école chaféite ou *shafi'ite* est une des quatre écoles juridiques à l'origine de l'élaboration du droit musulman. Elle fut fondée par Ach-châfi'î ou Al-shafi'i ou Shafi'î en 820 de l'ère chrétienne. C'est une école modérée dont l'apport principal est une détermination des sources de droit musulman et leur autorité respective. Sa hiérarchie des sources est à la base de la doctrine classique : Coran, « *Sounnah, ijmâ* ou *Idjmâ* » et analogie.

[10] « Guide des zélés croyants » recueil de préceptes écrit au Liban au XIIIe siècle par l'Imam An-Nawawi, professeur de droit musulman à Damas. Il est utilisé en Syrie, en Indonésie, en Afrique orientale. En 1883, il a été traduit en français par un auteur hollandais et redécouvert en 1920 par un administrateur des Comores.

[11] Constitution du 4 octobre 1958, *JORF* n° 0238 du 5 octobre 1958, p. 9151.
Pour une étude approfondie, voir également R. LAFARGUE, « Les contraintes posées par l'article 75 de la Constitution : entre héritage colonial et volonté de modernisation de la société mahoraise », in *Mayotte dans la République, op. cit.*, p. 306.

République française ouvrait la voie à une juridiction spécifique pour connaître du contentieux familial des Mahorais de statut civil de droit local.

Ces spécificités propres à Mayotte justifiaient alors la coexistence de deux juridictions pour connaître du contentieux familial à Mayotte jusqu'en 2010. Antérieurement à 2010, le contentieux familial était caractérisé par une dualité juridictionnelle :

◊ la juridiction de droit commun qui bénéficiait d'une organisation judiciaire propre à Mayotte. Cette juridiction était représentée par le Tribunal de première instance et le Tribunal supérieur d'appel qui connaissaient de toutes les affaires familiales relatives aux personnes de statut civil de droit commun[12]. Ces tribunaux appliquaient le droit commun.

◊ la juridiction cadiale était quant à elle représentée par les cadis et le Grand cadi, autorités morales et religieuses qui étaient compétentes pour toutes les affaires familiales relatives aux Mahorais de statut personnel. Cette juridiction mettait en œuvre le droit musulman[13].

Les évolutions statutaires de Mayotte vers la départementalisation et la rupéisation souhaitées et acceptées par les Mahorais[14] se sont accompagnées d'une évolution des règles juridiques, remettant ainsi en cause cette dualité et ces spécificités locales, à la recherche d'une égalité juridique entre les individus.

L'ordonnance du 3 juin 2010[15] a ainsi supprimé la juridiction cadiale qui était jusque-là la seule juridiction compétente en matière de statut personnel. Ensuite, l'ordonnance du 29 mars 2011 va tirer les conséquences de cette suppression par la création, à Mayotte, d'un Tribunal de grande instance et d'un Tribunal d'instance.

Pourquoi s'intéresser au contentieux familial suite à la disparition de la juridiction des cadis à Mayotte ? Deux raisons justifient ce choix : d'une part, le contentieux familial est une matière rarement

---

[12] Par définition, ce sont toutes les personnes qui n'ont pas le statut civil de droit local : les Français, les étrangers, les Comoriens, les Indiens, les Mauriciens.

[13] Civ. 1re, 23 mai 2006, *Bull. civ.* 2006, I, n° 262 p. 230. « Dans cette affaire, la Cour de cassation a validé la décision du Grand cadi qui, en application de la loi musulmane, a condamné un époux à contribuer à l'entretien et à l'éducation des enfants indépendamment de la situation personnelle de la mère ».

[14] Accord du 27 janvier 2000 relatif à l'avenir de Mayotte, *JORF*, n° 32 du 8 février 2000, p. 1985, texte n° 8 ; Loi n° 2000-391 du 9 mai 2000 organisant une consultation de la population de Mayotte, *JORF n°* 108 du 10 mai 2000.

[15] Ordonnance n° 2010-590 du 3 juin 2010 portant dispositions relatives au statut civil de droit local applicable à et aux juridictions compétentes pour en connaître, *JORF* n° 0127 du 4 juin 2010 p. 10256.

abordée dans les écrits, ou seulement d'une manière générale. Ensuite cette matière, qui relève désormais du juge aux affaires familiales, soulève de nombreuses difficultés d'application pour les personnes de statut civil particulier.

Dès lors, pour mieux comprendre le contentieux actuel des personnes de statut personnel (II), il convient de porter un regard sur ce qu'a été, antérieurement à son évolution, le contentieux familial devant les juridictions des cadis et les juridictions de droit commun (I).

I. Avant 2011 : dualité juridictionnelle en matière de contentieux familial

Juridiction coutumière avant le rattachement de Mayotte à la France, la juridiction cadiale va à compter de 1841 coexister aux côtés de la juridiction de droit commun pour les personnes de statut personnel. Cette dualité juridictionnelle trouve son origine dans plusieurs textes coloniaux (A), mais l'évolution de la société mahoraise a très vite remis en cause l'une de ces juridictions (B).

A) L'origine de la dualité juridictionnelle du contentieux familial

La justice cadiale[16] constituait « l'une des expressions les plus manifestes de l'attachement de Mayotte à ses traditions »[17]. La justice cadiale était une institution très ancienne à Mayotte[18]. Elle remonte à l'époque des Shiraziens entre le XIVe et le XVIe siècle. Elle était représentée par les cadis investis de l'autorité morale et religieuse. De ce fait, ces derniers assuraient le rôle de juge, de médiateur et d'institution régulatrice de la vie sociale et familiale dans la société mahoraise. Cette institution avait vocation à rayonner sur l'ensemble de l'archipel des Comores durant la période précédant l'arrivée des Français sur l'île. Ce rayonnement a été tempéré par le traité de cession de Mayotte à la France.

---

[16] A. DJABIRI, *Le droit comorien : entre tradition et modernité*, éd., Baobab, 2006, p. 166.

[17] J. FLOCH, « Rapport d'information » Ass. Nat. Onzième législature, n° 2304, 29 mars 2000, p. 16.

[18] Cf. Rapport du ministère des Colonies du 29 mars 1934, relatif à la réorganisation de la justice indigène dans l'archipel des Comores, *JORF*, 5 avril 1934, p. 3526.

Effectivement, la prise en considération des spécificités locales[19] et le souci de garantir le droit de chaque membre composant la société mahoraise, rendirent possible la dualité juridictionnelle. Pour ne pas laisser le monopole de la justice aux seuls musulmans de Mayotte, les signataires du traité ont instauré une juridiction mixte pour régir les litiges entre les indigènes et les autres habitants de Mayotte.

L'article 7 du traité de cession du 25 avril 1841 dispose que : *« Les discussions, disputes ou différends quelconques qui s'élèveraient entre les Français et les anciens habitants de Mayotte seront jugés par des hommes sages et éclairés choisis dans les deux populations et désignés par Sa Majesté le Roi des Français ou par son représentant à Mayotte »*.

La justice traditionnelle ne régissait ainsi que les litiges entre les Mahorais. Mais l'existence de cette dualité ne fut pas immédiatement évidente à la lecture du traité de cession. En fait, il a fallu attendre l'ordonnance du 26 août 1847 pour consacrer explicitement la dualité juridictionnelle[20]. L'article 16 de celle-ci dispose que : « *La justice du pays subsistera quant aux affaires civiles et commerciales* ». Cette disposition est reprise par les textes ultérieurs et notamment par l'article 1er de la délibération du 3 juin 1964 qui prévoyait : « *La justice musulmane connaît de toutes les affaires civiles et commerciales entre musulmans autres que celles relevant du droit commun* ».

La dualité fut en outre corroborée par un décret du 1er juin 1939[21] et la délibération du 3 juin 1964[22]. Ces textes ont généreusement organisé et déterminé les compétences des cadis en matière du statut personnel. Ainsi, les juridictions cadiales étaient compétentes pour tous les contentieux relatifs à « l'état civil, mariage, dons nuptiaux, garde d'enfant, entretien, filiation, répudiations, rachats *khôl*, et autres

---

[19] R. CABRILLAC, « La spécificité du droit civil applicable à Mayotte », *op. cit.*, p. 93-99 ; J.-B. SEUBE, « Le droit local à Mayotte : une spécificité menacée ? », in *Annuaire des pays de l'océan Indien*, XVIII, 2003-2005, p. 85.

[20] Ordonnance du Roi n° 13-788 du 26 août 1847 qui contient des dispositions sur l'administration de la Justice dans les Établissements français du canal de Mozambique, et investit le Commandant supérieur de Mayotte de certains pouvoirs spéciaux : *JORF* n° 1416, p. 617.

[21] Décret n° 13-788 du 1er juin 1939 portant organisation de la justice indigène dans l'archipel des : *JORF* n° 1416 du 15 juin 1939, p. 617.

[22] Délibération n° 64-12 bis du 3 juin 1964 de la Chambre des députés des Comores portant réorganisation de la procédure en matière de justice musulmane, *JOC* du 16 décembre 1964, p. 476.

séparations entre époux, etc. »[23]. Ainsi, les litiges des personnes de statut personnel, comme la demande de pension pour la contribution et l'entretien de l'enfant, relevaient du cadi.

En outre, l'article 9, alinéa 3, précisait que cette juridiction statuait en matière de succession, donations, testaments, *waqf* et « *magnahouli* »[24] et en matière d'obligation *(moamalat)* lorsque l'importance du litige est égale ou inférieure à cent mille francs CFA – soit 300 euros –. Si la juridiction cadiale avait une compétence exclusive en matière de statut personnel, cela signifiait que pour ces mêmes matières la juridiction de droit commun était incompétente. Mais la frontière entre ces deux juridictions n'était pas étanche si l'on observe bien l'organisation judiciaire mahoraise, telle qu'elle se présentait avant la dernière réforme.

La justice cadiale était organisée à trois degrés[25]. Ainsi, les contentieux du divorce, de garde d'enfant jugés par les cadis (juridiction de première instance) étaient-ils susceptibles d'appel devant le Grand cadi, dont les décisions pouvaient à leur tour faire l'objet d'un appel devant le Tribunal supérieur d'appel[26], constitué en chambre d'annulation musulmane[27], et ensuite d'un pourvoi devant la Cour de cassation. La jurisprudence avait en effet admis que les décisions de la chambre d'annulation musulmane ne faisaient pas obstacle à ce qu'un justiciable mécontent puisse former un pourvoi devant la Cour de cassation[28]. Mais devant les juridictions de droit commun les décisions étaient prises en application du droit musulman.

---

[23] Article 9 alinéa 2 de la délib. du 3 juin 1964, *op. cit.*, p. 3.

[24] A. CARBONEILL, « Spécificité du droit successoral en grande Comore : droit musulman chaféite et succession coutumière de Magnahoulé », *RJOI*, n° 2 2001-2002. p. 73. Voir J.-B.SEUBE, « Réflexions d'un juriste français sur le droit successoral comorien », *RJOI*, n° spécial, 2006, p. 100.

[25] P. SCHULTZ, « Le statut personnel à Mayotte », *op. cit.* p. 105 ; J.-B. FLORI « L'organisation judiciaire à Mayotte : aperçu historique », in *Annuaire des pays de l'océan Indien*, 1990-1991, p. 303 ; J.-R. BINET, « Le croissant et la balance : de quelques spécificités du droit applicable à Mayotte au crépuscule de la justice cadiale », *RIDC*, 2002, p. 787-809, spéc. p. 807 ; J.-B. SEUBE, « Le statut civil de droit local à Mayotte », in *Familles, Liber amicorum Mélanges offerts à François RINGEL*, PUAM, 2007, p. 293-304, spéc. p. 296 ; L. SERMET, « Pour une réforme de la justice à Mayotte », in *Mayotte dans la République* : *op. cit.* p. 439.

[26] J.-B. FLORI, « Le tribunal supérieur d'appel de Mayotte : cheminement entre spécificité et assimilation », in *Mayotte dans la République*, *op. cit.*, p. 413.

[27] M. LEVEBVRE, « La chambre d'annulation musulmane : îlot de cohabitation entre la chariâ'ah et le droit européen », in *Mayotte dans la République*, *op. cit.*, p. 431.

[28] Civ. 2e, 9 juillet 1997, *Bourhane Tamine*, Bull. civ. II, n° 221, p. 129.

Néanmoins, la matière familiale ne se limite pas en principe au seul droit civil. Depuis 1847, néanmoins, seules les matières civiles et commerciales relevaient du ressort des juridictions cadiales. *A fortiori*, la matière répressive était exclue du champ d'application du statut personnel. En fait, l'application des dispositions pénales du droit musulman par les cadis pouvait conduire ces derniers à prononcer des décisions jugées trop sévères justifiant le retrait de la matière à ces juges coutumiers. De ce fait, les contentieux intrafamiliaux (viol, agression sexuelle, violence entre époux ou abandon de famille) étaient du ressort des juridictions pénales de droit commun. Cette compétence exclusive des juridictions de droit commun avait pour corollaire l'incompétence de la justice cadiale.

Pourtant, force est de constater que, malgré cette incompétence, certaines juridictions cadiales ont prononcé des peines de mort par lapidation ou enterrement vivant d'une femme ayant commis un délit d'adultère[29].

On notera cependant que l'application du droit pénal par les juridictions de droit commun à Mayotte n'était que relative. La prise en compte des spécificités locales (comme la polygamie) avait contraint le législateur à aménager le droit pénal pour les Mahorais de statut civil de droit local. En ce sens, le délit de bigamie n'est applicable à Mayotte qu'aux personnes relevant du statut civil de droit commun[30].

L'évolution de la société mahoraise a rendu archaïque la dualité juridictionnelle.

B) Les critiques adressées à la dualité juridictionnelle

Le personnel de la justice cadiale était composé de fonctionnaires[31] de la collectivité recrutés par concours. Au sein de l'institution

---

[29] TSA, 28 septembre 1993, RG 56/93, annule la décision du tribunal du cadi de Dzaoudzi du 8 octobre 1991, cité par L. SERMET, « Pour une réforme de la justice musulmane à Mayotte », *op. cit.*, p. 447 ; Voir C. MOUROUGAPIN « Décision du Tribunal supérieur d'Appel de Mamoudzou-Mayotte, Chambre d'annulation musulmane », in *Droits de l'océan Indien*, L. SERMET (dir.), séminaire Université de La Réunion, 1998-1999, 16 p. ; TSA, 28 février 1995, RG 2/95, jugement annulant la décision de peine de mort, par lapidation, prononcée par le cadi de Dzaoudzi du 8 novembre. 1995 ; J.-B. SEUBE, « Le statut civil de droit local applicable à Mayotte », *op. cit.*

[30] Ordonnance n° 96-267 du 28 mars 1996, relative à l'entrée en vigueur du nouveau Code pénal dans les territoires d'outre-mer et dans la collectivité territoriale de Mayotte, *JORF* du 31 mars 1996, p. 405.

[31] P. SCHULTZ, *op. cit.*, p. 104.

cadiale, ils cumulaient plusieurs fonctions : juge, notaire, officier de l'état civil. Le statut des cadis et le cumul des fonctions étaient déjà sujets à critique lorsqu'il fut question de faire évoluer les règles juridiques et le statut de Mayotte. Pourtant, un paradoxe subsistait parce que, nonobstant ces critiques, le nombre de juridictions n'a pas cessé d'augmenter depuis 1975[32]. Il faut ajouter à cette critique le faible niveau[33] et l'absence de formation des cadis[34]. Cet aspect est important car le niveau et l'absence de formation des cadis laissaient perplexe quant à la qualité de leurs décisions. Pour la plupart, les cadis ignoraient le contenu du *Minhadj attwalibin* et ses commentaires. Pour exemple, les plus anciens cadis étaient choisis parmi les cheiks ou les imams. Ils statuaient parfois sur des litiges « sans se soucier de l'existence ou non de lien entre le jugement rendu et les textes censés lui donner une base légale »[35]. Dans une procédure de divorce, les cadis ne cherchaient pas à s'interroger sur l'existence ou non de la notion d'intérêt de l'enfant – pourtant présente dans le *Minhadj* – pour prendre leurs décisions, mais fixaient automatiquement la résidence de l'enfant chez sa mère.

Notons également qu'il n'existait pas, au sein de la justice cadiale, de recueil de jurisprudence. Ainsi, les décisions pouvaient diverger sur un même cas d'espèce, d'une commune à l'autre ou d'un cadi à l'autre.

La défaillance du système résultait aussi du manque de garanties procédurales devant les juridictions cadiales : l'absence d'impartialité des cadis, l'absence de représentation d'un avocat, et donc le non-respect du principe du contradictoire qui était régulièrement pointé du doigt. Généralement les parties comparaissaient seules devant les cadis. Il était regrettable que pour une matière aussi sensible que la famille, la procédure devant cette juridiction[36] ne fût organisée que sur quelques articles de la délibération de 1964.

---

[32] En 1976, il y avait 2 cadis, en 2001 leur nombre est porté à 17 cadis, soit un cadi par commune.

[33] La majorité des cadis ne maîtrisent pas la langue française.

[34] P. SCHULTZ, *op. cit.*, p. 106 ; J.-B. FLORI, « Le tribunal supérieur d'appel de Mayotte : cheminement entre spécificité et assimilation », p. 413, spéc. p. 422 ; O. GUILLAUMONT, « Statuts personnels et Constitution, contribution à l'étude des articles 75 et 77 de la Constitution du 4 octobre 1958 », *RRJ*, 2003-3, p. 1469, spéc. 1488.

[35] D. ABDOU, *Le droit comorien entre tradition et modernité*, *op. cit.*, p. 166.

[36] La procédure est organisée sur dix-neuf articles.

Ensuite, la justice cadiale mettait en œuvre des règles ayant trait à la religion musulmane et portant atteinte au principe de laïcité et d'égalité[37].

De surcroît, les cadis jugeaient parfois des contentieux qui relevaient en principe des juridictions de droit commun (les étrangers comoriens étaient, par exemple, habitués à recourir à cette justice car le système juridique mahorais était identique au système comorien). Autre exemple : les cadis statuaient sur des cas de couples mixtes entre Mahorais et Comoriens[38] alors que les rapports mixtes auraient dû relever des juridictions de droit commun. De telles pratiques créaient une véritable cacophonie juridique.

En réalité, c'est le principe de sécurité juridique[39] inhérent à la fonction qui présentait bien des faiblesses. La logique invitait à ce que le système juridique mahorais se réforme et corrige ces imperfections qui n'ont pas leur place dans un statut de département.

À l'évidence, avec les lacunes que présentait la justice cadiale le « vent de l'histoire » n'allait pas en sa faveur.

Les premières réactions furent celles des élus locaux qui voyaient en cette institution un obstacle au rapprochement avec le droit commun.

D'emblée, le conseil général de Mayotte[40] avait de ce fait formulé plusieurs vœux[41] tendant à l'évolution des fonctions des cadis tout en étant indécis quant au devenir de la justice cadiale.

---

[37] Rapport d'information n° 115 de M. Jean-Jacques HYEST, Mme Michèle ANDRÉ, MM. Christian COINTAT et Yves DÉTRAIGNE, fait au nom de la commission des lois n° 115 (2008-2009) – 27 novembre 2008 ; L. SERMET, « Pour une réforme de la justice musulmane à Mayotte », *op. cit.*, p. 439.

[38] Civ. 1re, 5 avril 2005, pourvoi n° 03-13766 : Dans le cadre d'un couple mixte, la Cour de cassation a annulé l'enregistrement de déclaration de nationalité souscrite par l'épouse étrangère postérieurement au divorce prononcé par le cadi en 1995. En principe le divorce prononcé par le cadi devrait être sans effet, car l'épouse étant de nationalité étrangère, c'est la juridiction de droit commun qui est compétente. La Cour n'a pas tenu compte de cet aspect puisque le statut personnel de l'épouse n'était pas contesté.

[39] J.-B. SEUBE, « Les causes et les techniques de codification à Mayotte », *RJOI*, numéro spécial, 2006, p. 20.

[40] Devenu conseil départemental depuis le 31 mars 2011.

[41] Le 24 novembre 1995 : le conseil général avait formulé les vœux suivants :

– possibilité d'option pour chaque justiciable de saisir soit le tribunal de droit commun soit le cadi ;

– transfert de compétence en matière d'état civil et de succession au Tribunal de Mamoudzou ;

La position du législateur exprimée dans la loi du 11 juillet 2001[42] et la loi de programme pour l'outre-mer du 21 juillet 2003[43], fut pour le maintien de la justice cadiale. Ces textes, nonobstant de nombreuses critiques, après avoir fait disparaître la justice cadiale[44], l'ont fait réapparaître, tout en maintenant la compétence de la juridiction cadiale circonscrite à quelques domaines précis. En s'alignant sur les vœux du conseil général de Mayotte, le législateur a instauré l'option de juridiction[45] en faisant du contentieux familial une compétence partagée entre les juridictions de droit commun et la juridiction de cadi.

C'est ainsi que, progressivement, les Mahorais vont se détourner de la justice cadiale au profit du droit commun qui offrait plus de garanties.

À compter du 1er janvier 2008, l'organisation judiciaire de la collectivité départementale de Mayotte est régie par le principe d'identité législative, pour préparer l'accession de Mayotte au statut de Département.

Dans cette démarche de modernisation du droit en général et du statut civil de droit local en particulier, l'ordonnance du 3 juin 2010 a aboli la compétence cadiale en matière juridictionnelle et a conduit à la suppression pure et simple de l'institution cadiale. Cette suppression, suivie de l'ordonnance du 29 mars 2011 réorganisant la justice à Mayotte, marque l'avènement de l'égalité juridictionnelle en matière de contentieux familial à Mayotte.

– limite des compétences des cadis à leur fonction notariale et à la fonction de conciliation.

[42] Loi n° 2001-616 du 11 juillet 2001 relative à Mayotte, *JORF* n° 0161 du 13 juillet 2001, p. 11199.

[43] Loi n° 2003-660 du 21 juillet 2003, Loi de programme pour l'outre-mer, *JORF* n° 167 du 22 juillet 2003, p. 12320.

[44] La loi du 11 juillet 2001 avait proposé une juridiction échevinale composée de cadis et de juges de droit commun faisant disparaître la justice cadiale.

[45] Dans sa rédaction issue de la loi du 23 juillet 2003, l'article 61 du texte disposait que « la juridiction compétente à Mayotte pour connaître des instances auxquelles sont parties des personnes relevant du statut civil de droit local applicable à Mayotte et ayant entre elles des rapports juridiques relatifs à l'état et à la capacité des personnes, aux régimes matrimoniaux, aux successions et libéralités est, selon la volonté des parties, soit le Tribunal de première instance, soit le cadi ».

II. À compter de 2011 : l'égalité juridictionnelle en matière de contentieux familial à Mayotte

La modernisation du statut civil de droit local s'est faite avec l'aval du Conseil constitutionnel à travers sa décision du 17 juillet 2003[46]. C'est dans cette optique que l'ordonnance du 3 juin 2010 a supprimé la juridiction cadiale[47] pour entreprendre un des chantiers dont la réalisation constituait un préalable à la départementalisation et à la rupéisation de Mayotte[48]. D'emblée, d'innombrables textes ont étendu progressivement à Mayotte des dispositions d'organisation judiciaire applicables en métropole ou dans les départements d'outre-mer.

Au final, ce sont l'ordonnance et le décret du 29 mars 2011 qui vont proposer une nouvelle organisation judiciaire de droit commun. Cette nouvelle réorganisation, semble-t-il, doit assurer une parfaite égalité institutionnelle entre les citoyens. Mais si cette égalité est atteinte en apparence (A), la réalité est tout autre dans la pratique (B).

A) Pour une égalité institutionnelle, en apparence

En effet, les réformes entreprises à Mayotte étaient, sans aucun doute destinées à faire évoluer le droit civil mahorais et à l'uniformiser avec le droit commun. Bien que cette uniformité ne fasse pas l'unanimité, du côté de la doctrine[49], cette volonté affichée clairement par le législateur a permis une réorganisation des juridictions judiciaires mahoraises pour une conformité parfaite avec le système juridique national.

L'ordonnance du 3 juin 2010 supprime ainsi la juridiction cadiale et donne compétence exclusive aux juridictions de droit commun pour connaître de toutes les affaires relatives à l'application du statut civil de droit local. Les regards sont désormais tournés vers les juges de droit commun qui devraient rendre « une justice d'apaisement ou de sauvegarde, inspirée par la défense de l'intérêt qui lui paraît le plus digne de secours. C'est à lui qu'incombe la fonction d'homologuer, de

[46] Décision n° 2003-474, DC du 17 juillet 2003 : « Dès lors qu'il ne remettait pas en cause l'existence même du statut civil de droit local, il pouvait adopter des dispositions de nature à en faire évoluer les règles dans le but de les rendre compatibles avec les principes et droits constitutionnellement protégés ».

[47] J.-R. BINET, « Le croissant et la balance… », *op. cit.,* p. 805.

[48] *Mayotte 2009 : Questions sur l'avenir du 101e département*, numéro spécial 2009, *RJOI*, 2009.

[49] J.-B. SEUBE, « Le statut civil de droit local à Mayotte », *op. cit.*, p. 304.

départager ou de sanctionner »[50]. Parmi les juges de droit commun, le juge aux affaires familiales[51] devient « l'homme-orchestre » pour les Mahorais de statut civil de droit local et les personnes relevant du statut civil de droit commun.

La tendance va vers l'égalité institutionnelle entre les Français de statut particulier et les Français de l'hexagone, avec une meilleure prise en considération des droits et des libertés de chacun dans la famille devant les juridictions.

Mais cette tendance ne va pas sans difficulté. Contrairement à ce qu'il en était avec la juridiction des cadis, les Mahorais font aujourd'hui face, devant les juridictions de droit commun, à une pluralité de juridictions compétentes pour les conflits familiaux.

Devant le Tribunal de grande instance, le juge aux affaires familiales est compétent pour les affaires relatives aux divorce et séparation entre époux et le juge des enfants connaît des mesures de placement. Il faut l'intervention du juge des tutelles pour les mesures de protection juridique d'un membre de la famille et celle du président du Tribunal de grande instance en matière d'indivision. Ainsi les Mahorais, étrangers à ce nouveau système juridique, vont-ils être confrontés à un véritable labyrinthe judiciaire devant les juridictions de droit commun.

D'ailleurs, la doctrine[52] n'a pas manqué de critiquer cette complexité en regrettant notamment la lourdeur de la procédure devant le Tribunal de grande instance. Il est vrai que la pluralité des compétences risque d'impliquer plusieurs juges à la fois dans une même affaire. Cela étant, malgré la pluralité des juges, l'égalité institutionnelle est atteinte car les Mahorais de statut civil de droit local sont soumis aux mêmes juridictions que les Français de l'hexagone et obéissent à la même procédure.

Néanmoins, la disparition de la juridiction cadiale et le déplacement du contentieux familial vers les juridictions de droit commun n'ont pas entraîné la disparition du statut civil de droit local. Certes, il appartient désormais aux juridictions de droit commun de statuer sur les conflits familiaux des Mahorais mais le législateur

---

[50] P. CATALA, « La métamorphose du droit de la famille », in *1804-2004, le Code civil, un passé, un présent, un avenir*, D. 2004, p. 344.
[51] P. COURBE, A. GOUTTENOIRE, *Droit de la famille*, 6e éd., Dalloz, coll. Sirey, 2013, p. 186.
[52] P. CATALA, « La métamorphose du droit de la famille », *op. cit.*

entend bien conserver ce statut personnel. La loi de 11 juillet 2001 et l'ordonnance de 2010[53] mentionnent d'ailleurs ce statut dans leur titre.

Toutefois, pour contourner les règles de ce statut, le législateur a rendu possible l'application du droit commun aux Mahorais soit en demandant la renonciation définitive au statut personnel, soit par le système de l'option de législation[54]. Contrairement à la renonciation, l'option de législation est ponctuelle[55], elle ne doit s'appliquer que dans le litige en cours. Selon la volonté du justiciable, la juridiction de droit commun appliquera alors le droit commun. Il est évident que le législateur tend à mettre tout en œuvre pour inciter les Mahorais à se rallier d'eux-mêmes au droit commun.

L'égalité institutionnelle inspire un sentiment d'unité de juridiction et de sécurité juridique pour les Mahorais de statut personnel. Ce sentiment s'exprime par la saisine fréquente des juridictions de droit commun par les justiciables mahorais.

L'engorgement des tribunaux n'a eu d'autre effet que d'orienter les familles vers des nouvelles structures. Les juridictions de droit commun collaborent ainsi avec des structures telles que l'Association pour la condition féminine et aides aux victimes (ACFAV) ou l'Union départementale d'assistance familiale (UDAF) ou encore l'association TAMA[56] dans le cadre des contentieux de la famille.

Cette déjudiciarisation des contentieux familiaux a une double finalité : elle tend à favoriser les accords entre ex-conjoints et à sensibiliser à la réconciliation des familles ; elle permet aussi de désengorger les juridictions, et au juge de ne s'intéresser qu'aux cas les plus importants ou les plus urgents. La médiation est ainsi en plein essor à Mayotte. Des difficultés demeurent cependant puisqu'il y a un manque considérable de médiateurs familiaux à Mayotte[57].

---

[53] Ordonnance n° 2010-590 du 3 juin 2010 portant dispositions relatives au statut civil de droit local applicable à et aux juridictions compétentes pour en connaître, *op. cit.*

[54] Ordonnance n° 2011-337 du 29 mars 2011, modifiant l'organisation judiciaire dans le Département de Mayotte, *JORF* n° 0075 du 30 mars 2011, p. 5514. Art. L. 216-2 COJ : « Lorsque le tribunal de grande instance est saisi d'un litige entre citoyens de statut civil de droit local sur des matières régies par ce statut, les parties peuvent, d'un commun accord, demander l'application des règles du droit civil commun ». Ce texte reprend les dispositions de l'article 52-1, al. 4, de la loi du 21 juillet 2003.

[55] E. RALSER, « Le statut civil de droit local applicable à Mayotte, un fantôme de statut personnel coutumier », *RCDIP*, 2012 p. 733, spéc. p. 6.

[56] TAMA qui signifie « espoir ».

[57] Mayotte compte actuellement une médiatrice familiale pour toute l'île.

Pour compenser ce manque structurel, les cadis continuent à faire de la conciliation et de la médiation familiale pour les couples volontaires. Ils œuvrent officieusement dans l'attente d'avoir un cadre statutaire clair. Face à cette situation informelle, une délibération du 2 juillet 2015 du conseil départemental de Mayotte[58] propose la création d'un établissement public administratif pour employer les cadis dans des missions de médiation et de cohésion sociale.

Cette situation conduit à se demander si cette égalité institutionnelle n'entraîne finalement pas une inégalité réelle en pratique entre les Mahorais.

B) L'inégalité réelle, en pratique

L'inégalité entre les Mahorais semble résulter en premier lieu de la position des juges. Dans le souhait de voir le droit mahorais évoluer, certains magistrats prêtent en réalité peu d'attention au droit applicable. Ils appliquent les règles de droit commun du contentieux familial à leur préférence, sans égard au statut civil du justiciable[59]. De tels choix ou positionnements de magistrats sont susceptibles de recours parce qu'ils méconnaissent le droit applicable aux justiciables de statut personnel. Malheureusement, les recours sont rares parce que les Mahorais méconnaissent pour la plupart l'existence même du statut personnel, ainsi que les règles de procédure. Pour ceux qui en ont connaissance, le recours n'est pas intenté, pour des raisons financières.

D'autres juges en revanche, soucieux du respect de ce statut personnel, appliquent la loi personnelle sous réserve du respect de l'ordre public. Par exemple, dans un litige relatif à la répartition de successions, la liberté est laissée aux héritiers de choisir entre l'application de la loi personnelle – et donc de règles inégalitaires – ou l'application du droit commun qui aura pour effet de mettre les héritiers sur le même pied d'égalité[60].

---

[58] Délibération n° 2159 /2015/CD du 2 juillet 2015 relative à la demande au Parlement d'une habilitation au titre de l'article 73 de la Constitution en matière de médiation et de cohésion sociale en vue de la création d'un établissement public à caractère administratif.

[59] J.-B. SEUBE, « Les causes et les techniques de codification à Mayotte », *op. cit.*, p. 24.

[60] P. CATALA, « Rapport de synthèse », in *Aspects de l'évolution récente du droit de la famille*, Association Henri Capitant, tome XXXIX, Economica, 1990, p. 4 ; M.-Th. MEULDERS KLEIN, « Égalité et non-discrimination en droit de la famille, le rôle des juges », *RTDH*, 2003, p. 1185.

En tout état de cause, les évolutions récentes du statut civil de droit local conduisent les praticiens du droit à se livrer à de véritables « chirurgies francisées » de ce droit local qui leur est étranger. Face à ce droit touffu et mal maîtrisé, il s'agira pour les juges de faire œuvre de création pour proposer leur cocktail juridique aux familles.

Ainsi, pour les Mahorais de même statut qui saisissent la juridiction de droit commun pour les conflits familiaux, les règles applicables dépendent parfois de l'humeur du magistrat.

En outre, la pratique révèle également que, sur le fond, des inégalités demeurent entre les personnes de statut civil de droit commun et celles de statut civil de droit local.

En effet, toutes les règles en matière de statut des personnes ne sont en effet pas étendues à Mayotte. À titre d'exemple, le pacte civil de solidarité[61] (PACS) n'est pas applicable aux personnes de statut civil de droit local. Seule la renonciation au statut personnel ouvre droit à la conclusion d'un PACS.

Ensuite, des inégalités demeurent également entre les Mahorais de statut civil de droit local. Le retrait des prérogatives des cadis suscite, par exemple, des difficultés pratiques vis-à-vis du statut de la femme de droit local et de l'enfant.

Désormais, le mariage religieux célébré devant le cadi – le *nikāh* – n'octroie plus à la femme de statut personnel un statut d'épouse car ce mariage n'est plus valable juridiquement. Seul le mariage célébré devant l'officier de l'état civil donnera à la femme un statut d'épouse. Dans ces cas, les couples vivent dans une situation de fait, en état de concubinage.

De même, l'enfant qui naîtra de ce mariage religieux en application du droit local ne portera pas automatiquement le nom de son père, et l'établissement de sa filiation se fera par la dation de nom qui emportera de plein droit reconnaissance et établissement de la filiation.

De 1841 à 2010, le contentieux familial était caractérisé par la dualité juridictionnelle instaurée et ensuite consacrée par plusieurs textes ultérieurs. De cette dualité, la juridiction cadiale, initialement maintenue pour une fine partie de la population locale encore très attachée aux traditions et coutumes locales, a fini par céder face à l'évolution de la société mahoraise.

---

[61] Article 515-1 du Code civil.

La disparition de la justice cadiale marquait à partir de 2011 la volonté ferme du législateur d'aligner le droit mahorais sur le droit commun pour une égalité juridique parfaite.

Cette uniformité imposée, bien que perçue par les Mahorais de statut personnel comme une garantie de la sécurité juridique, présente l'inconvénient d'instaurer une inégalité réelle entre les citoyens.

En optant pour l'égalité juridictionnelle, le contentieux familial et le droit mahorais sont devenus un véritable laboratoire juridique qui réserve aux justiciables et aux praticiens encore beaucoup de surprises. Au final, tant qu'existera le statut personnel, l'égalité juridique ne sera pas parfaite en matière du contentieux familial à Mayotte.

Les spécificités du droit des étrangers à Mayotte

Fabienne JAULT-SESEKE
Professeur à l'Université de Versailles Saint-Quentin (Paris Saclay)

La Constitution prévoit dans son article 73 que les lois et règlements s'appliquent en métropole et dans les départements d'outre-mer (DOM), notamment Mayotte. Elle précise qu'« ils peuvent faire l'objet d'adaptations tenant aux caractéristiques et contraintes particulières de ces collectivités ». Le droit des étrangers est l'un des domaines où les adaptations sont nombreuses. Certaines sont communes à plusieurs départements d'outre-mer (DOM), d'autres sont propres à Mayotte. Elles figurent dans l'ordonnance nº 2014-464 du 7 mai 2014 dont la loi du 7 mars 2016, la loi de réforme du droit des étrangers, vient d'assurer la ratification[1].

Il est difficile d'évoquer les questions de droit des étrangers à Mayotte sans rappeler le contexte géopolitique de l'île. Mayotte est un territoire français alors que le reste de l'archipel des Comores est devenu indépendant en 1975. Cette séparation administrative n'a pas, dans un premier temps, remis en cause la liberté d'aller et venir entre les différentes îles. Le contrôle aux frontières n'a été instauré qu'en janvier 1995 à travers l'exigence d'un visa imposé aux Comoriens[2], sans que les populations concernées ne l'intègrent nécessairement. En outre, le produit intérieur brut par habitant de Mayotte étant au moins huit fois supérieur à celui du reste des Comores[3], Mayotte fait Figure d'*eldorado,* et la départementalisation intervenue en 2011 a renforcé l'attractivité du territoire. Ses services publics, que ce soit dans le domaine médical ou dans le domaine scolaire, attirent les Comoriens qui n'hésitent pas à tenter la traversée entre Anjouan et

---

[1] Art. 64 de la loi n° 2016-274, loi relative au droit des étrangers en France. Voir aussi le décret nº 2014-527 du 23 mai 2014 pour la partie réglementaire.

[2] Instauration d'un visa à partir du 18 janvier 1995, connu sous le nom de « visa Balladur ».

[3] Rapport sénatorial de 2012.

Mayotte qui ne sont séparés que de 70 km. Ces derniers temps, les multiples naufrages en Méditerranée ont tendance à faire oublier les naufrages des *kwassa-kwassa*, ces embarcations de dix mètres de long et d'un mètre de large transportant parfois 50 personnes.

Selon les estimations, nécessairement imprécises, la population immigrée clandestine à Mayotte pourrait s'élever de 50 000 à 60 000 personnes, dont 90 % d'origine comorienne, ce qui représenterait un tiers de la population officielle de Mayotte[4].

Cette situation permet d'expliquer que plus de la moitié des décisions de reconduite à la frontière émanant des autorités françaises soient prises à Mayotte.

Évoquer le droit des étrangers à Mayotte, c'est se confronter aux mesures d'éloignement parfois expéditives, à la problématique des mineurs isolés, à des lenteurs importantes dans la procédure d'obtention des titres de séjour. Le climat est actuellement particulièrement délétère en raison des opérations de « décasage » qui ont abouti à l'expulsion de nombreuses familles comoriennes des terrains qu'elles occupaient[5].

Sur le plan juridique, la question se pose de savoir si Mayotte est un « département à part entière » ou « un département entièrement à part »[6].

À travers le prisme du principe de l'unité législative, Mayotte est un « département à part entière » et il est remarquable que depuis le 26 mai 2014, le Code de l'entrée et du séjour des étrangers et du droit d'asile (CESEDA) est applicable à Mayotte[7]. Auparavant, une

---

[4] Il ne peut s'agir que d'estimations qui sont parfois instrumentalisées pour conforter l'idée d'une pression migratoire insupportable. Sur ce point, GISTI, *Singularités mahoraises du droit des personnes étrangères*, Les cahiers juridiques, janvier 2015, p. 5.

[5] Communiqué de presse du Défenseur des droits le 23 mai 2016 et sa décision MDE-MLD-MSP-2016-292 du 6 décembre 2016 relative aux expulsions illégales de familles d'origine comorienne à Mayotte. *Adde* S. Slama, « Chasse aux migrants à Mayotte : le symptôme d'un archipel colonial en voie de désintégration », http://revdh.revues.org/2479

[6] L'image est empruntée à la CIMADE qui s'est inspirée de la phrase d'Aimé Césaire qui voyait dans les Antillais des citoyens à part entière et des citoyens entièrement à part.

[7] CESEDA, art. L. 111-2 : « Le présent code régit l'entrée et le séjour des étrangers en France métropolitaine, en Guadeloupe, en Guyane, en Martinique, à Mayotte, à La Réunion, à Saint-Pierre-et-Miquelon, à Saint-Barthélemy et à Saint-Martin et art. L. 111-3 : Au sens des dispositions du présent code, l'expression "en France" s'entend de la France métropolitaine, de la Guadeloupe, de la Guyane, de la

réglementation spécifique résultant de l'ordonnance n° 2000-373 était en vigueur à Mayotte, mais un premier pas vers l'unité législative avait été fait lorsque les lois organiques du 21 février 2007 avaient prévu l'applicabilité de plein droit des lois et règlements métropolitains. Néanmoins, six domaines, dont celui de l'entrée, du séjour des étrangers et du droit d'asile, étaient réservés. Finalement, l'ordonnance n° 2014-464 du 7 mai 2014 qui vient d'être ratifiée a conduit à étendre le CESEDA à Mayotte. L'unité législative n'est pas pour autant complète dès lors que cette même ordonnance prévoit différentes adaptations « *tenant aux caractéristiques et contraintes particulières* » et est susceptible de faire de Mayotte « un département entièrement à part ».

Dans un premier temps, nous allons présenter les principales dérogations au droit des étrangers prévues pour Mayotte après la loi du 7 mars 2016 (I). Dans un second temps, nous nous interrogerons sur la conformité de ces dérogations aux droits fondamentaux (II).

I. Le droit des étrangers à Mayotte, un droit dérogatoire

Les spécificités du droit des étrangers en outre-mer et notamment à Mayotte restent importantes. Certaines de ces dérogations concernent les différents départements d'outre-mer (DOM) ; d'autres sont particulières à Mayotte. Notre propos n'est pas d'en dresser une liste exhaustive[8], mais d'insister sur les principales. Il y a d'abord un certain nombre de particularités procédurales liées au manque d'infrastructures[9] ou destinées à assurer la bonne administration de la justice et la célérité des procédures. C'est ainsi que le recours à la visioconférence est favorisé[10] et que la commission du titre de séjour[11] n'a pas à être consultée à Mayotte. On indiquera également que le demandeur d'asile dont la demande est enregistrée à Mayotte est privé

Martinique, de Mayotte, de La Réunion, de Saint-Pierre-et-Miquelon, de Saint-Barthélemy et de Saint-Martin. »

[8] Il faut ajouter que la loi du 7 mars 2016 a reporté l'entrée en vigueur à Mayotte de certaines de ses dispositions au 1er janvier 2018. Il en est notamment ainsi des règles relatives aux cartes pluriannuelles.

[9] L'étranger qui obtient un visa de long séjour est à Mayotte dispensé d'effectuer des formalités auprès de l'Office français de l'immigration et de l'intégration (OFII ; CESEDA, art. R. 311-3).

[10] CESEDA, art. L. 522-3 dans le cadre de la procédure d'expulsion ; v. aussi dans le cadre des audiences de la Cour nationale du droit d'asile. *Adde* C. Licoppe, « L'asile par visioconférence », *Plein Droit* n° 110, octobre 2016.

[11] CESEDA, art. L. 312-3.

de l'allocation pour demandeur d'asile. Il dispose simplement d'un hébergement et d'une aide matérielle[12]. Nous n'évoquerons pas davantage ces règles particulières afin d'insister sur les dérogations essentielles qui concernent les titres de séjour (A.) et le dispositif de lutte contre l'immigration clandestine (B.).

A. Les titres de séjour

Les spécificités concernent les conditions de délivrance des titres de séjour, la validité géographique de ces titres et le dispositif d'intégration.

D'abord, le législateur cherche à mettre en œuvre une politique dissuasive, en se montrant plus exigeant qu'en droit commun pour la délivrance de certains titres.

Cette tendance est illustrée par la carte de séjour « vie privée et familiale » qui est délivrée au jeune étranger de 18 ans qui réside avec l'un de ses parents depuis l'âge de 13 ans. Son octroi est à Mayotte subordonné à une condition supplémentaire : la régularité du séjour du parent[13]. De la même façon, la carte de résident délivrée aux parents et conjoints de ressortissants français suppose à Mayotte que le demandeur dispose de ressources suffisantes[14]. À travers ces deux exemples, on constate que l'impératif de maîtrise des flux migratoires, pour reprendre l'expression consacrée par le discours politique, l'a emporté sur les considérations d'intégration et le droit fondamental à la protection de la vie familiale.

C'est également pour des raisons de contrôle des flux que le recours à la procédure d'admission exceptionnelle au séjour[15], qui n'est rien d'autre qu'une voie permettant la régularisation des étrangers, est fermé à Mayotte.

À l'inverse, afin de tenir compte de la situation locale, certaines conditions sont appréciées de façon moins rigoureuse. Ainsi en matière de regroupement familial, la condition de logement est moins stricte à Mayotte qu'en métropole : la surface du logement est calculée en tenant compte, au moins partiellement, du mode de vie local. Néanmoins, au regard de la situation économique et du mode de vie

[12] CESEDA, art. L. 761-1, 5°. La dérogation a été validée par le Conseil d'État. Voir CE 23 déc. 2016, n° 394819, concl. X. Domino, AJDA 2017 p. 238.
[13] CESEDA, art. L. 313-11.
[14] CESEDA, art. L. 314-9.
[15] CESEDA, art. L. 313-16.

des Mahorais qui disposent en moyenne de logements rudimentaires, ces conditions restent très exigeantes.

Ensuite, afin de réduire l'attractivité de Mayotte en termes de droit au séjour[16], la majorité des titres de séjour délivrés à Mayotte ne sont valables qu'à Mayotte. Ainsi, les cartes de séjour temporaire, notamment celles portant la mention « vie privée et familiale », ne permettent pas à leurs titulaires de circuler librement sur l'ensemble du territoire français et ils doivent nécessairement obtenir un visa pour se rendre en métropole et dans les autres départements d'outre-mer (DOM)[17]. La situation évolue en raison de l'importance prise par les politiques migratoires européennes qui développent leurs effets à Mayotte dès lors que l'île est une région européenne[18] : les cartes de résident et les cartes de séjour temporaires délivrées à Mayotte en application de directives européennes sont en effet valables dans l'ensemble des départements français, même si elles ne confèrent pas pour autant à leur titulaire un accès au marché du travail[19].

Enfin, on notera que les dispositions relatives à l'intégration dans la société française n'étaient pas applicables à Mayotte[20]. Le rapport au Président de la République accompagnant l'ordonnance de 2014 insistait sur l'inadaptation de ces dispositions aux spécificités de Mayotte tant pour des raisons linguistiques que pour des considérations liées au maintien d'un statut personnel local[21]. La loi du 7 mars 2016 a abrogé ces dispositions et mis en place, en droit

---

[16] Voir en ce sens, le rapport établi sur le projet de loi devenu la loi du 7 mars 2016.

[17] CESEDA, art. L. 832-2.

[18] Mayotte est une région ultrapériphérique depuis le 1er janvier 2014.

[19] Il s'agit de la carte de séjour de membre de famille d'un ressortissant de l'UE (Ceseda, art. L121-3), de la carte « scientifique-chercheur » (Ceseda, art. L.313-8), de la « carte bleue européenne » (Ceseda, art. L.313-10,6°), de la carte vie privée et familiale délivrée aux bénéficiaires d'une protection internationale subsidiaire, de la carte délivrée en France à des titulaires, dans un autre État de l'UE, d'un statut de « résident longue durée UE ».

[20] CESEDA, anc. art. L. 311-9. De même, le test d'intégration exigé de conjoints de ressortissants français sollicitant un visa (art. L. 211-2-1) ne pouvait pas s'appliquer à Mayotte.

[21] Extraits du rapport : « La particularité des habitants de l'île est que, si le français est la langue officielle de l'île, il n'est pas ou peu connu des personnes âgées qui, ainsi que la plupart des plus jeunes, utilisent une langue africaine vernaculaire. Ainsi, un dispositif volontariste en faveur de l'apprentissage du français par les étrangers pourrait amener des incompréhensions. De même, la formation civique apportée dans ces prestations pourrait contenir des prescriptions opposées aux dispositions du statut personnel autorisé à Mayotte et dérogatoire au droit commun sur de nombreux points (mariage, droit religieux…). »

commun, un parcours personnalisé d'intégration républicaine. Cette personnalisation rend inutile le maintien de la dérogation propre à Mayotte[22].

B. Le dispositif de lutte contre l'immigration clandestine

Les spécificités les plus marquantes concernent l'éloignement, les pouvoirs de police et les centres de rétention. Le nombre de personnes cherchant à entrer illégalement à Mayotte a conduit le législateur à mettre en place un régime dérogatoire assez marqué.

En cas de refus d'entrée, le rapatriement forcé peut intervenir immédiatement sans attendre l'expiration du délai d'un jour franc, prévu en droit commun.

Dans le cadre de la lutte contre l'immigration clandestine, les autorités de police judiciaire peuvent effectuer des contrôles d'identité sans réquisitions du procureur « dans une zone comprise entre le littoral et une ligne tracée à un kilomètre en deçà[23] ». Pour faciliter la recherche des infractions, la loi du 7 mars 2016 a étendu les pouvoirs conférés au procureur de la République, dans certains départements d'outre-mer (DOM), et notamment à Mayotte : il peut ordonner la destruction ou l'immobilisation des embarcations, des véhicules terrestres et des aéronefs ayant servi à commettre les délits d'entrée ou de séjour des étrangers en France ou l'aide à la commission de ces infractions[24]. Cette nouvelle règle permet de rendre légale une pratique déjà largement éprouvée à Mayotte : l'interception et la destruction des *kwassa-kwassa*[25]. La destruction ne peut intervenir avant l'expiration d'un délai de 48 heures, pendant lequel les intéressés peuvent déposer un recours, qui sera suspensif. L'effectivité de ce recours est néanmoins sujette à caution[26].

Concernant les éloignements proprement dits, ils sont nombreux à être exécutés à destination des Comores, sans que ce pays n'ait signé un quelconque accord avec la France, permettant de s'assurer de la réadmission de l'intéressé. Cette situation particulière s'explique par

---

[22] Décret n° 2016-900 du 1er juillet 2016 relatif au parcours personnalisé d'intégration républicaine prévoyant son application à Mayotte à partir du 1er janvier 2018.

[23] CPP, art. 78-2.

[24] Loi n° 2016-274 du 7 mars 2016, art. 49 : CESEDA, art. L. 622-10.

[25] Seule l'immobilisation était jusqu'à présent légale. La destruction n'était jusqu'alors envisagée qu'en Guyane.

[26] GISTI *et al.*, *Droit des étrangers en France, ce que change la loi du 7 mars 2016*, Les cahiers juridiques, janvier 2017, p. 94.

le refus des Comores de reconnaître la souveraineté française sur Mayotte et il est difficile d'imaginer une évolution prochaine. En pratique, néanmoins, il est rare que les autorités françaises se heurtent à un refus de réadmission[27]. Une autre particularité tient à l'importance du nombre d'enfants éloignés alors que les mineurs sont en principe protégés contre les mesures d'éloignement[28].

Afin d'éviter une quelconque incitation financière, le dispositif d'aide au retour ne joue pas à Mayotte. Il est néanmoins prévu en cas de circonstances exceptionnelles, une aide à la réinsertion économique ou une mesure d'accompagnement pour les enfants mineurs[29].

La dérogation la plus emblématique concerne le contentieux de l'éloignement et plus précisément le délai d'exécution de l'obligation de quitter le territoire (OQTF). En droit commun, lorsqu'un étranger fait l'objet d'une OQTF dite sans délai, il dispose, avant d'être éloigné, d'un délai de 48 heures pour déposer un recours. Il s'agit d'une procédure de recours d'urgence spécifique qui suspend l'éloignement jusqu'à la décision du juge et qui garantit un droit au recours effectif[30]. Elle ne s'applique pas à Mayotte, ni dans d'autres départements d'outre-mer (DOM)[31]. Ainsi, l'éloignement peut être effectué dès la notification de l'OQTF à moins que les autorités consulaires ne demandent un jour « franc ». Or, à Mayotte, cette exception ne trouvera pas à s'appliquer dès lors qu'il ne s'y trouve aucun consulat comorien ou malgache (alors que 99 % des personnes concernées sont comoriennes ou malgaches). Il reste possible d'introduire un recours en annulation ou, sur le fondement de l'urgence, un référé-suspension ou un référé-liberté devant le tribunal administratif, mais aucun de ces recours n'aura de caractère suspensif. De surcroît, les conditions de l'interpellation et de l'éloignement rendent le recours matériellement très difficile à exercer[32]. On ajoutera que la question de l'absence de recours suspensif se pose également en matière d'éloignement des personnes demandant l'asile en rétention[33].

---

[27] GISTI, *Singularités mahoraises du droit des personnes étrangères*, Les cahiers juridiques, janvier 2015, p. 30.
[28] Voir *infra*.
[29] CESEDA, art. L. 511-1, II et L. 512-5.
[30] CESEDA, art. L. 512-1 et 512-3.
[31] CESEDA, art. L. 514-1.
[32] GISTI, *Singularités mahoraises…*, *op. cit.*, p. 32.
[33] L'article L. 556-1 du CESEDA, introduit par la loi du 29 juillet 2015, précise que le dépôt d'une demande d'asile, si elle n'est pas jugée irrecevable, suspend l'exécution de la mesure d'éloignement jusqu'à ce que l'OFPRA statue sur la demande. Si le préfet estime que cette demande a pour but exclusif de faire échec à

Enfin, les centres de rétention administrative et les locaux de rétention administrative font l'objet de dispositions spéciales. Pendant cinq ans à compter de 2014, il n'est pas exigé que soient matériellement distincts et séparés les locaux qui ne relèvent pas de l'administration pénitentiaire et qui sont soit des zones d'attente, soit des zones de rétention. Les règles de conformité des centres et des locaux de rétention administrative sont moins strictes à Mayotte qu'ailleurs[34]. Ce régime dérogatoire s'explique par l'importance de l'immigration irrégulière, mais aussi par le manque d'infrastructure. Il était destiné à pallier l'absence de lieu d'hébergement dans la zone d'attente du port de Mamoudzou, dans l'attente de la construction du nouveau centre de rétention[35], qui a finalement ouvert en septembre 2015. Ce régime dérogatoire devrait prendre fin en mai 2017 pour le centre de rétention et en mai 2019 pour les locaux de rétention. On notera également que l'aide accordée aux étrangers dans les centres de rétention est définie à Mayotte par un texte spécifique[36].

Toujours en raison de l'importance des flux migratoires, il a été précisé oralement que la recommandation faite par le gouvernement, à la suite de l'arrêt *Popov*[37], d'assigner les familles de sans-papiers avec enfants à résidence, plutôt que de les placer en rétention[38], n'avait pas vocation à jouer à Mayotte[39].

---

la mesure d'éloignement, il ordonne le maintien en rétention et peut exécuter la mesure d'éloignement lorsque l'OFPRA aura rejeté la demande. L'étranger dispose d'un recours suspensif pour contester la décision de maintien en rétention dans un délai de quarante-huit heures et le juge doit statuer dans un délai de soixante-douze heures. Cet article n'est pas applicable à Mayotte (ni en Guyane et en Guadeloupe).

[34] CESEDA, art. R. 553-3 et R. 553-6. Le décret n° 2014-527 du 23 mai 2014 instaure des dispositions transitoires s'agissant des locaux de rétention administrative à Mayotte : il permet de déroger à la surface minimale de 10 m² par personne, à l'exigence de chambres non mixtes comprenant au maximum six personnes, d'une salle de loisirs, d'un accès au téléphone, d'une salle permettant de recevoir les visites des familles et d'un local réservé aux avocats.

[35] Voir Rapport relatif au projet de loi devenu loi du 7 mars 2016.

[36] CESEDA, art. R. 553-14 bis.

[37] CEDH, 19 janvier 2012, n° 39472/07 et 39474/07, Rev. crit. DIP 2012. 826, note K. Parrot ; AJDA 2012. 1726, chron. L. Burgorgue-Larsen ; AJ pénal 2012, p. 281, note S. Slama.

[38] Circulaire du 7 juillet 2012.

[39] Sur cette circulaire et notamment la situation de Mayotte, voir CE, 13 février 2013, n° 361401.

Enfin, la loi relative à l'égalité réelle outre-mer, qui vient d'être adoptée[40], manifeste clairement que Mayotte reste un département entièrement à part. Alors que la loi du 7 mars 2016 avait ramené le délai de rétention administrative (sans intervention du juge) à 48 heures sans prévoir de dérogation pour l'outre-mer, le nouveau texte reporte, à Mayotte exclusivement, l'intervention du juge à l'issue d'un délai de cinq jours[41]. On revient ainsi à la situation antérieure et, de fait, l'éloignement intervenant le plus souvent avant l'expiration de ce délai, les procédures d'interpellation et de privation de liberté de l'étranger vont pouvoir se dérouler sans qu'un juge ne soit amené à les contrôler.

II. Les spécificités du droit des étrangers à Mayotte, à l'aune du respect des droits fondamentaux

L'édiction de règles dérogatoires est traditionnellement justifiée par la situation et les difficultés particulières tenant à l'éloignement et à l'insularité du territoire de Mayotte, à l'importance des flux migratoires dont cette collectivité est spécifiquement l'objet, ainsi qu'aux contraintes d'ordre public qui en découlent.

Les spécificités du droit des étrangers en outre-mer ont toujours été admises par le Conseil constitutionnel qui invoque « l'état des flux migratoires dans certaines zones concernées et l'existence de contraintes administratives liées à l'éloignement ou à l'insularité des collectivités en cause »[42]. Plus spécifiquement, à propos de la Guyane, mais le raisonnement est transposable à Mayotte, le Conseil a justifié l'absence de caractère suspensif du recours dirigé contre la mesure d'éloignement en faisant état des difficultés durables du département en matière de circulation internationale des personnes. Il considérait que l'équilibre entre les nécessités de l'ordre public et la sauvegarde des droits et libertés constitutionnellement garantis était préservé, relevait que les intéressés disposaient d'un recours juridictionnel, notamment de la voie du référé, et que l'atteinte portée au principe d'égalité était justifiée par l'objectif de lutte contre l'immigration clandestine[43].

---

[40] LOI n° 2017-256 du 28 février 2017 de programmation relative à l'égalité réelle outre-mer et portant autres dispositions en matière sociale et économique.

[41] CESEDA, art. L. 832-1, 18° et 19°.

[42] Cons. const., 13 août 1993, n° 93-925, § 66.

[43] Cons. const., 13 mars 2003, n° 2003-467, § 110.

Le Conseil d'État s'est régulièrement fait l'écho de ces solutions[44]. La départementalisation de Mayotte n'a rien changé sur ce point. La Haute juridiction administrative se réfère au pouvoir d'adaptation qui découle de l'article 73 de la Constitution pour juger que les dérogations n'entraînent pas de violation du principe d'égalité : la disposition « *se born[ant] à reprendre le droit applicable à Mayotte antérieurement à l'accession de cette collectivité au régime de l'identité législative sans y apporter de modification* » n'excède pas les limites de la faculté d'adaptation prévue par l'article 73 de la Constitution[45]. La motivation, on le voit, reste assez floue.

Les pouvoirs publics sont plus précis. Pour justifier à Mayotte le placement en rétention de mineurs en contradiction avec la jurisprudence *Popov*[46], les ministres de l'Intérieur et des Outre-mer ont déclaré que l'île « est exposée à des difficultés sans équivalent par rapport au reste du territoire français, puisque la pression migratoire irrégulière représente environ 25 % de la population mahoraise... Si aucune action de maîtrise de ce phénomène n'était recherchée, la population augmenterait d'environ 10 % chaque année, ce qui compromettrait tout développement social et économique ».

Malgré le blanc-seing constitutionnel, la compatibilité du régime dérogatoire avec les droits fondamentaux est discutable. Les associations de défense des étrangers, mais aussi le Défenseur des droits[47] et le Commissaire aux droits de l'homme du Conseil de l'Europe[48] ont exprimé leur inquiétude. La Cour européenne des droits de l'homme a bruyamment contribué au débat avec un arrêt *de Souza Ribeiro*[49], condamnant le régime dérogatoire. La principale critique

---

[44] CE, 4 avril 2011, n° 345661 ; CE, 1er juillet 2011, n° 347322 ; CE, 27 août 2012, n° 361404. Voir aussi CE, 20 mai 2010, avis sur l'application du droit à Mayotte après la départementalisation.

[45] CE, 22 juillet 2015, à propos de la condition de ressources mise à la délivrance de la carte de résident aux parents ou aux conjoints de ressortissants français et de la validité géographique limitée des titres de séjour.

[46] Voir *supra*.

[47] Défenseur des droits, rapport annuel d'activité 2013, sp. p. 94 (sur le droit au recours), et p. 163 (sur la rétention des enfants). Sur la nécessité, pour le droit à un recours effectif, d'appliquer le droit commun en outre-mer, v. aussi le rapport n° 16-02 du 15 janvier 2016.

[48] Rapport de Nils Muižnieks, commissaire aux droits de l'homme du Conseil de l'Europe, établi le 17 février 2015, suite à sa visite en France, du 22 au 26 septembre 2014.

[49] CEDH, 13 décembre 2012, n° 22689/07, *De Souza Ribeiro c/ France*, AJDA 2013. 165, chron. L. Burgorgue-Larsen, RFDA 2013. 576, chron. H. Labayle,

porte sur l'absence de recours suspensif contre les décisions d'éloignement qui porterait atteinte au droit à un recours effectif (A). Mais d'autres droits fondamentaux sont aussi susceptibles d'être concernés (B).

A. Le régime dérogatoire et le droit à un recours effectif

Le droit à un recours effectif est garanti par l'article 13 de la Convention européenne des droits de l'homme (CEDH). Les dispositions dérogatoires sont susceptibles de le mettre à mal ainsi que le montre la jurisprudence de la Cour européenne des droits de l'homme.

L'absence de caractère suspensif du recours contre les décisions d'éloignement a déjà valu à l'État français deux condamnations. En 2007, la procédure de référé-liberté a été jugée insuffisante pour assurer le droit à un recours effectif que garantit l'article 13 de la CEDH[50]. Cinq ans plus tard, la Cour estime que le régime dérogatoire applicable en Guyane n'offre pas de garanties procédurales adéquates contre l'éloignement arbitraire[51] : alors que le gouvernement français faisait état de la situation géographique de la Guyane et de la forte pression migratoire subie par ce département pour justifier l'adoption de règles spéciales et l'absence de recours suspensif à l'encontre de la mesure d'éloignement, la Cour indique ne pouvoir souscrire à cette analyse[52]. L'affaire concernait un Brésilien qui avait été éloigné depuis la Guyane après avoir déposé un référé-suspension et un référé-liberté, mais avant que le juge n'ait pu statuer. La Cour rappelle la nécessité d'organiser une voie de recours effective contre la mesure d'éloignement, sans toutefois exiger l'ouverture d'un recours suspensif[53] : « L'article 13 combiné avec l'article 8 de la Convention exige que l'État fournisse à la personne concernée la possibilité effective de contester la décision d'expulsion ou de refus d'un permis de séjour et d'obtenir un examen suffisamment approfondi et offrant des garanties procédurales adéquates des questions pertinentes par une instance compétente fournissant des

---

F. Sudre, X. Dupré de Boulois et L. Milano ; Rev. crit. DIP 2013. 448, note F. Jault-Seseke.

50 CEDH, 26 avril 2007, n° 25389/05, *Gebremedhin*, AJDA 2007. 1918, chron. J.-F. Flauss ; D. 2007. 2780, note J.-P. Marguénaud.

51 CEDH, 13 décembre 2012, n° 22689/07, *De Souza Ribeiro* c/ *France*, préc.

52 Arrêt *de Souza Ribeiro*, § 97.

53 *Ibid.*, § 83.

gages suffisants d'indépendance et d'impartialité »[54]. On pouvait se perdre en conjectures sur le sens de l'expression *« garanties procédurales adéquates »*.

L'administration a alors fait preuve de pragmatisme : on lit dans une note du ministre de l'Intérieur adressée au préfet de Mayotte le 3 avril 2013 que la mise en œuvre des mesures d'éloignement forcé doit être différée en cas de saisine du juge des référés « *jusqu'à ce que ce dernier ait informé les parties de la tenue ou non d'une audience ou, en cas de tenue d'une audience, jusqu'à ce qu'il ait statué* »[55].

Cette pratique a été généralement bien suivie[56], mais elle n'a nullement été consacrée par l'ordonnance de 2014[57]. Néanmoins, interrogé sur la légalité de cette ordonnance, et notamment sur l'absence de recours suspensif, le Conseil d'État a jugé que le droit à un recours effectif, en application de l'article 13 de la CEDH, était satisfait dès lors que rien ne faisait obstacle à ce que l'étranger saisisse le juge des référés d'un référé-suspension ou d'un référé-liberté. Le Conseil fait alors référence à la note ministérielle pour estimer que l'étranger dispose d'un recours effectif[58].

Finalement, la loi du 7 mars 2016 a procédé à un aménagement de la règle pour mettre le droit français en conformité avec l'arrêt *de Souza Ribeiro*. Elle reprend les solutions préconisées par la note ministérielle du 3 avril 2013 : si l'étranger a déposé un référé-liberté, la mesure d'éloignement ne peut pas être exécutée avant la décision du juge[59].

Cette évolution est sans doute insuffisante[60]. D'abord, comme aucun délai (en droit commun, il y a un délai d'un jour franc entre l'arrêté et sa mise à exécution) n'est prévu[61], il est à craindre que l'étranger n'ait pas le temps de déposer un quelconque recours. À Mayotte, l'éloignement se fait souvent de manière expéditive : des études établissent que la durée *moyenne* de rétention y est de

---

[54] *Ibid.*, § 96.

[55] Rapport sur le projet de loi de réforme du droit des étrangers.

[56] Voir cependant TA de Mayotte, 10 juin 2015, n° 1500298.

[57] S. Slama et N. Hervieu, *Lacunes et infortunes de l'État de droit(s) à Mayotte*, AJDA 2014, 1849.

[58] CE, 22 juillet 2015, n° 381550 et n° 383034, AJDA 2015, 1512 ; D. 2016, 336, obs. O. Boskovic, S. Corneloup, F. Jault-Seseke, N. Joubert et K. Parrot.

[59] CESEDA, nouvel art. L. 514-1.

[60] Voir en ce sens, Défenseur des droits, décision MSP-2014-108 du 17 juillet 2014 relative à l'absence de recours suspensif contre les mesures d'éloignement prises à l'encontre des étrangers dépourvus de titre de séjour à Mayotte.

[61] CESEDA, art. L. 514-1.

7 heures[62]. Ensuite, la nouvelle règle ne s'applique qu'au référé-liberté. Or, cette procédure suppose que le requérant puisse établir une atteinte à une liberté fondamentale[63]. Il sera souvent dans l'impossibilité en l'espace de quelques heures de réunir les éléments probants[64].

Il est vraisemblable que le législateur fasse preuve d'entêtement et que le régime dérogatoire, malgré ses défauts, perdure. La lecture de l'étude d'impact qui a précédé l'adoption de la loi du 7 mars 2016 est édifiante : elle exclut d'emblée la suppression de la règle dérogatoire qui impliquerait « des phénomènes d'engorgement et de paralysie des juridictions et des capacités d'action de l'autorité administrative ». On retrouve ici un argument que la Cour européenne des droits de l'homme avait précisément balayé dans l'affaire *de Souza Ribeiro*.

D'autres éléments tirés de la jurisprudence de la Cour européenne condamnent la solution actuelle : « *L'effectivité commande des objectifs d'accessibilité et de réalité* »[65] qui sont loin d'être satisfaits à Mayotte. Et la Cour a également affirmé que « *la hâte avec laquelle la mesure de renvoi a été mise en œuvre a eu pour effet en pratique de rendre les recours existants inopérants donc indisponibles* »[66].

On se heurte aux mêmes difficultés lorsqu'on raisonne sur le rapatriement qui fait suite au refus d'entrée[67] : il peut y être procédé immédiatement, avant l'expiration du délai d'un jour franc. Seuls les mineurs bénéficient de ce délai.

L'absence de recours effectif est également problématique en ce qui concerne la situation de l'étranger qui forme une demande d'asile en rétention[68]. Lorsque l'OFPRA rejette la demande d'asile, rien n'empêche l'autorité administrative de mettre à exécution immédiatement la mesure d'éloignement. L'étranger peut utiliser la procédure de référé ordinaire pour contester la décision de maintien en rétention, mais celle-ci n'est pas suspensive, faute d'application à Mayotte de l'article L. 556-1 du CESEDA. Le Conseil d'État a jugé

---

[62] Cimade *et al.*, Rapport sur les centres et locaux de rétention administrative 2015.

[63] CJA, art. L. 521-2.

[64] Voir l'avis du commissaire aux droits de l'homme du Conseil de l'Europe. V. cependant, pour de récents exemples de référés-liberté ayant abouti et conduit à la suspension de l'OQTF, TA de Mayotte, 7 novembre 2016, n° 1600875 et CE, 12 décembre 2016, n° 405475 (après rejet de la requête par TA de Mayotte, 23 novembre 2016, n° 1600918).

[65] CEDH, 5 février 2002, *Conka c/ Belgique*, n° 51564/99.

[66] Arrêt *de Souza Ribeiro c/ France*, § 95.

[67] Art. L. 213-2.

[68] Voir *supra*.

cet état du droit conforme au droit de l'Union, mais, par le biais d'une réserve d'interprétation, a reconnu un caractère suspensif, de plein droit, aux procédures de référé relatives aux décisions de maintien en rétention[69]. La solution confère ainsi la garantie nécessaire, mais il aurait été préférable de déclarer le CESEDA non conforme aux exigences du droit de l'UE et inviter le législateur à revoir sa copie[70].

B. Le régime dérogatoire et les autres droits fondamentaux

Nous confronterons rapidement les règles dérogatoires à l'interdiction des traitements inhumains et dégradants, à la liberté d'aller et venir et à l'intérêt supérieur de l'enfant.

Le régime spécial des centres et locaux de rétention est susceptible de heurter l'interdiction des traitements inhumains et dégradants, dès lors que les dispositions relatives aux centres de rétention sont moins exigeantes à Mayotte qu'ailleurs. Face à des conditions de rétention déplorables, le tribunal administratif de Mayotte a ainsi jugé que le placement au centre de Pamandzi constituait un traitement inhumain et dégradant, au sens de l'article 3 de la CEDH[71]. Le Conseil d'État, saisi de la légalité du décret dérogatoire, a néanmoins considéré que cette situation « est justifiée, pendant la période de construction d'un centre de rétention administrative répondant aux normes de droit commun, par les contraintes particulières, notamment d'ordre matériel, qui existent à Mayotte ». Il a rappelé que les exigences qui découlent des articles 3 et 8 de la Convention européenne de sauvegarde des droits de l'homme et des libertés fondamentales impliquent que l'administration prenne toute disposition pour que les conditions concrètes dans lesquelles les personnes sont placées et maintenues en rétention administrative à Mayotte ne portent atteinte ni à la dignité humaine ni au respect de leur vie privée et familiale, ce qui implique notamment la disposition d'une salle pour recevoir les familles. Il a jugé que la réglementation actuelle n'a pas excédé les limites des adaptations tenant aux caractéristiques et aux contraintes particulières de Mayotte qu'autorise l'article 73 de la Constitution, ni méconnu les dispositions de la directive « retour » du 16 décembre 2008 et de la directive « asile » du 26 juin 2013. La construction d'un nouveau

[69] CE, 20 oct. 2016, n° 395105, *La Cimade*, AJDA 2016. 2358, Constitutions 2016. 671, obs. C. Pouly.

[70] En ce sens, C. Pouly, obs. précitées.

[71] TA Mayotte, 20 févr. 2012, n° 1200106, 1200107 et 120010.

centre de rétention qui a ouvert en septembre 2015 a permis de se conformer aux règles minimales.

Ensuite, les règles spéciales qui limitent la validité géographique des titres de séjour délivrés à Mayotte sont susceptibles d'être contestées à l'aune de la liberté d'aller et venir. Jusqu'à présent, l'argument n'a pas convaincu les juges. Le Conseil d'État se refuse à interroger le Conseil constitutionnel et estime que l'atteinte à la liberté d'aller et venir n'est pas disproportionnée[72]. Il a, dans ses arrêts du 22 juillet 2015[73], validé l'obligation, pour les étrangers séjournant régulièrement à Mayotte, d'obtenir une autorisation spéciale afin de pouvoir se rendre dans un autre département français. Selon la haute juridiction, cette autorisation « doit seulement être regardée comme une extension de la validité territoriale du titre de séjour dont ils disposent », le pouvoir d'appréciation laissé au préfet en la matière ne méconnaissant pas, par ailleurs, le principe d'égalité. Les atteintes à la liberté d'aller et venir sont justifiées par le droit reconnu à l'État de définir les conditions d'admission des étrangers sur son territoire. L'argument peine à convaincre. Si l'on admet l'unité du territoire de la République, ne limiter la validité géographique que des titres délivrés à Mayotte porte atteinte au principe d'égalité.

Un même raisonnement a été retenu pour justifier les pouvoirs étendus du ministère public en matière de vérifications sommaires des véhicules : il n'y a, pour le Conseil d'État, ni rupture d'équilibre entre les nécessités de l'ordre public et la sauvegarde des libertés, ni atteinte à la liberté d'aller et venir.

C'est enfin au regard de l'intérêt supérieur de l'enfant que l'application du droit des étrangers à Mayotte peut susciter la discussion.

De nombreuses mesures de placement en rétention et d'éloignement concernent des mineurs alors que ceux-ci ne peuvent être éloignés que s'ils accompagnent une personne qui exerce sur eux l'autorité parentale. Les enfants reconduits depuis Mayotte vers les Comores sont en pratique « rattachés » par l'administration de façon artificielle à un adulte n'ayant à leur égard aucune autorité parentale[74]. L'administration voit dans cet adulte un « délégataire de fait » de la

---

[72] CE, 4 avril 2011, n° 345661 et CE, 1er juillet 2011, n° 347322.

[73] Arrêts précités.

[74] Y. Mathieu, Rapport « Situation sur les droits et la protection des enfants » (Mission du défenseur des droits), septembre 2015, p. 17. *Adde.* Rapport du défenseur des droits, « Les droits fondamentaux des étrangers en France », 2016, p. 99 et s.

délégation parentale, en marge du Code civil qui ignore cette délégation de fait. Le Défenseur des droits a relevé l'atteinte aux droits fondamentaux qui en résulte[75] et le Conseil d'État s'est finalement montré conscient des risques qu'engendre cette pratique. Il rappelle « l'attention qui doit être accordée à l'intérêt supérieur des enfants dans toutes les décisions le concernant » et précise que « l'autorité administrative doit s'attacher à vérifier, *dans la mesure du possible*, l'identité d'un mineur placé en rétention et faisant l'objet d'une mesure d'éloignement forcé par voie de conséquence de celle ordonnée à l'encontre de la personne qu'il accompagne, la nature exacte des liens qu'il entretient avec cette dernière ». En l'espèce, il annule la décision du tribunal administratif qui avait rejeté le référé-liberté déposé par la mère de l'enfant et qui, d'après la haute juridiction, « a porté et continue de porter gravement atteinte à l'intérêt supérieur de l'enfant ». Mais la portée de sa décision reste limitée dès lors que l'enfant a d'ores et déjà été éloigné. Le Conseil d'État le reconnaît lui-même en précisant qu'il ne lui appartient pas de prescrire des mesures qui, telle l'autorisation de sortie du territoire d'un autre État d'un de ses ressortissants mineurs, relèvent de la compétence des autorités de cet État et il se borne à ordonner au préfet de Mayotte d'instruire, dans les plus brefs délais, la demande de regroupement familial que la mère a annoncé vouloir déposer[76]. Six semaines après, le Conseil d'État constate que le préfet s'est conformé à cette injonction en rejetant la demande de regroupement familial au motif que la mère ne disposait pas des conditions de ressources et de logement requises. Finalement, dans cette affaire, l'enfant est revenu illégalement à Mayotte où il a été à nouveau interpellé puis artificiellement « rattaché » à l'OQTF d'un adulte, mais le tribunal administratif de Mayotte a décidé de suspendre cette décision[77].

Il arrive également que, pour contourner les règles protectrices du mineur étranger, l'administration conteste de façon un peu rapide, voire expéditive, la minorité de l'intéressé. Une telle pratique n'est néanmoins pas propre à Mayotte, ni même à l'outre-mer. Une loi récente relative à la protection de l'enfant encadre le recours aux

---

[75] Décision MDE-MLD-2015-002 du 6 janvier 2015 relative à l'atteinte portée par le placement en rétention administrative et l'éloignement forcé d'un enfant mineur au droit au respect de sa vie privée et familiale ainsi qu'à l'intérêt supérieur de l'enfant.

[76] CE, 9 janvier 2015, n° 386865. En sens contraire, ne voyant pas d'atteinte à une liberté fondamentale, CE réf., 10 décembre 2013, n° 373686.

[77] TA de Mayotte, 20 février 2015, n° 500082. La première OQTF sera finalement annulée : TA de Mayotte, 27 août 2015, n° 1400700.

examens osseux pour établir la minorité[78]. Elle est applicable sur l'ensemble du territoire de la République, encore faut-il que l'enfant y ait eu accès, ce qui ne sera pas le cas s'il a été éloigné avant que la question de la preuve de sa minorité ne se soit posée. L'effectivité de la protection reste, sur ce plan aussi, incertaine.

[78] Loi n° 2016-297 du 14 mars 2016 modifiant l'article 388 du Code civil.

L'aménagement du territoire et la question de la propriété foncière à Mayotte

Christophe POPINEAU
Notaire à l'étude Marel, Rocca, Popineau,
Ah-Fenne, Chan Khu Hine et Pons-Servel

Mesdames, Messieurs[1], je suis particulièrement honoré d'intervenir à ce colloque pour vous faire part de mon témoignage de praticien sur l'évolution de la propriété foncière à Mayotte. Notre office fut en 1999 la première structure notariale à s'implanter à Mayotte et dès notre installation, nous avons dû nous adapter à des règles régissant la propriété foncière propre à Mayotte, découvrir un droit foncier coutumier et surmonter quatre types de difficultés tenant à la réglementation, aux régularisations, aux indivisions et au manque d'information de la population locale. Je propose d'exposer ces quatre éléments dans mon exposé.

1. La réglementation foncière et le droit coutumier

Le régime foncier mahorais résulte initialement de coutumes d'origine africaine préislamique et du droit écrit musulman : la propriété coutumière repose sur l'antériorité de l'occupation par les ancêtres ou sur la mise en valeur des terres vacantes sans maître (« vivification familiale »). La propriété est alors établie sans titre.

Plus tard, le Traité de cession de Mayotte à la France, en date du 25 avril 1941, reconnaît les terres cultivées comme biens appartenant aux habitants et fait entrer l'État français en possession des terres vacantes sans maître. L'État peut alors priver les occupants de leurs droits pour les besoins de la défense. Cette appropriation servira de fondement à l'extension à Mayotte de la zone dite des « cinquante pas géométriques » intégrée au domaine public de l'État.

[1] Le style oral de la contribution a été conservé (*ndlr*).

Plus tard encore, les décrets du 18 mai 1904 et du 4 février 1911 relatifs à l'immatriculation foncière à Madagascar furent étendus à Mayotte par le décret du 9 juin 1931. Est ainsi instauré un système d'immatriculation qui permet d'attribuer des titres définitifs, inattaquables et imprescriptibles, après une procédure d'information et de bornage destinée à révéler les droits réels constitués sur l'immeuble. Le caractère inattaquable empêche toute revendication postérieure à la procédure, et l'imprescriptibilité empêche l'usucapion, ce qui constitue un obstacle aujourd'hui à la régularisation foncière de certaines situations.

L'immatriculation reste cependant facultative pour les autochtones. Elle n'est obligatoire que pour la mutation des terrains du domaine public et l'acquisition par les non-Mahorais auprès des autochtones. À compter de 1931, a ainsi été créée une division entre les propriétaires selon qu'ils immatriculaient leurs terres ou non. Globalement, peu de Mahorais ont eu recours à l'immatriculation car ils n'en ressentaient pas le besoin, se contentant de leur droit coutumier. Une faible partie de l'île a été immatriculée et cette situation a perduré jusque dans les années 1990.

Par ailleurs, le décret du 28 septembre 1926 établit définitivement la « zone des pas géométriques » (ZPG) sur le domaine public légal. Ainsi, les droits fonciers coutumiers vont se retrouver coincés entre le domaine public inaliénable et les terrains de droit privé immatriculés, et sont ainsi cantonnés dans une forme d'occupation précaire à défaut d'immatriculation.

Le décret modificatif de 1956 a permis ensuite aux personnes exerçant des droits réels selon la coutume de combattre la présomption de domanialité et de recourir à la procédure d'immatriculation.

Puis, le mouvement de convergence vers le droit commun s'accélère dans les années 1990. Pour y parvenir, deux mesures majeures : l'ordonnance du 1er octobre 1992, prescrivant l'établissement d'un parcellaire cadastral, et l'ordonnance du 8 mars 2000 instituant une commission de révision de l'état civil (CREC) pour réformer les documents d'état civil (actes de naissance et de mariage). Malheureusement, le travail de la CREC a pris fin le 31 juillet 2010, avant la révision complète des actes. Il est à relever qu'avec ces outils, nous avons pu néanmoins exercer nos fonctions en toute sécurité juridique, en nous appuyant sur des titres inattaquables et imprescriptibles et sur un état civil en partie révisé. Cependant, toute l'activité notariale concernant les personnes de droit local ou les droits fonciers coutumiers était effectuée par les *cadis* qui faisaient fonction de notaire pour les citoyens de statut personnel de droit local.

La grande réforme foncière survient avec l'ordonnance du 28 juillet 2005 entrée en vigueur au 1er janvier 2008. Parmi les grands changements :

1 – L'immatriculation est désormais obligatoire.

2 – La publication d'un acte doit être précédée d'un acte authentique. C'est donc la fin des actes sous seing privé en matière de vente immobilière.

3 – On harmonise les règles de publicité foncière avec le droit commun, notamment pour ce qui concerne, dans l'acte, les mentions relatives à l'identification des parties, la désignation du bien, l'origine de la propriété et la liquidation des droits. Ceci a eu pour conséquence, à compter du 1er janvier 2008, d'empêcher la publication des actes établis par les cadis car ils ne répondaient pas à ces critères. Pour permettre cette publication, nous procédons, quand les conditions de l'acte cadial le permettent, à un dépôt de ces actes pour y apporter les précisions nécessaires à la publicité foncière.

4 – On accorde à toute personne exerçant une occupation de bonne foi, paisible et continue d'une parcelle dont elle assure la mise en valeur rationnelle et continue depuis 10 ans, la possibilité d'en devenir propriétaire en application du droit commun. Cette disposition est une prolongation de la délibération du conseil général du 3 septembre 1996 instaurant une procédure de régularisation foncière. La régularisation foncière s'effectue désormais en vertu de critères civils alors qu'elle s'effectuait précédemment en fonction de critères coutumiers conformes au vénérable principe de vivification des terres. Désormais, des acteurs individuels peuvent chercher à étendre leurs revendications en s'appuyant plutôt sur le droit commun que sur la coutume.

C'est ensuite la loi du 7 décembre 2010, ratifiant l'ordonnance n° 2010-590 du 3 juin 2010, qui bouleverse le droit coutumier en mettant fin aux fonctions notariales des cadis et confère désormais au notaire le soin d'instrumenter pour les personnes de statut de droit local dans des domaines (régimes matrimoniaux, successions et libéralités) dont les règles relèvent du droit local coutumier. Il en a également résulté un fort tempérament en matière de dévolution successorale de droit local. L'ordonnance de 2010 énonce « qu'est interdite toute discrimination pour la dévolution des successions qui seraient contraires aux dispositions d'ordre public » (art. 12) alors que, dans la dévolution de droit local, on pouvait retrouver des distinctions de dévolution entre héritiers de même degré en raison de leur sexe.

Enfin, parmi les changements notoires, nous citerons également l'ordonnance du 19 septembre 2013 alignant la fiscalité directe locale sur celle de droit commun à compter du 1er janvier 2014.

2. La régularisation et le gel des terres

Plusieurs problématiques se posent en pratique :

Tout d'abord, un processus de régularisation foncière a été initié en 1996 mais, au bout de vingt ans, il n'a toujours pas abouti. Il subsiste donc encore un stock important de régularisations foncières. Pour l'exposé complet des raisons de ce retard, on se reportera au rapport d'information sur la sécurisation des droits fonciers dans les outre-mer enregistré au Sénat le 23 juin 2016 (dont le rapporteur coordonnateur est le sénateur de Mayotte, M. Thani Mohamed Soilihi) mais, parmi les facteurs de retard, on peut relever : le transfert de compétence en la matière de l'État vers le département qui ne fut pas accompagné d'un transfert de moyens ; l'application d'un droit d'enregistrement depuis le 1er janvier 2014 qui suscite quelques réticences ; une procédure longue (1 an minimum) et complexe (en 11 étapes) jusqu'au bornage par le service topographique ; le cas particulier de la zone des pas géographiques (ZPG) dont la régularisation relève de l'État mais à titre onéreux, alors qu'il s'agit de la principale zone d'occupation coutumière ; la prise en compte des risques naturels qui rallonge les délais de traitement ; les occupations illégales, liées à la pression démographique et migratoire, que l'on peine à endiguer. Pour mener réellement à bien cette régularisation, il faudrait donc poursuivre la procédure de titrement (objectif désormais partagé par la population locale), confier la gestion de la régularisation et du titrement sur le domaine foncier, y compris de la ZPG, à une commission foncière indépendante présidée par un magistrat et composée de représentants de l'État, du département, des communes, des professionnels (experts géomètres, notaires et autorités coutumières – *cadis* –) et, enfin, assortir le dispositif de moyens humains et financiers adéquats.

C'est ensuite le cas des terres gelées par un « titre 1911 » qui soulève des difficultés. Pour rappel, les titres émis sous l'empire du décret de 1911 sont inattaquables et imprescriptibles. Ceci concerne des terrains occupés par de nombreux membres de la famille du propriétaire décédé et restés dans une indivision informelle, ou ayant bénéficié d'une vente ou donation non enregistrée par le propriétaire ou l'un de ses ayants droit, ou encore membre de la famille dont la présence est tolérée en vertu d'usages et de coutumes. Le propriétaire a disparu et personne ne conteste cette occupation. Cependant, l'usucapion ne peut être utilisée en raison du caractère imprescriptible du titre. Cette situation concerne parfois des villages entiers, voire, même des équipements publics acquis par la commune par acte sous seing privé non enregistré. Il conviendrait, dès lors, de légiférer pour permettre à la commission foncière de réexaminer les titres imprescriptibles afin de distribuer de nouveaux titres (cf. le schéma de redistribution publié dans le rapport du Sénat, précité, p. 97).

3. Les indivisions « endémiques »

La situation foncière dans les outre-mer est caractérisée par l'existence de très nombreuses indivisions, qui sont souvent la conséquence d'une cascade de successions non liquidées. Cette situation présente de nombreux inconvénients : il y a disjonction entre le titre et les propriétaires indivis ; les intéressés n'ont pas de possibilité d'obtention de financement pour construire ; cela crée une entrave au développement et à l'aménagement du territoire ; cela entraîne un gel des opérations en matière foncière ; cela est la cause de tensions au sein des familles (occupation par certains indivisaires, occupations illégales difficiles à combattre, impôts émis au nom d'un seul des indivisaires).

En théorie, cette situation ne peut être résorbée que par deux opérations : par la dévolution successorale (et son partage) ou par la prescription acquisitive. Cependant, aucun de ces deux mécanismes ne fonctionne avec fluidité à Mayotte. Pour la dévolution et la liquidation de la succession, c'est en raison de l'imprécision des actes d'état civil anciens et de l'absence de généalogistes (grosses difficultés, voire impossibilité d'établir l'arbre généalogique et coût de recherche important qui souvent ne peut être supporté par le ou les indivisaires prenant l'initiative du partage). Pour l'usucapion, on en revient au problème des « titres 1911 ».

Pour y remédier, il faudrait :

- une possibilité de subvention au profit des indivisaires (sous condition de plafond de ressources) pour parvenir au partage et permettre de financer tout ou partie des frais et droits (système existant dans le département de La Réunion) ;
- faciliter la désignation d'un expert pour évaluer les immeubles indivis par une règle de majorité (2/3) afin d'éviter le recours au juge ;

– faciliter la désignation d'un représentant pour une personne introuvable ou dont la dévolution est inconnue, afin de permettre aux autres branches de la famille de procéder au partage.

4. L'accès au droit

Les nouvelles dispositions législatives et réglementaires en matière foncière et civile, énoncées plus haut, n'ont fait l'objet d'aucune campagne de communication auprès des Mahorais, alors que la majorité de la population mahoraise n'a aucune connaissance juridique, ne connaît pas la réglementation ou ne la comprend pas. Se pose alors la question de l'accès au droit. Il y a, à Mayotte, un important retard dans l'intégration des systèmes normatifs tant au niveau de l'information que de la formation. Il est donc absolument nécessaire d'amener le droit vers les Mahorais ; des actions d'information, de vulgarisation auprès de la population et de formation auprès des officiers d'état civil, des responsables de l'urbanisme et des questions foncières doivent être mises en place. L'emploi de langues locales, outre le français, faciliterait, par exemple, l'accès de la population au droit ; l'installation de maisons du droit devrait également se développer, ainsi que la tenue de réunions d'information en mairie.

Conclusion

Il existe bien, à Mayotte, un système foncier *organisé* avec tous les outils permettant de traiter tous types d'opération sur le foncier immatriculé. Certes, il reste des actions à entreprendre pour parvenir à une situation foncière complètement normalisée mais, sur l'ensemble du territoire, la tâche est réalisable car les Mahorais, qui ont souhaité accéder au statut de département, ont la volonté de voir leurs propriétés titrées et d'accéder à la sécurité foncière. Pour les dossiers que nous traitons, lorsque nous expliquons à nos clients mahorais leurs droits et obligations, nous ressentons de leur part une certaine fierté d'accéder à une culture juridique. C'est pourquoi la communication et l'explication du droit sont essentielles pour la réussite de toutes les actions et réformes qui seront mises en œuvre. Les initiateurs peuvent compter sur notre profession pour y participer.

Je vous remercie pour votre attention.

Les fonds structurels et d'investissement européens à Mayotte

Hélène PONGÉRARD-PAYET,
Maître de conférences HDR en droit public
Université de La Réunion (CRJ EA 14)

« *Vive Mayotte européenne ! "Nayenchi Maoré moni na y Europa"* »[1] : du rêve à la réalité ?

101e département et 5e département d'outre-mer (DOM) au sein de la République française depuis le 31 mars 2011[2], Mayotte est, en outre, devenue la 9e région ultrapériphérique (RUP)[3] au sein de l'Union européenne depuis le 1er janvier 2014, en application d'une décision du Conseil européen du 11 juillet 2012[4]. L'accession de Mayotte au statut de RUP, en droit de l'Union, intervient près de trois ans après sa départementalisation obtenue en droit interne, sans qu'il existe de corrélation juridique automatique entre l'évolution statutaire interne et l'évolution statutaire européenne, le statut institutionnel d'un territoire au regard du droit de l'Union européenne étant indépendant de son statut institutionnel au regard du droit interne[5]. C'est, en effet, au titre de la clause passerelle de l'article 355

---

[1] O. Lamberti, « L'Europe s'engage à Mayotte », *Mayotte Magazine*, janvier-avril 2015, p. 14, sp. p. 20.

[2] Loi organique n° 2009-969 du 3 août 2009 relative à l'évolution institutionnelle de la Nouvelle-Calédonie et à la départementalisation de Mayotte, article 63, *JORF*, 6 août 2009, p. 13095 ; loi organique n° 2010-1486 du 7 décembre 2010 relative au Département de Mayotte, *JORF*, n° 284, 8 décembre 2010, p. 21458.

[3] Figurent parmi les neuf RUP les DOM français (Guadeloupe, Guyane, Martinique, Mayotte, La Réunion), une collectivité d'outre-mer française (Saint-Martin), deux régions autonomes portugaises (Açores, Madère) et une communauté autonome espagnole (Canaries). Voir les articles 349 et 355 § 1 TFUE.

[4] Décision n° 2012/419/UE du 11 juillet 2012 modifiant le statut à l'égard de l'Union européenne de Mayotte, *JOUE*, n° L 204, 31 juillet 2012, p. 131.

[5] Voir T. M'Saïdié, « L'apport du statut de département dans le processus d'intégration de Mayotte à l'Union européenne », *Rev. UE*, janvier 2016, n° 594, p. 48 ; I. Vestris, « Les statuts internes des régions ultrapériphériques : une

paragraphe 6 TFUE que le Conseil européen a pris le 11 juillet 2012, à l'unanimité, la décision de modifier, à compter du 1er janvier 2014, le statut européen de Mayotte de PTOM à RUP. Issue du traité de Lisbonne, cette clause n'a été utilisée, pour l'instant, qu'à deux reprises[6]. Elle permet de passer du statut de PTOM à celui de RUP et vice versa[7], voire de s'orienter vers un statut *sui generis* à l'égard de l'Union européenne[8], au terme d'une procédure simplifiée[9], sur initiative de l'État membre concerné et décision unanime du Conseil européen, après consultation de la Commission. D'ordre pragmatique et sujet à évolution dans le temps, le choix d'un changement de statut à l'égard de l'Union repose sur des motivations variées et des données économiques et sociales conjoncturelles, tel l'environnement régional plus ou moins compétitif ou encore l'éligibilité ou non aux fonds structurels européens. La décision d'évolution statutaire dépend en particulier des compétences recherchées par la collectivité ultramarine en lien avec les besoins et les stratégies de développement de son territoire. Chaque statut européen, qu'il s'agisse du statut de PTOM[10]

interaction relative », *in* D. Blanc et F. Cafarelli (dir.), *1946-2016 : soixante-dix ans de départementalisation ultra-marine : entre diversité législative et unité constitutionnelle dans la République*, PUAM, coll. Droit d'Outre-mer, à paraître courant 2017.

[6] D'abord, pour le passage du statut de RUP au statut de PTOM par Saint-Barthélemy (décision n° 2010/718/UE du Conseil européen du 29 octobre 2010 modifiant le statut à l'égard de l'Union européenne de l'île de Saint-Barthélemy, *JOUE*, n° L 325, 9 décembre 2010, p. 4), ensuite pour la rupéisation de Mayotte (décision n° 2012/419/UE, préc.). Voir H. Pongérard-Payet, « Le statut de Mayotte vis-à-vis de l'Union européenne : enjeux et perspectives », *RJOI*, 2011, n° 13, p. 7 ; « La rupéisation de Mayotte », *in* F. Hermet (dir.), *Mayotte, État des lieux, enjeux et perspectives. Regards croisés sur le dernier-né des départements français*, Paris, L'Harmattan, 2015, p. 159 ; F. T. Rakotondrahaso, *Le statut de Mayotte vis-à-vis de l'Union européenne*, Aix-en-Provence, PUAM, Coll. Droit d'Outre-mer, 2014 ; M. Zuber, « Changement de statut de Mayotte et de Saint-Barthélemy : les enjeux de la mise en œuvre de l'acquis dans ces territoires », *RDUE*, 2012, n° 3, p. 473.

[7] Seuls les PTOM danois et néerlandais ainsi que les RUP et PTOM français peuvent bénéficier de cette clause passerelle.

[8] Un statut *sui generis* pourrait intéresser Saint-Martin. Voir L. Grard, « Quel statut européen pour la collectivité outre-mer de Saint-Martin ? », *AJDA* 2015, p. 1252 ; D. Perrot, « Saint-Martin, collectivité d'outre-mer face à ses obligations de région ultrapériphérique », *Rev. UE*, juin 2015, n° 589, p. 344.

[9] Sans recourir à la procédure ordinaire de révision des traités (article 48 § 2 à 5 TUE).

[10] Voir notamment D. Dormoy, « Association des pays et territoires d'outre-mer (PTOM) à l'Union européenne », *J-Cl. Europe Traité*, Fasc. 473, 29 mars 2015 ; « Les pays et territoires d'outre-mer associés à l'Union européenne », *in* L. Tesoka et J. Ziller (dir.), *Union européenne et outre-mers unis dans leurs diversités*, Aix-en-

ou du statut de RUP[11], présente, en effet, des avantages et des inconvénients spécifiques. Si les PTOM sont simplement associés à l'Union européenne et peuvent, en conséquence, exercer certaines compétences incompatibles avec l'acquis de l'Union, notamment en matière fiscale et douanière, les RUP sont en revanche intégrées à l'Union et, en tant que telles, assimilées à l'ordre juridique européen. En règle générale, les PTOM envient l'accès des RUP aux fonds structurels européens et les RUP la liberté, en particulier économique et commerciale, dont les PTOM bénéficient dans l'exercice de leurs compétences. Ainsi, avec un PIB par habitant supérieur à 75 % de la moyenne européenne, Saint-Barthélemy, a préféré quitter la condition de RUP pour devenir, le 1er janvier 2012[12], un PTOM afin de continuer à percevoir, en matière fiscale et douanière, sa recette principale, le « droit de quai », et à s'approvisionner en pétrole et en biens de consommation en zone économique américaine, en s'affranchissant des normes européennes trop contraignantes et coûteuses en matière commerciale. En revanche, Mayotte a suivi le processus inverse. Elle a fait le choix de la transformation de PTOM en RUP pour des motifs de développement et de rattrapage économique et social[13], afin essentiellement de pouvoir bénéficier d'un soutien financier plus conséquent de l'Union au titre des fonds structurels.

Surnommée tantôt « l'île aux parfums », tantôt « l'île au lagon », Mayotte est en réalité composée d'un ensemble d'îles et d'îlots situé

Provence, PUAM, 2008 p. 139 ; T. M'Saïdié, *Les pays et territoires d'outre-mer dans l'Union européenne*, Bruxelles, Bruylant, Coll. droit de l'Union européenne – Thèses, 2013 ; I. Omarjee, « Association (pays et territoires d'outre-mer) », *Rép. de droit européen Dalloz*, janvier 2015.

[11] Voir notamment D. Custos, « Champ d'application du droit communautaire et de l'Union – Régions ultrapériphériques (RUP) : principes du statut européen », *J-Cl. Europe Traité*, fasc. 471, 8 septembre 2014 ; I. Omarjee, « Régions ultrapériphériques », *Rép. de droit européen Dalloz*, décembre 2002, actualisation juin 2016 ; D. Perrot, « Les régions ultrapériphériques françaises selon le Traité de Lisbonne », *RTDE*, octobre-novembre 2009, n° 4, p. 717 ; N. Rubio, « Les régions ultrapériphériques de l'Union européenne », *in* L. Tesoka et J. Ziller (dir.), *ibid.*, p. 121 ; I. Vestris, *Le statut des régions ultrapériphériques de l'Union européenne. La construction d'un modèle attractif et perfectible d'intégration différenciée*, Bruylant, Coll. droit de l'Union européenne – Thèses, 2012 ; I. Vestris, « L'apport du statut des régions ultrapériphériques à l'ordre juridique de l'Union européenne », *Rev. UE*, juin 2017, n° 609, p. 360.

[12] Décision n° 2010/718/UE du Conseil européen, préc.

[13] J.-P. Sueur, C. Cointat et F. Desplan, *Mayotte : un nouveau département confronté à de lourds défis*, rapport d'information n° 675, Sénat, 18 juillet 2012, p. 56.

dans l'océan Indien, entre le continent africain et Madagascar. Elle se caractérise par une forte croissance démographique ainsi qu'une situation économique et sociale préoccupante, avec un PIB par habitant parmi les plus faibles d'Europe, qui en faisait en 2015 la région plus pauvre de l'UE[14]. Elle en est désormais la seconde après une région bulgare[15], tout en possédant paradoxalement l'un des PIB parmi les plus élevés du sud-ouest de l'océan Indien, en étant, par exemple, « dix fois plus riche que les autres îles des Comores »[16]. Son économie repose essentiellement sur l'agriculture et la prédominance du secteur tertiaire avec, en 2016, un taux d'emploi évalué à 36,7 % et un taux de chômage à 27,1 %, celui des 15-29 ans atteignant 47,2 % et celui des femmes 32,6 %[17]. Selon le rapport de l'IEDOM de 2015, « *Le développement durable de l'île n'est pas encore achevé comme en témoignent, non seulement, les retards dans la mise à niveau des infrastructures de base (transport, logement, gestion de l'assainissement, traitement des déchets, protection de l'environnement...), mais aussi, les performances sociales et environnementales contrastées voire dégradées* »[18]. Au regard de sa situation économique et sociale structurelle, le statut d'intégration différenciée des RUP au sein de l'Union européenne offre à Mayotte les instruments juridiques et financiers, qui devraient lui permettre de relever à terme les défis du développement de son territoire. Le département français a ainsi accès, pour la période 2014-2020, aux fonds structurels et d'investissement européens (ci-après FESI)[19], qui offrent aux RUP un soutien financier largement plus conséquent en volume comparativement au Fonds européen de développement (FED), qui soutient pour sa part le développement des PTOM pour un montant modeste. Par exemple, l'enveloppe des RUP au titre des deux fonds structurels, que constituent le Fonds européen de développement régional (FEDER) et

[14] Eurostat, Communiqué de presse 90/2015, 20 mai 2015.

[15] À savoir la région de Severozapaden. Cf. Eurostat, Communiqués de presse 52/2017, 30 mars 2017 et 39/2016, 26 février 2016.

[16] Allocution de S. I. Ramadani au IVe forum des RUP. Cf. Commission, rapport du IVe forum des RUP 2017, 30 et 31 mars 2017, p. 9-10.

[17] Sur ces statistiques, voir IEDOM, *Mayotte – Rapport annuel 2016*, éd. 2017, p. 41-42. À comparer avec celles de 2015 où le taux d'emploi était de 36,6 %, le taux de chômage de 23,6 %, celui des 15-29 ans de 46,1 % et celui des femmes de 30,6 %. Voir IEDOM, *Mayotte – Rapport annuel 2015*, éd. 2016, p. 41-42.

[18] *Ibid.*, p. 22.

[19] Voir Commission, *Orientations à l'intention des bénéficiaires des Fonds structurels et d'investissement européens et des instruments européens connexes*, OPUE, 2014, p. 34 (ci-après guide FESI de la Commission).

le Fonds social européen (FSE), s'élève à 6,779 milliards d'euros en 2007-2013[20] et à 6,9 milliards d'euros en 2014-2020[21]. En revanche, celle des PTOM (au nombre de vingt-cinq actuellement[22]) atteint seulement 286 millions d'euros en 2008-2013[23] et 364,5 millions d'euros en 2014-2020[24]. Un règlement du Parlement européen et du Conseil du 17 décembre 2013[25] fixe pour la période 2014-2020 le cadre commun de mobilisation des FESI, qui sont au nombre de cinq et qui interviennent au titre de trois politiques européennes distinctes. En premier lieu, les deux seuls fonds structurels (FEDER et FSE)[26] financent avec le Fonds de cohésion la politique de cohésion économique, sociale et territoriale, qui vise en particulier « *à réduire l'écart entre les niveaux de développement des diverses régions et le retard des régions les moins favorisées* »[27]. En second lieu, le Fonds européen agricole pour le développement rural (FEADER) soutient la politique de développement rural, qui constitue le second pilier de la politique agricole commune. En troisième lieu, le Fonds européen pour les affaires maritimes et la pêche (FEAMP) appuie par ses financements la politique commune de la pêche et la politique maritime intégrée. Dans le cadre de la programmation 2014-2020, ces

---

[20] Voir H. Pongérard-Payet, « La politique de cohésion de l'Union européenne en faveur des régions ultrapériphériques », *Europe*, janvier 2013, Étude n° 1, p. 5, sp. p. 8, § 14.

[21] Dont 5 milliards au titre du FEDER et 1,9 milliard au titre du FSE (initiative pour l'emploi des jeunes y compris). Voir les chiffres de la fiche technique du Parlement européen sur les RUP d'avril 2017 (http://www.europarl.europa.eu/atyourservice/fr/displayFtu.html?ftuId=FTU_5.1.7.html).

[22] Sur la liste des PTOM qui dépendent de quatre États membres (France, Pays-Bas, Danemark et Royaume-Uni), voir l'annexe II du TFUE.

[23] Décision n° 2007/249/CE du Conseil du 19 mars 2007 portant modification de la décision 2001/822/CE relative à l'association des pays et des territoires d'outre-mer à la Communauté européenne, *JOUE*, n° L 109, 26 avril 2007, p. 33, annexe I.

[24] Accord interne instituant le 11e FED, *JOUE*, n° L 210, 6 août 2013, p. 1, article 1 § 2, a), ii).

[25] Règlement (UE) n° 1303/2013 portant dispositions communes relatives au Fonds européen de développement régional, au Fonds social européen, au Fonds de cohésion, au Fonds européen agricole pour le développement rural et au Fonds européen pour les affaires maritimes et la pêche, portant dispositions générales applicables au Fonds européen de développement régional, au Fonds social européen, au Fonds de cohésion et au Fonds européen pour les affaires maritimes et la pêche, et abrogeant le règlement (CE) n° 1083/2006 du Conseil, *JOUE*, n° L 347, 20 décembre 2013, p. 320.

[26] En ce sens, article 1 al. 2 du règlement (UE) n° 1303/2013, *ibid.*

[27] Article 174 TFUE.

cinq fonds forment pour la première fois les FESI[28], qui contribuent à réaliser la stratégie Europe 2020 pour une croissance intelligente, durable et inclusive. Sur la période 2014-2020, l'enveloppe globale des fonds européens en faveur des RUP s'élève à 13,3 milliards d'euros[29] et profite en partie à Mayotte. Si les FESI sont au nombre de cinq, seulement quatre de ces fonds sont toutefois mobilisables en France qui, en raison d'un RNB par habitant supérieur à 90 % de la moyenne européenne, n'est pas éligible au Fonds de cohésion[30]. Sont donc mobilisables à Mayotte au titre des FESI les quatre fonds suivants : FEDER, FSE, FEADER et FEAMP. En lien avec le programme du colloque (« de l'égalité juridique à la réalité économique »), l'objet de la présente contribution vise à rechercher dans quelle mesure ces quatre FESI soutiennent le développement durable de Mayotte, tant sur le plan quantitatif, concernant le volume des dotations allouées à l'île aux parfums (I), que sur le plan qualitatif, concernant les objectifs et priorités d'investissement soutenus par l'Union et qui ont été retenus dans les programmes opérationnels afin de financer des actions et des projets adaptés aux besoins et aux enjeux de développement du territoire mahorais (II).

I. LES ASPECTS QUANTITATIFS DU SOUTIEN FINANCIER DES FESI À MAYOTTE : UNE RÉALITÉ CONTRASTÉE

« À l'échelle européenne, de 1976 à 2013, Mayotte faisait partie des PTOM et recevait, à ce titre, des financements du Fonds européen de développement (FED) depuis le 4e FED (Convention de Lomé I 1975-1980). En devenant la 9e Région ultrapériphérique (RUP), l'île est désormais éligible aux fonds structurels européens et peut ainsi bénéficier d'aides plus importantes pour la mise en œuvre de projets

---

28 En ce sens, article 1 al. 1 du règlement (UE) n° 1303/2013, préc.

29 Si on ajoute à l'enveloppe des FESI, l'enveloppe POSEI (Programme d'options spécifiques à l'éloignement et à l'insularité) financée par le Fonds européen agricole de garantie agricole (FEAGA). Voir la fiche technique du Parlement européen sur les RUP, *supra* en note 21.

30 En revanche, le Portugal y est éligible. Voir la décision d'exécution n° 2014/99/UE de la Commission du 18 février 2014 établissant la liste des régions éligibles à un financement du Fonds européen de développement régional et du Fonds social européen et des États membres éligibles à un financement par le Fonds de cohésion pour la période 2014-2020, *JOUE*, n° L 50, 20 février 2014, p. 22. Voir aussi L. Lebon, « Le Fonds de cohésion et l'outre-mer », *Rev. UE*, mars 2017, n° 606, p. 147.

de rattrapage et de développement »[31]. Sur la période 2014-2020, le choix du statut de RUP se traduit, en effet, par une nette augmentation de l'aide européenne à Mayotte (A), plus de quinze fois supérieure à celle obtenue du FED, dans le passé, en tant que PTOM[32]. Bien que l'arrivée des FESI constitue une réelle opportunité pour le développement de son territoire, Mayotte aurait pu, eu égard à son retard structurel important, obtenir davantage de l'UE, si elle n'avait pas fait l'objet de la part de celle-ci d'un traitement spécifique (B).

A. Un soutien financier conséquent des FESI à Mayotte pour 2014-2020

Sur la période 2014-2020, sans compter les 42 millions alloués à Mayotte au titre du POSEI agricole[33], le montant total investi par l'Union européenne au titre des FESI sur le territoire mahorais s'élève à 320,44 millions d'euros[34], contre 22,92 millions d'euros au titre du 10e FED en 2008-2013[35]. Sur le plan quantitatif, les financements les plus importants proviennent des fonds structurels de la politique européenne de cohésion (1), bien que les aides obtenues des autres FESI, dans le cadre des politiques relatives à l'agriculture et à la pêche, ne soient pas négligeables (2).

1. Les financements substantiels des fonds structurels de la politique de cohésion

Sur la période 2014-2020, les fonds structurels de la politique de cohésion soutiennent deux objectifs prioritaires[36], d'une part, l'« Investissement pour la croissance et l'emploi », dit objectif ICE,

---

[31] IEDOM, *Mayotte – Rapport annuel 2016*, préc., p. 59.

[32] Sur le soutien des fonds européens à Mayotte, v. H. Pongérard-Payet, « La rupéisation de Mayotte », *op. cit.*, p. 171-176 ; « Les régions ultrapériphériques de l'océan Indien dans la politique de cohésion 2014-2020 », *in* Y. Combeau, T. Gaillat et Y. Rolland (dir.), *Dire l'océan Indien*, volume 1, Université de La Réunion – Epica Éditions, 2017, p. 189.

[33] Programme d'options spécifiques à l'éloignement et à l'insularité, qui prévoit une aide de 6 millions d'euros par an pour Mayotte sur sept ans. Voir IEDOM, *Mayotte – Rapport annuel 2016*, préc., p. 78.

[34] IEDOM, *ibid.*, p. 29.

[35] Règlement (CE) n° 1424/2007 de la Commission du 4 décembre 2007 modifiant le règlement (CE) 2304/2002 portant application de la décision n° 2001/822/CE du Conseil relative à l'association des pays et territoires d'outre-mer à la Communauté européenne et attribuant les montants indicatifs au titre du 10e Fonds européen de développement, *JOUE*, n° L 317, 5 décembre 2007, p. 38.

[36] Règlement (UE) n° 1303/2013, préc., article 89 § 2.

qui concentre l'essentiel des ressources disponibles, soit 96,33 %[37] ; d'autre part, la « Coopération territoriale européenne », dit objectif CTE, qui représente 2,75 % des ressources disponibles[38] et qui recouvre trois volets de coopération, transfrontalière, transnationale ou interrégionale[39] (respectivement Interreg A, B et C). Au plan quantitatif, le soutien des fonds structurels au développement de Mayotte s'apprécie à l'aune du montant des enveloppes allouées au département français au titre de ces deux objectifs prioritaires.

• Les enveloppes allouées à Mayotte au titre de l'objectif ICE

Dans le cadre de cet objectif, dont les ressources sont réparties entre trois catégories de régions en fonction de leur niveau de richesse, Mayotte fait partie, à l'instar des autres RUP françaises et des Açores, de la catégorie des régions les moins développées[40], dont le PIB par habitant est inférieur à 75 % de la moyenne européenne, et qui bénéficient de plus de 52 % des ressources de l'objectif[41]. L'île aux parfums obtient, dans ce cadre, une enveloppe de 148,9 millions d'euros au titre du FEDER[42] ; fonds qui tend à corriger les principaux

---

[37] *Ibid.*, article 92 § 1.

[38] *Ibid.*, article 92 § 9. En modeste écho à l'objectif de cohésion territoriale inscrit en droit primaire depuis le traité de Lisbonne (article 3 § 3 al. 3 TUE), le budget de l'objectif CTE est légèrement en hausse, en passant de 2,5 % à 2,75 % sur la période 2014-2020.

[39] Voir l'article 2 du règlement (UE) n° 1299/2013 du Parlement européen et du Conseil du 17 décembre 2013 portant dispositions particulières relatives à la contribution du Fonds européen de développement régional à l'objectif « Coopération territoriale européenne », dit règlement CTE, *JOUE*, n° L 347, 20 2013, p. 259.

[40] Décision d'exécution n° 2014/99/UE, préc., annexe I. Cette décision classe, cependant, les Canaries parmi les régions en transition et Madère parmi les régions les plus développées. Voir ses annexes II et III.

[41] Règlement (UE) n° 1303/2013, préc., article 90 § 2 qui distingue les régions moins développées (PIB par habitant inférieur à 75 % de la moyenne UE-27), des régions en transition (PIB entre 75 et 90 % de cette moyenne) et des régions plus développées (PIB supérieur à 90 % de cette moyenne). Les premières obtiennent 52,45 % des ressources de l'objectif ; les 2es 10,24 % et les 3es 15,67 % : *ibid.*, article 92 § 1.

[42] Dont 2,8 millions d'allocation spécifique de compensation des surcoûts. Cf. Tableau des montants alloués par programmes nationaux, régionaux et interrégionaux, octobre 2014 (http://www.europe-en-france.gouv.fr/Des-programmes-pour-qui-pour-quoi/Programmes-2014-2020#/regional) (consulté le 12 février 2017).

écarts de développement entre les régions de l'Union[43]. L'île bénéficie, en outre, d'une enveloppe de 65,5 millions d'euros au titre du FSE[44], principal instrument européen de soutien à l'emploi[45]. Enfin, Mayotte a perçu, en 2014-2015, 9,2 millions d'euros au titre de l'initiative pour l'emploi des jeunes (IEJ)[46]. Financé pour moitié par le FSE, ce dispositif vise à lutter contre le chômage des jeunes de moins de 25 ans, sans emploi et ne suivant ni études ni formation[47]. Au 31 décembre 2015, 100 % des crédits « IEJ » étaient engagés à Mayotte alors que le taux d'engagement des autres crédits européens était faible à cette date[48].

• Les enveloppes allouées à Mayotte au titre de l'objectif CTE

Dans le cadre de l'objectif CTE financé par le FEDER[49], l'enveloppe profitant à l'île au lagon, pour son intégration régionale

---

[43] Article 176 TFUE. Voir H. Pongérard-Payet, « Le soutien du FEDER aux Outre-mer sur la période 2014-2020 », *Rev. UE*, mars 2017, n° 606, p. 132 ; N. Rubio, « Fonds européen de développement régional », *J-Cl. Europe Traité*, Fasc. 2180, janvier 2014.

[44] Cf. Tableau cité *supra* en note 42 ; IEDOM, *Mayotte – Rapport annuel 2016*, préc., p. 29.

[45] Article 162 TFUE. Voir F. Michéa, « Le développement social des régions ultrapériphériques au prisme du Fonds social européen », *Rev. UE*, mars 2017, n° 606, p. 140 ; S. Van Raepenbusch, « Fonds social européen », *Répertoire de droit européen*, Dalloz, septembre 2002 (mise à jour juin 2015).

[46] L'IEJ a été créée par le Conseil européen. Voir ses conclusions des 7 et 8 février 2013 sur le cadre financier pluriannuel, EUCO 37-13, p. 23, § 59. Cette dotation spécifique est en principe destinée aux régions dans lesquelles le taux de chômage des jeunes est supérieur à 25 %. Sur les treize régions françaises éligibles à un financement au titre de l'IEJ, dont Mayotte, voir l'annexe IV de la décision n° 2014/190/UE de la Commission du 3 avril 2014, *JOUE*, n° L 104, 8 avril 2014, p. 13, sp. p. 23.

[47] Article 16 du règlement (UE) n° 1304/2013 du Parlement européen et du Conseil du 17 décembre 2013 relatif au Fonds social européen et abrogeant le règlement (CE) n° 1081/2006 du Conseil, dit règlement FSE, *JOUE*, n° L 347, 20 décembre 2013, p. 470.

[48] Sur ces taux, voir IEDOM, *Mayotte – Rapport annuel 2015*, préc., p. 29 et 62.

[49] Les RUP participent à six programmes transfrontaliers et/ou transnationaux de coopération territoriale. Les programmes MAC (Madère, Açores, Canaries), Caraïbes, Amazonie et océan Indien comportent deux volets. Ceux de Mayotte et Saint-Martin sont exclusivement transfrontaliers. Voir Commission, *La coopération territoriale en Europe – Une perspective historique*, OPUE, 2015, p. 56-60 ; sa décision d'exécution n° 2014/366/UE du 16 juin 2014 (fixant les montants FEDER de chaque programme CTE pour 2014-2020), *JOUE*, n° L 178, 18 juin 2014, p. 18. Cf. aussi D. Blanc, « La coopération territoriale européenne dans l'océan Indien : une contribution à l'Indianocéanie ? Si loin, si proches », *Rev. UE*, avril 2017,

dans la zone de l'océan Indien, s'élève à 33,8 millions d'euros. Un peu plus de 12 millions d'euros[50] concernent le volet transfrontalier[51], qui vise à soutenir les projets de coopération, dans le canal du Mozambique, entre Mayotte, l'Union des Comores et *a priori* Madagascar. Près de 21,8 millions d'euros[52] concernent le volet transnational[53], qui bénéficie en partie à Mayotte car il associe deux RUP françaises, La Réunion et Mayotte, ainsi qu'un PTOM français, les Terres australes et antarctiques françaises, à plusieurs pays de la zone océan Indien[54].

En définitive, le volume des fonds structurels représente un peu plus de 80 % de l'enveloppe globale allouée par l'UE à l'île aux parfums sur la période 2014-2020[55], les presque 20 % restant relevant des fonds européens œuvrant en matières agricole et maritime.

---

n° 607, p. 204 ; K. Galy, « L'Union européenne et l'action extérieure des régions ultrapériphériques françaises de la Caraïbe », *Rev. UE*, juin 2017, n° 609, p. 348 ; R. Oliveira, « Açores, Madère et Canaries : les RUP de la Macaronésie et la coopération territoriale dans l'Atlantique », *Rev. UE*, avril 2017, n° 607, p. 212.

[50] Exactement 12 028 883 euros. Voir la décision d'exécution n° 2014/366/UE, *ibid.*, p. 22.

[51] Volet unique du programme de coopération de Mayotte (Interreg V-A), qui ne comporte pas une dimension transnationale. Voir *infra* partie II, A, 2.

[52] Exactement 21 772 585 euros. Voir la décision d'exécution n° 2014/366/UE, préc., p. 23.

[53] Second volet du programme de coopération océan Indien (Interreg V-B) dont le premier volet transfrontalier (Interreg V-A) ne concerne pas Mayotte car il associe La Réunion exclusivement aux pays de la Commission de l'océan Indien (COI). Sont membres de la COI les Comores, Madagascar, Maurice et les Seychelles. Mayotte n'en est pas membre en raison du veto de l'Union des Comores : D. Blanc, *op. cit.*, p. 208, note 57.

[54] Comores, Madagascar, Maurice, Seychelles, Tanzanie, Mozambique, Kenya, Inde, Maldives, Australie. Voir l'article 3 § 2 de la décision d'exécution n° C (2015) 6527 final de la Commission du 23 septembre 2015 portant approbation de certains éléments du programme de coopération intitulé « INTERREG V-Océan Indien » en vue d'un soutien du Fonds européen de développement régional au titre de l'objectif « Coopération territoriale européenne » en France en partenariat avec des pays voisins et pays et territoire d'outre-mer dans la zone de l'océan Indien : (http://www.reunioneurope.org/DOCS/2014-2020_DECISION_PO_INTERREGV_REUNION.pdf).

[55] Ce volume s'élève à 257,4 millions d'euros (ci-après M€ : 148,9 M€ au titre du FEDER, 65,5 M€ au titre du FSE, 9,2 M€ au titre de l'IEJ et 33,8 M€ au titre du FEDER CTE), soit 80,33 % des 320,44 M€ dédiés à Mayotte au titre des FESI pour la période 2014-2020.

2. Les financements des fonds européens pour l'agriculture et la pêche

En sa qualité de RUP, Mayotte bénéficie, pour la première fois, outre des fonds structurels de la politique européenne de cohésion, des financements non seulement du FEADER au titre de la politique européenne de développement rural, mais également du FEAMP au titre de la politique commune de la pêche[56] (ci-après PCP) et de la politique maritime intégrée (ci-après PMI) de l'UE.

• L'enveloppe appréciable du FEADER au titre de la politique de développement rural

Cette politique constitue le second pilier de la politique agricole commune (PAC)[57]. Financée par le FEADER, qui est doté d'un budget de près de 100 milliards d'euros pour l'ensemble de l'UE sur la période 2014-2020[58], elle s'articule autour des trois objectifs transversaux suivants : la compétitivité de l'agriculture ; la gestion durable des ressources naturelles et l'action pour le climat ; le développement territorial équilibré des zones rurales[59]. Dans le cadre de cette politique, Mayotte se voit attribuer, sur la période 2014-2020, une enveloppe FEADER d'un montant appréciable de 60 millions d'euros, afin de répondre aux besoins et défis de l'agriculture mahoraise, qui représente une part très faible de la production locale, tout en fournissant l'essentiel de l'alimentation de base à la population

---

[56] Voir O. Curtil, « La mise en œuvre de la politique commune de la pêche dans les régions ultrapériphériques », *Rev. UE*, février 2017, n° 605, p. 97.

[57] Voir la fiche technique du Parlement européen de 2017 sur « le second pilier de la PAC : la politique de développement rural » (http://www.europarl.europa.eu/ftu/pdf/fr/FTU_5.2.6.pdf). Le régime de paiements directs aux agriculteurs et les mesures de soutien aux marchés agricoles constituent le premier pilier, qui est financé par le FEAGA.

[58] Exactement 99 586 451 994 euros. Voir le règlement délégué (UE) 2015/791 de la Commission du 27 avril 2015 modifiant l'annexe I du règlement (UE) n° 1305/2013 du Parlement européen et du Conseil relatif au soutien au développement rural par le Fonds européen agricole pour le développement rural, *JOUE*, n° L 127, 22 mai 2015, p. 1, sp. p. 4. L'enveloppe de la France, première bénéficiaire du FEADER 2014-2020, s'élève à près de 11,4 milliards d'euros.

[59] Voir l'article 4 du règlement (UE) n° 1305/2013 du Parlement européen et du Conseil du 17 décembre 2013 relatif au soutien au développement rural par le Fonds européen agricole pour le développement rural (FEADER) et abrogeant le règlement (CE) n° 1698/2005 du Conseil, *JOUE*, n° L 347, 20 décembre 2013, p. 487.

locale[60]. Les aides européennes sont également les bienvenues dans les secteurs de la pêche et de l'aquaculture, en difficulté à Mayotte[61].

• L'enveloppe peu élevée du FEAMP au titre de la PCP

Doté sur la période 2014-2020 d'un budget de 6,4 milliards d'euros (dont 5,7 milliards alloués aux États membres dans le cadre de la gestion partagée)[62], le FEAMP promeut essentiellement une pêche et une aquaculture durables et encourage la mise en œuvre de la PCP et, dans une moindre mesure, de la PMI[63]. La France dispose, parmi les États membres de l'UE, de la deuxième enveloppe du FEAMP, en bénéficiant de près de 588 millions d'euros, dont 86,45 millions dédiés au régime de la compensation des surcoûts liés à l'éloignement des RUP[64]. Ce régime succède aux anciens « POSEI pêche » en faveur des RUP[65], qui étaient financés par le FEAGA. Peu élevée, l'enveloppe allouée à Mayotte, au titre du FEAMP, s'élève à 3,04 millions d'euros[66]. Selon le rapport de l'IEDOM, lesdits financements ne sont effectifs que depuis avril 2016[67], sans doute en

---

[60] Voir IEDOM, *Mayotte – Rapport annuel 2016*, préc., p. 29, 76 et suivantes.

[61] *Ibid.*, p. 84 et suivantes.

[62] Une partie du budget du FEAMP est en gestion partagée, une autre en gestion directe par la Commission européenne. Voir Commission, *La politique commune de la pêche en chiffres*, OPUE, 2016, p. 50. Voir aussi les articles 13 et 14 du règlement (UE) n° 508/2014 du Parlement européen et du Conseil du 15 mai 2014 relatif au Fonds européen pour les affaires maritimes et la pêche, *JOUE*, n° L 149, 20 mai 2014, p. 1.

[63] Sur les cinq objectifs et les priorités poursuivis par le FEAMP, voir les articles 5 et 6 du règlement (UE) n° 508/2014, préc.

[64] Sur ces chiffres pour la France et les RUP françaises, voir l'article 3 de la décision d'exécution n° C (2015) 8863 de la Commission du 3 décembre 2015 portant approbation du programme opérationnel « Fonds européen pour les affaires maritimes et la pêche – Programme opérationnel pour la France » : http://www.reunioneurope.org/DOCS/2014-2020_DECISION_FEAMP_2015-8863.pdf (consulté le 12 avril 2017).

[65] Cf. règlement (CE) n° 791/2007 du Conseil du 21 mai 2007 instaurant un régime de compensation des surcoûts qui grèvent l'écoulement de certains produits de la pêche provenant de régions ultrapériphériques, à savoir des Açores, de Madère, des îles Canaries, de la Guyane française et de La Réunion, *JOUE*, n° L 176, 6 juillet 2007, p. 1. À l'époque, le POSEI pêche ne concernait, en France, que la Guyane et La Réunion.

[66] IEDOM, *Mayotte – Rapport annuel 2016*, préc., p. 29. Voir aussi les maquettes financières par région, jointes au programme opérationnel : http://www2.developpement-durable.gouv.fr/IMG/pdf/06_-_Maquettes_financieres_par_Region_3dec2015.pdf (consulté le 12 avril 2017).

[67] IEDOM, *ibid.*, p. 84.

raison du lancement tardif de la programmation actuelle des fonds européens, en particulier du FEAMP.

En définitive, le volume total des financements attribués par les FESI à Mayotte pour 2014-2020, en sa qualité de nouvelle RUP, apparaît considérable et sans commune mesure avec les aides d'une vingtaine de millions d'euros obtenues du FED, en 2008-2013, lorsque Mayotte était simplement associée à l'UE en tant que PTOM. Néanmoins, comparés aux montants des enveloppes allouées aux autres RUP françaises, les montants alloués à l'île au lagon restent modestes alors qu'elle souffre d'un PIB par habitant nettement inférieur à la moyenne européenne et à ceux des autres DOM français, ainsi qu'en témoigne le tableau suivant relatif à l'exemple du FEDER hors CTE[68] :

RUP : PIB/habitant en 2014 et montants FEDER 2014-2020 (hors CTE) en millions d'euros			
		PIB/habitant (2014 ; UE 28=100) Source : Eurostat	**FEDER (hors CTE) 2014-2020**
RUP françaises	**Guadeloupe**	73,1	521,8
	Guyane	58,4	338,1
	Martinique	77,03	445,1
	Mayotte	30,75	148,9
	La Réunion	69,92	1 130,4
	Saint-Martin		38,9
RUP espagnole	**Canaries**	78,2	997,7
RUP portugaises	**Açores**	70,56	825,0
	Madère	73,39	274,3

Alors que le niveau de l'assistance des fonds structurels et du FEADER, pour 2014-2020, dépend, en principe, de la situation de chaque région par rapport au PIB moyen par habitant de l'UE-27[69], la situation budgétaire de Mayotte a fait l'objet par l'Union européenne d'un traitement spécifique, qui a notamment contribué à diminuer

[68] Tableau réalisé à partir de données de la Commission, *Les régions ultrapériphériques, Terres européennes dans le monde*, OPUE, 2017, p. 48, ne fournissant pas cependant de statistiques socio-économiques pour Saint-Martin.

[69] Voir Commission, *Fonds structurels et d'investissement européens 2014-2020 : textes officiels et commentaires*, OPUE, novembre 2015, p. 29. Sur la méthode de calcul des montants alloués au titre de l'objectif ICE, voir l'annexe VII du règlement (UE) n° 1303/2013, préc.

sensiblement l'enveloppe des fonds structurels à laquelle elle aurait pu prétendre.

B. La spécificité européenne du traitement budgétaire de Mayotte

La transformation du statut de Mayotte à l'égard de l'Union, de PTOM en RUP, a donné lieu à un traitement différencié de la collectivité à plusieurs égards de la part de l'Union. D'une part, afin de lui permettre de préparer la programmation 2014-2020 des fonds européens et de construire efficacement l'architecture des programmes opérationnels ainsi que l'organigramme de gestion et de suivi des fonds européens, une aide à l'action préparatoire à la rupéisation a été instituée et a été allouée à l'île aux parfums (1). D'autre part, la réglementation relative aux FESI comporte, au plan quantitatif, certaines dispositions particulières à l'endroit de Mayotte (2).

1. L'aide à l'action préparatoire de Mayotte à l'arrivée des fonds européens

• Le montant et le financement de l'aide européenne

Suivant en matière de rupéisation un raisonnement similaire à celui tenu en matière d'adhésion d'un nouvel État membre[70], les institutions de l'UE ont rapproché la situation de Mayotte de celle d'un État bénéficiant de l'instrument d'aide de préadhésion. Ainsi a été adoptée de manière novatrice[71], dans le budget de l'UE de 2012, une ligne budgétaire de 2 millions d'euros affectés à « l'action préparatoire d'accompagnement de Mayotte et de tout autre territoire potentiellement concerné dans le processus de passage au statut de région ultrapériphérique »[72]. Cette aide a été financée par le FEDER et cofinancée par l'État français à hauteur de 15 %, si bien que l'île au

[70] Voir H. Pongérard-Payet, « Les principales implications de l'octroi du statut de région ultrapériphérique au département de Mayotte », *in* D. Blanc et F. Cafarelli (dir.), *1946-2016 : soixante-dix ans de départementalisation ultra-marine...*, *op. cit.*

[71] À l'initiative du député européen É. Hoarau, courrier du 11 juillet 2011 au président de la Commission européenne ; amendement 1251 présenté devant la commission de développement régional du Parlement européen lors du vote du budget de l'Union pour 2012.

[72] Voir notamment l'adoption définitive du budget général de l'UE pour l'exercice 2013, *JOUE*, n° L 66, 8 mars 2013, sp. p. II-581 et II-603.

lagon a bénéficié pour son action préparatoire à la rupéisation d'une enveloppe globale de 2,35 millions d'euros[73].

• Les objectifs de l'aide européenne

Utilisée sur trois années, de 2012 à 2014[74], cette aide a permis en particulier de réaliser des études préalables à la mobilisation des FESI. Ont ainsi été élaborés, d'abord en 2012, un cadre territorial stratégique préfigurant les orientations des programmes européens à venir[75] ; puis, dans son prolongement, entre 2013 et 2014, les programmes opérationnels (ci-après PO) des fonds européens pour Mayotte, en particulier le PO FEDER-FSE[76], le programme transfrontalier Interreg V Mayotte-Union des Comores[77] ainsi que le programme de développement rural de Mayotte (PDR)[78]. Tous ces programmes ont été validés par la Commission européenne[79].

L'aide préparatoire à la rupéisation a aussi contribué à former près de 200 acteurs locaux à la gestion, au suivi et au contrôle des fonds européens et à créer le 1er janvier 2014 le SGAR (Secrétariat général des affaires régionales) de Mayotte et, en son sein, un pôle affaires européennes, chargé notamment du suivi de la mise en œuvre des PO, de l'appui aux porteurs des projets et du contrôle des opérations.

Paradoxalement, alors que Mayotte a bénéficié d'une aide inattendue pour son action préparatoire au statut de RUP, les enveloppes financières qui lui ont été allouées, au titre des fonds

[73] Voir l'article I.4 de la convention de subvention signée le 14 septembre 2012 entre la Commission européenne, l'Agence nationale de Services et de Paiement et la préfecture de Mayotte.

[74] 1 M€ utilisés en 2012, 600 000 € en 2013 et 400 000 € en 2014. Voir l'adoption définitive du budget général de l'UE pour l'exercice 2014, *JOUE*, n° L 51, 20 février 2014, p. 23, sp. p. II-599.

[75] Étude des cabinets Amnyos, Technopolis et Oréade-Brèche, ciblant huit priorités transversales pour Mayotte : développement durable, protection de l'environnement, efficacité énergétique, lutte et adaptation au changement climatique, prévention et gestion des risques, égalité homme-femme et égalité des chances. Voir IEDOM, *Mayotte – Rapport annuel 2016*, préc., p. 29 et 60.

[76] PO élaboré en 2014, sous la coordination de la préfecture de Mayotte en partenariat avec le conseil départemental, par les cabinets Amnyos et Technopolis.

[77] Programme rédigé en 2014 par le cabinet Amnyos.

[78] PDR réalisé en 2014 par le service Europe et programmation de la Direction de l'alimentation, de l'agriculture et de la forêt (DAAF) de Mayotte, en partenariat avec la profession agricole.

[79] Voir *infra*, partie II. Tous les PO concernant Mayotte sont téléchargeables sur le site suivant (http://www.europe-a-mayotte.fr/).

structurels pour 2014-2020, n'ont pas été fixées dans les mêmes termes que pour les autres RUP.

2. Les particularités des financements européens pour 2014-2020 à l'endroit de Mayotte

La législation relative aux FESI comporte certaines dispositions particulières, tantôt spécifiques à Mayotte, tantôt communes à l'ensemble des RUP, en lien avec le principe fondamental d'adaptation applicable à ces régions[80].

• Le traitement discriminatoire de Mayotte dans le cadre des fonds structurels

Concernant le calcul de la dotation des fonds structurels, Mayotte a fait l'objet, par rapport aux autres RUP, voire par rapport aux autres régions de l'UE, d'un traitement singulier qui a été dénoncé, encore récemment, par le député européen Younous Omarjee[81] ainsi que par la conférence des présidents des RUP[82]. Le dernier mémorandum conjoint en date de ces régions, qui vise à inspirer la prochaine stratégie de la Commission européenne en faveur des RUP, attendue à l'automne 2017, insiste également sur la nécessité d'« *assurer à Mayotte un traitement similaire à celui des autres RUP* »[83].

La dotation de Mayotte au titre des fonds structurels a, en effet, été qualifiée, en 2013, par le Conseil européen de « dotation spéciale »[84]

---

[80] Sur ce principe, voir D. Custos, « Champ d'application du droit communautaire et de l'Union – Régions ultrapériphériques (RUP) : principes du statut européen », *op. cit.*

[81] Y. Omarjee, « Il faut défendre les RUP mais aussi les faire gagner », *Témoignages*, 7 septembre 2013. Dans son projet de rapport du 8 mars 2017 sur promouvoir la cohésion et le développement dans les régions ultrapériphériques de l'Union : application de l'article 349 du traité FUE (2016/2250(INI), § 33), il demande la révision de la dotation allouée à Mayotte à la faveur de la révision à mi-parcours du cadre financier pluriannuel. Cette demande n'est pas nouvelle : voir H. Pongérard-Payet, « Les régions ultrapériphériques de l'océan Indien dans la politique de cohésion 2014-2020 », *in* Y. Combeau, T. Gaillat et Y. Rolland (dir.), *op. cit.*, p. 198-199.

[82] Déclaration finale de la XXe conférence des présidents des RUP, 5 et 6 février 2015, Guadeloupe, p. 4 ; Déclaration finale de la XXIe conférence des présidents des RUP, 22 et 23 septembre 2016, Funchal, p. 3.

[83] « Pour un nouvel élan dans la mise en œuvre de l'article 349 TFUE », mars 2017, p. 48.

[84] Conclusions des 7 et 8 février 2013 sur le cadre financier pluriannuel, EUCO 37-13, p. 19, § 51, rangeant l'« *enveloppe totale de 200 millions d'euros au titre des*

et soumise dans son calcul à des dispositions particulières du règlement général des FESI. Celui-ci a fixé son montant à 200 millions d'euros[85], au lieu des 500 millions annoncés initialement[86], en craignant que la collectivité ne soit pas en mesure de consommer autant de crédits européens, en raison des difficultés à consommer, par le passé, les crédits plus modestes du FED. Partageant cette crainte, les autorités françaises ont désigné le préfet de région comme autorité de gestion des fonds européens à Mayotte, alors que cette gestion est décentralisée et confiée, en principe, aux conseils régionaux dans les régions de métropole et dans les autres RUP françaises[87]. Toutefois, la déception des élus mahorais a été tempérée avec l'annonce ministérielle faite dans l'île, en février 2014, d'une aide européenne de près de 340 millions d'euros pour Mayotte sur la période 2014-2020 toutes politiques européennes confondues[88]. S'ajoutent, en effet, au montant global de 320,44 millions d'euros obtenus des FESI, les financements relevant des POSEI, qui constituent des mesures spécifiques qui bénéficient aux RUP sur le fondement de l'article 349 TFUE et qui ont été étendues à Mayotte en sa qualité de nouvelle RUP[89].

- Le bénéfice de mesures spécifiques en matière de financements européens

En sa qualité de RUP, Mayotte bénéficie en principe de mesures spécifiques visant à prendre en considération, au sens de l'article 349 TFUE[90], la situation économique et sociale structurelle des RUP,

---

fonds structurels » de Mayotte parmi les « *dotations spéciales* » de la politique de cohésion.

[85] Règlement (UE) n° 1303/2013, préc., annexe VII, point 18 *in fine*.

[86] J.-P. Sueur, C. Cointat et F. Desplan, Rapport d'information du Sénat n° 675, préc., p. 57.

[87] Voir l'article 78 de la loi n° 2014-58 du 27 janvier 2014 de modernisation de l'action publique territoriale et d'affirmation des métropoles (loi MAPTAM, *JORF*, n° 23, 28 janvier 2014, p. 1562) et le décret d'application n° 2014-580 du 3 juin 2014 relatif à la gestion de tout ou partie des fonds européens pour la période 2014-2020 (*JORF*, n° 129, 5 juin 2014, p. 9461).

[88] Voir H. Pongérard-Payet, « La rupéisation de Mayotte », *op. cit.*, p. 176.

[89] Voir H. Pongérard-Payet, « Les principales implications de l'octroi du statut de région ultrapériphérique au département de Mayotte », *op. cit.* ; P. Wolfcarius, « Les effets de l'octroi du statut de région ultrapériphérique : l'exemple de Mayotte », *L'observateur de Bruxelles*, juillet 2014, n° 97, p. 14.

[90] Pour une première interprétation prétorienne de cet article, voir CJUE, gr. ch., 15 décembre 2015, aff. jtes C-132 à C-136/14, *Parlement européen et Commission*

telles les mesures prévoyant des financements supplémentaires pour ces régions. Il en va ainsi de l'allocation additionnelle de compensation des surcoûts, de 30 euros par habitant et par an[91], visant à compenser les handicaps résultant des facteurs aggravants de l'article 349 TFUE. Dans ce cadre, l'enveloppe allouée par le FEDER à Mayotte pour 2014-2020 s'élève à 2,8 millions d'euros[92]. Cette enveloppe spécifique vient en déduction de l'enveloppe globale du FEDER, vue *supra*, de 148,9 millions d'euros. Mayotte bénéficie également, dans le domaine agricole, de financements au titre du POSEI[93], dont le bilan relatif à la période précédente a été jugé positif, fin 2016[94]. Financé par le FEAGA, qui intervient dans le premier pilier de la PAC, ce programme vise à garantir l'approvisionnement des RUP en produits agricoles essentiels en allégeant les surcoûts de l'ultrapériphérie, à développer les filières de diversification tant animale que végétale et à soutenir les filières traditionnelles face à la concurrence des pays tiers[95]. Dans ce cadre, l'enveloppe POSEI allouée à Mayotte pour 2014-2020 s'élève à 42 millions d'euros[96]. Elle vise à financer des aides au développement et à la structuration de filières stratégiques (cultures maraîchères, vanille, ylang-ylang et autres plantes aromatiques et médicinales…) ainsi que des aides à la production, à la transformation et à la commercialisation des produits agricoles.

Outre ces financements spécifiques, Mayotte bénéficie de taux de cofinancement avantageux en sa qualité de RUP. Ainsi, dans le cadre

---

européenne c/ Conseil de l'Union européenne, ECLI:EU:C:2015/813 ; *Europe* février 2016, comm. 39, p. 14, D. Simon ; *Revue JADE*, mars 2016, L. Lebon (http://revue-jade.eu/article/view/718/html) ; *Rev. UE*, janvier 2017, n° 604, p. 40, D. Perrot.

[91] Règlement (UE) n° 1303/2013, préc., considérant 5, art. 92 § 1 e) et annexe VII, pt 9. En 2007-2013, c'était 35 euros par habitant et par an.

[92] Voir *supra*, note 42.

[93] Cf. règlement (UE) n° 228/2013 du Parlement européen et du Conseil du 13 mars 2013 portant mesures spécifiques dans le domaine de l'agriculture en faveur des RUP de l'Union et abrogeant le règlement (CE) n° 247/2006 du Conseil, *JOUE*, n° L 78, 20 mars 2013, p. 23.

[94] Cf. rapport de la Commission du 15 décembre 2016 sur la mise en œuvre du régime de mesures spécifiques dans l'agriculture en faveur des régions ultrapériphériques de l'Union (POSEI), COM(2016) 797 final, § 8.

[95] Voir les objectifs fixés à l'article 2 du règlement (UE) n° 228/2013, préc. Le POSEI s'articule autour de deux types de mesures phares : les régimes spécifiques d'approvisionnement (RSA) et le soutien à la production locale (SPL) : article 3 du règlement préc.

[96] Source : conseil départemental de Mayotte. Voir *supra* note 33.

de la politique de développement rural, un taux maximal de participation spécifique du FEADER de 85 % des dépenses publiques admissibles s'applique, comme aux autres RUP, à Mayotte[97]. De même, dans le cadre de la politique de cohésion, l'île est concernée par le taux de cofinancement maximal de 85 % en faveur des RUP pour chaque axe prioritaire des programmes opérationnels des fonds structurels relevant de l'objectif ICE, alors que le taux varie de 50 à 85 % pour les autres régions européennes[98]. Dans le cadre de l'objectif CTE de la politique de cohésion, le taux est aussi de 85 % sans qu'il s'agisse, cependant, d'une mesure spécifique en faveur des RUP, puisque le taux s'applique de manière générale à l'ensemble des régions de l'UE. En matière de CTE, il est, de plus, possible pour les RUP de solliciter le FEDER hors Union jusqu'à 30 % contre 20 % pour les autres régions de l'Union[99]. Dans le cadre de la PCP, le taux de cofinancement général est de 75 % des dépenses publiques éligibles[100], avec un taux dérogatoire de 100 % pour le régime de compensation de surcoût des RUP[101].

En définitive, sur le plan quantitatif, les financements européens alloués à Mayotte en sa qualité de RUP intégrée à l'Union sont, dans l'ensemble, conséquents pour 2014-2020, comparativement à la période précédente, bien qu'il faille regretter le traitement singulier dont le département français a fait l'objet dans le calcul de la dotation des fonds structurels. Qu'en est-il sur le plan qualitatif ? Les FESI constituent-ils un levier stratégique de développement adapté aux besoins et aux enjeux du territoire mahorais ?

---

[97] Règlement (UE) n° 1305/2013, préc., considérant 47 ; article 59 § 3 al. 1 a), qui s'applique aussi aux autres régions les moins développées et aux îles mineures de la mer Égée. Voir aussi le § 4 a) du même article prévoyant un taux de 90 % dans certains cas.

[98] Règlement (UE) n° 1303/2013, préc., article 120 § 3 al. 1, b). Cette mesure spécifique concerne aussi l'allocation de compensation des surcoûts.

[99] Règlement (UE) n° 1299/2013, préc., art. 20 § 2 b). Sur les autres garanties financières spécifiques aux RUP dans ce règlement, voir H. Pongérard-Payet, « Le soutien du FEDER aux Outre-mer sur la période 2014-2020 », *op. cit.*, p. 135.

[100] Règlement FEAMP (UE) n° 508/2014, préc., article 94 § 2.

[101] *Ibid.*, article 94 § 3, b). Sur les autres dérogations, non spécifiques aux RUP, en faveur d'un taux de cofinancement majoré, voir l'article 94 § 3, a), e) et f).

II. LES ASPECTS QUALITATIFS DU SOUTIEN DES FESI À MAYOTTE : UN LEVIER STRATÉGIQUE DE DÉVELOPPEMENT ?

Ainsi que le soulignent les élus ultramarins[102], beaucoup plus que les fonds des autres politiques européennes, les fonds structurels de la politique de cohésion ont contribué, incontestablement et significativement, à la croissance des RUP et à les faire progresser vers la convergence économique et sociale par rapport au reste de l'Union. Toutefois, la situation socio-économique de ces régions demeure fragile, d'autant qu'elles doivent faire face à de fortes contraintes structurelles dont la permanence et le cumul nuisent gravement à leur développement[103]. Comme en témoignent les statistiques socio-économiques[104], la plupart de ces régions connaissent un taux de chômage inquiétant, particulièrement concernant les femmes et les jeunes de 15 à 24 ans. À cet égard, un député français note « *la faiblesse de l'impact des fonds structurels sur l'emploi et la croissance* » dans les RUP françaises et soutient que « *les chiffres alarmants du chômage* […] *posent, d'emblée, la question de* […] *l'efficacité des instruments juridiques et financiers européens même adaptés* »[105]. Dans ce contexte, il convient de rechercher dans quelle mesure la réglementation relative aux FESI, pour la période 2014-2020, a été pensée pour permettre aux FESI de répondre, dans leurs objectifs et priorités d'investissement, aux enjeux et défis des RUP et en particulier de Mayotte. D'emblée, il faut relever que les FESI doivent contribuer à réaliser, pour 2014-2020, onze objectifs thématiques (OT) selon une proportion variable et spécifique à chaque fonds. Déclinés à l'article 9 du règlement général des FESI[106], ces onze OT visent à soutenir la Stratégie Europe 2020 afin de renforcer au maximum l'impact des fonds en faveur d'une

---

[102] Mémorandum conjoint des RUP de mars 2017, préc., p. 11. Voir aussi H. Pongérard-Payet, « La politique de cohésion de l'Union européenne en faveur des régions ultrapériphériques », *op. cit.*

[103] Voir l'article 349 TFUE et le rapport de P. Solbes Mira, « Les régions ultrapériphériques européennes dans le marché unique : le rayonnement de l'UE dans le monde », rapport à Michel Barnier, 12 octobre 2011.

[104] Statistiques de 2014 et de 2015. Cf. Commission, *Les régions ultrapériphériques, Terres européennes dans le monde*, *op. cit.*, p. 48 ; *Sixième rapport sur la cohésion économique, sociale et territoriale*, OPUE, 23 juillet 2014, p. 193.

[105] S. Letchimy, « L'article 349 TFUE : contribution à l'application du cadre dérogatoire au service d'un projet global de développement des régions ultrapériphériques », rapport au Premier ministre, 2013, p. 40.

[106] Règlement (UE) n° 1303/2013, préc.

croissance intelligente, durable et inclusive dans l'ensemble de l'UE. Cette concentration thématique a pourtant été dénoncée notamment par nombre de parlementaires comme étant inadaptée aux réalités des RUP[107], en raison du retard accusé par ces régions dans les secteurs traditionnels (infrastructures, eau, électricité...). Le mémorandum des RUP de 2017 résume à cet égard la déception des collectivités ultramarines en ces termes : « *La réforme 2014-2020 a été marquée par de nouvelles orientations renforçant le fléchage des moyens dans le cadre de priorités définies au niveau européen et national, telles que la concentration thématique et les "priorités d'investissements négatives", qui accentuent le déni d'une approche territoriale ("bottom-up")* »[108]. Néanmoins, à l'instar des autres RUP, Mayotte a dû respecter les exigences réglementaires de l'UE dans ses PO et s'efforcer de les concilier au mieux avec les priorités de développement local. À la lumière de ces exigences réglementaires et des PO qui déclinent les priorités ainsi que les projets éligibles aux FESI pour Mayotte sur la période 2014-2020, il convient de mettre en relief, dans un premier temps, les stratégies de développement qui sont poursuivies à Mayotte au titre du FEDER, en tant qu'il draine l'essentiel des ressources disponibles (A). Dans un second temps, la réflexion portera sur les stratégies poursuivies dans l'île au titre des trois autres FESI (B). En sa qualité d'autorité de gestion, la préfecture de Mayotte a coordonné l'élaboration des PO et en gère la mise en œuvre, en s'appuyant sur un partenariat avec le conseil départemental et les services déconcentrés de l'État[109]. Un comité régional unique de programmation (CRUP)[110], coprésidé par le préfet et le président du

[107] S. Larcher, « Rapport sur la proposition de résolution relative à la stratégie européenne pour les RUP à l'horizon 2020 et sur la proposition de résolution sur l'Union européenne et le financement des régions ultrapériphériques françaises », rapport n° 126, Sénat, 2012, p. 20 ; G. Patient et S. Sutour, « Les politiques de l'Union européenne dans les régions ultrapériphériques : la Guyane en quête de sa singularité », rapport d'information n° 378, 20 février 2013, Sénat, p. 21 et 59. Voir aussi P. Forgues et P. Gruny, « La politique de cohésion 2014-2020 », rapport d'information n° 4292, 1er février 2012, p. 41 ; S. Letchimy, rapport préc., p. 50 ; Parlement européen, Résolution du 18 avril 2012 sur le rôle de la politique de cohésion dans les régions ultrapériphériques de l'Union européenne dans le contexte de la Stratégie Europe 2020, § 4 et considérant B.

[108] Préc., p. 46.

[109] Essentiellement le SGAR (qui notamment accueille et conseille les porteurs de projet), la DAAF dans le domaine de l'agriculture et l'UT-DMSOI (Unité territoriale direction mer sud océan Indien) dans les secteurs de la pêche et de l'aquaculture.

[110] Sur ces CRUP, voir le site suivant (http://www.europe-a-mayotte.fr/les-fonds-europeens/mise-en-oeuvre/).

conseil départemental, se réunit en principe tous les trois mois et en plusieurs sessions distinctes par type de fonds afin de sélectionner et de programmer les projets transmis par l'autorité de gestion[111]. De 2014 à mars 2017, dix-neuf CRUP se sont tenus. Plusieurs projets sont en cours de réalisation[112].

A. Les stratégies d'investissement du FEDER 2014-2020 à Mayotte

Instrument privilégié de la politique de cohésion, le FEDER vise à corriger les « *principaux déséquilibres régionaux dans l'Union par une participation au développement et à l'ajustement structurel des régions en retard de développement* »[113], en finançant en particulier les infrastructures, les investissements dans les entreprises en faveur de la croissance ainsi que la modernisation de l'économie. Il devrait permettre à Mayotte d'accélérer le processus de rattrapage en cours avec les autres régions de l'UE, dans le cadre de l'objectif ICE (1). Une autre partie du FEDER vise à renforcer notamment la coopération régionale outre-mer au titre de l'objectif CTE. Le programme de coopération Mayotte-Union des Comores en tire profit avec pour ambition d'encourager la coopération entre Mayotte et l'un de ses voisins proches du canal du Mozambique (2).

1. Les stratégies de rattrapage économique et environnemental du FEDER à Mayotte

Bien que le PO commun au FEDER et au FSE pour Mayotte ait dû respecter des règles de concentration thématique contraignantes et conçues prioritairement pour l'Europe continentale, il parvient à tirer profit du cadre réglementaire pour soutenir des projets et des actions de développement essentiels pour la population.

• La concentration thématique imposée à Mayotte

Aux termes de l'article 4 paragraphe 1 du règlement FEDER[114], les régions les moins développées de l'UE et, à titre dérogatoire[115], toutes

---

[111] Sur les étapes de la vie d'un projet, voir O. Lamberti, « L'Europe s'engage à Mayotte », préc., sp. p. 24-25.

[112] Voir les projets financés sur le site suivant (http://www.europe-a-mayotte.fr/les-projets-finances/les-projets-innovants/).

[113] Article 176 TFUE.

[114] Règlement (UE) n° 1301/2013 du 17 décembre 2013 relatif au Fonds européen de développement régional et aux dispositions particulières relatives à l'objectif

les RUP quel que soit leur niveau de développement doivent affecter au moins 50 %[116] de l'enveloppe du FEDER à deux ou plus des quatre objectifs prioritaires de ce fonds, à savoir les OT 1 à 4 (recherche et innovation ; accès aux technologies de l'information et de la communication (TIC) ; compétitivité des petites et moyennes entreprises (PME) ; économie à faible émission de carbone). Elles doivent également affecter au moins 12 %[117] de cette enveloppe à l'OT 4 prônant une économie sobre en $C0_2$, afin notamment de réduire les émissions de gaz à effet de serre et accroître l'efficacité énergétique. En outre, toutes les régions de l'UE doivent, selon une disposition spécifique du règlement FEDER[118], consacrer au moins 5 % des ressources du FEDER au développement urbain durable. Mayotte n'échappe à ces règles de concentration thématique et fait, en outre, l'objet d'un traitement discriminatoire par rapport aux autres RUP à un double titre. D'une part, elle doit concentrer au moins 50 % des ressources du FEDER, non seulement aux OT 1 à 4, mais également à l'OT 6 relatif à la protection de l'environnement et à l'utilisation rationnelle des ressources[119], alors que les autres RUP ne sont concernées que par les OT 1 à 4. Il s'agirait ainsi, en vertu du considérant 24 du règlement FEDER, « *de faciliter et de promouvoir un développement rapide et ciblé des infrastructures de Mayotte* ». D'autre part, alors que l'allocation spécifique de compensation des surcoûts des RUP est exemptée du respect de la règle de concentration thématique[120], au moins 50 % de l'allocation spécifique de Mayotte doit être dédiée aux OT 1 à 4 et à l'OT 6[121].

Le PO FEDER-FSE 2014-2020 pour Mayotte[122], qui a été validé par la Commission européenne le 16 décembre 2014[123], respecte les

« Investissement pour la croissance et l'emploi », et abrogeant le règlement (CE) n° 1080/2006, *JOUE*, n° L 347, 20 décembre 2013, p. 289.

[115] Sur la dérogation relative aux RUP, voir l'article 4 § 1 dernier alinéa du règlement (UE) n° 1301/2013, préc.

[116] C'est au moins 80 % dans les régions les plus développées et au moins 60 % dans les régions en transition.

[117] C'est au moins 20 % dans les régions les plus développées et au moins 15 % dans les régions en transition.

[118] Règlement (UE) n° 1301/2013, préc., article 7 § 4.

[119] *Ibid.*, article 11 § 6 et considérant 24.

[120] *Ibid.*, article 12 § 1. Voir H. Pongérard-Payet, « Le soutien du FEDER aux Outre-mer sur la période 2014-2020 », *op. cit.*, p. 137.

[121] Règlement (UE) n° 1301/2013, préc., article 12 § 6.

[122] Voir p. 30 du PO, téléchargeable sur le lien suivant (http://www.europe-a-mayotte.fr/production/wp-content/uploads/2016/02/PO-VF.pdf).

[123] Décision d'exécution n° C (2014) 10018.

prescriptions réglementaires européennes. Ainsi, il affecte 67 % des crédits du FEDER aux OT 3, 4 et 6 dont 13 % à l'OT 4. De même, 5,6 % du montant du FEDER concernent le projet d'investissement territorial intégré à Kaweni où se concentrent des bidonvilles liés à l'immigration clandestine. Dans l'ensemble, une part belle de 34 % est faite à l'OT 6 afin de soutenir le stockage et la production d'eau potable, la collecte et le traitement des eaux usées et des déchets, vu le retard considérable de Mayotte en la matière.

• Les priorités de financement de Mayotte au titre du FEDER

Le PO FEDER-FSE pour Mayotte s'articule autour de sept axes prioritaires. Il vise ainsi à protéger le patrimoine naturel et l'environnement (« en mettant à niveau les infrastructures d'alimentation en eau et d'assainissement et en améliorant la gestion des déchets ») ; à développer les infrastructures sanitaires et médico-sociales ; à financer l'innovation, la recherche et la compétitivité des entreprises ; à accroître la part des énergies renouvelables ; à développer et à optimiser la desserte portuaire ; à améliorer l'accès aux TIC et, enfin, à financer l'allocation de compensation des surcoûts. Ces sept axes se décomposent en dix-huit objectifs spécifiques qui sont déclinés en autant de fiches action à l'intention des porteurs de projet[124].

De nombreux résultats sont attendus de ce programme[125]. Ainsi, il devrait permettre d'augmenter le volume de déchets recyclés (de 1 100 à 10 200 tonnes par an), le nombre de personnes reliées à une station d'épuration (plus de 30 000 habitants), la capacité de production d'eau potable (plus de 10 000 mètres cubes par jour), le nombre de personnes bénéficiant d'une meilleure assistance médicale et sociale (plus de 100 000 habitants environ), la part des énergies renouvelables (de 20 %), la part de ménages disposant de l'Internet à haut débit (de 60 %), le taux de survie des entreprises, le fret maritime, le nombre de passagers utilisant un moyen de transport collectif (de 10 %) ainsi que l'efficacité énergétique des entreprises (+20 GWh/an), des bâtiments publics et du secteur du logement (+0,2 GWh/an). Devraient également être créés 55 lits d'hôpitaux et doublé le nombre de créations d'entreprises (plus de 400). Certains projets

124 Voir les fiches action sur le site suivant (http://www.europe-a-mayotte.fr/les-fonds-europeens/les-fonds/feder/).

125 Voir la description du « programme régional Mayotte 2014-2020 », sur le site de la Commission relatif à la politique régionale et les régions ultrapériphériques.

sont en cours de réalisation[126], telle la construction de l'hôpital de Petite-Terre, qui constitue le premier projet financé par le FEDER à Mayotte. Sont également en cours de construction le quai de transfert de Kahani et plusieurs réseaux d'assainissement des eaux usées ainsi que l'amélioration de la desserte portuaire. Au regard des effets escomptés et des projets financés, le FEDER constitue incontestablement à terme un levier pour l'amélioration du cadre de vie des Mahorais. Qu'en est-il en matière de coopération régionale ?

2. Les stratégies de coopération territoriale du FEDER à Mayotte

Elles se caractérisent par une certaine flexibilité de la concentration thématique, qui a permis à Mayotte d'intégrer dans son programme transfrontalier de coopération territoriale[127] des priorités de nature à favoriser la coopération avec un pays tiers de son voisinage immédiat.

• La flexibilité de la concentration thématique

Aux termes de l'article 6 paragraphe 1 du règlement CTE[128], dans chaque programme de coopération transfrontalière et transnationale, toutes les régions de l'UE doivent concentrer au moins 80 % des ressources du FEDER sur maximum quatre des onze OT énoncés à l'article 9 alinéa 1er du règlement général des FESI. Les régions déterminent donc librement les OT les plus adaptés à leurs enjeux d'insertion régionale dans leur environnement géographique.

Le programme transfrontalier de coopération Mayotte-Union des Comores a été approuvé par la Commission européenne le 3 novembre 2015. Initialement conçu pour la coopération entre Mayotte et deux

[126] Voir les projets financés sur le site cité *supra* en note 112.

[127] Sera présenté ci-après uniquement le programme transfrontalier « Mayotte-Union des Comores », qui est géré par la préfecture de Mayotte. En revanche, dans la mesure où il traite simultanément des deux volets de la coopération, qu'il est géré par le conseil régional de La Réunion et qu'il ne concerne qu'en partie Mayotte, le programme INTERREG V Océan Indien, impliquant dans son volet transnational Mayotte, ne sera pas présenté. Voir sur ce PO, D. Blanc, *op. cit.*, p. 208 et suivantes ; H. Pongérard-Payet, « Les régions ultrapériphériques de l'océan Indien dans la politique de cohésion 2014-2020 », *op. cit.*, p. 201 et 212. Notons que les porteurs de projets situés à Mayotte déposent leur dossier au SGAR de la préfecture de Mayotte.

[128] Règlement (UE) n° 1299/2013, préc. En matière de coopération interrégionale, une disposition similaire s'applique au bonus RUP (article 4 § 2 du même règlement), tandis que dans les autres cas, tous les OT peuvent être choisis (article 6 § 2 du même règlement).

pays limitrophes, il couvre actuellement Mayotte et l'Union des Comores[129]. Le programme affecte l'ensemble des crédits du FEDER CTE aux OT 3, 9 et 10 qui concernent respectivement la compétitivité des PME, l'inclusion sociale et la lutte contre la pauvreté et toute forme de discrimination ainsi que l'éducation, la formation et l'apprentissage tout au long de la vie. Une concentration particulière de 33 % des crédits porte sur l'OT 3 et de 42 % sur l'OT 9[130], afin respectivement d'accroître les échanges commerciaux dans l'espace de coopération et d'améliorer l'état de santé de la population et les capacités de secours aux personnes, ainsi qu'en témoignent les axes prioritaires du programme.

• Les priorités du programme transfrontalier Mayotte-Union des Comores

Dans ce programme, Mayotte se félicite d'être reconnue comme « *ambassadrice [avec La Réunion] de l'UE dans l'océan Indien* »[131]. La Commission européenne qualifie, en effet, les RUP de « *terres européennes dans le monde* »[132] et entend faire de ces régions « *des têtes de pont de son action vers les espaces environnants* »[133]. En écho à la politique européenne de cohésion, le programme de coopération de Mayotte possède pour ambition de renforcer la cohésion socio-économique au sein de l'espace transfrontalier, dans un esprit de co-développement. À cette fin, il retient trois axes prioritaires[134] : le développement des échanges commerciaux entre les îles, l'amélioration de l'état de santé des populations et des capacités de secours dans la zone ainsi que l'accès à l'enseignement supérieur en mobilité dans l'espace transfrontalier. L'un des objectifs louables est « *de permettre à terme un rééquilibre entre les territoires dans une*

---

[129] Voir les données sur le site suivant (http://www.europe-a-mayotte.fr/les-fonds-europeens/les-fonds/feder-cte/).

[130] Voir p. 36 du programme téléchargeable dans sa version finale de juillet 2015 (http://www.europe-a-mayotte.fr/production/wp-content/uploads/2016/02/PO-FEDER-CTE-mayotte-VFinale-septembre-2015-1.pdf). Dans sa version 3.0 pré-finale de décembre 2014, c'était 37,5 % des crédits sur l'OT 3 et 46 % sur l'OT 9.

[131] *Ibid.*, p. 26.

[132] *Les régions ultrapériphériques, Terres européennes dans le monde*, *op. cit.*

[133] *La coopération territoriale en Europe – Une perspective historique*, OPUE, 2015, p. 57.

[134] Auxquels s'ajoute une assistance technique dédiée à la mise en œuvre du programme. Voir le programme transfrontalier, préc., p. 27-28. Voir aussi les fiches action sur le site visé *supra* en note 129.

stratégie gagnant-gagnant »[135]. En dépit des conflits territoriaux existants, l'Union des Comores a accepté les termes de cette coopération. La Commission européenne note comme résultats attendus, en particulier, le doublement des échanges commerciaux entre les îles, la création d'entreprises sur le marché transfrontalier et de centres de soins gérés par des ONG ainsi que la signature de nouvelles conventions de partenariat entre les établissements de formation et d'éducation de Mayotte avec les Comores[136]. Il faut espérer que cette coopération transfrontalière se concrétisera selon les termes escomptés et qu'il en ira de même des priorités d'investissement qui ont été retenues pour le développement, notamment social, de Mayotte au titre des autres FESI sur la période 2014-2020.

B. Les stratégies d'investissement des autres FESI à Mayotte en matière sociale, d'agriculture et de pêche

En complémentarité de l'intervention du FEDER, qui doit permettre de combler le déficit de l'île en infrastructures et en équipements structurants, les autres FESI devraient à terme contribuer au développement durable de Mayotte. À cet égard, le FSE constitue *a priori* un levier de développement social (1), le FEADER un levier de développement rural et le FEAMP un instrument de développement durable de la pêche et de l'aquaculture (2).

1. Les stratégies de développement social du FSE 2014-2020 à Mayotte

La concentration thématique prévue au titre du FSE étant adaptée aux besoins identifiés localement, le PO FEDER-FSE pour Mayotte a pu retenir des priorités d'investissement en adéquation avec les enjeux locaux de développement social.

• Une concentration thématique adaptée aux enjeux sociaux de Mayotte

En vertu de l'article 3 paragraphe 1 de son règlement[137], le FSE contribue aux OT 8 à 11 (emploi durable et mobilité ; inclusion

[135] Programme transfrontalier, préc., p. 37.
[136] Voir la description du programme sur le site de la politique régionale et les régions ultrapériphériques.
[137] Règlement (UE) n° 1304/2013, préc.

sociale et lutte contre la pauvreté et toute forme de discrimination ; éducation, formation et apprentissage tout au long de la vie ; capacités institutionnelles et administratives) qui sont déclinés en dix-neuf priorités d'investissement. Au moins 60 % des montants du FSE doivent être concentrés, dans les régions les moins développées de l'UE comme Mayotte, sur un maximum de cinq des priorités d'investissement énoncées à l'article 3 paragraphe 1 du règlement FSE[138]. En outre, en vertu de l'article 4 paragraphe 2 du même règlement, au moins 20 % de l'ensemble des ressources du FSE doivent être affectés, dans toutes les régions de l'UE, à la promotion de l'inclusion sociale et à la lutte contre la pauvreté et toute forme de discrimination (OT 9). En sa qualité de deuxième région la plus pauvre de l'UE, Mayotte est au premier chef concernée par cet objectif[139], que le PO n'a eu aucun mal à inclure parmi ses priorités.

Le PO FEDER-FSE 2014-2020[140] pour Mayotte dépasse significativement les exigences réglementaires de l'UE en concentrant, non pas 60 %, mais 79 % de la dotation du FSE sur cinq priorités d'investissement en lien avec les OT 8, 9 et 10. En outre, 21 % de cette dotation sont affectées à l'OT 9[141]. Afin de prendre en compte deux enjeux primordiaux à Mayotte, 30 % de la dotation sont dédiées en particulier à l'accès à la formation des demandeurs d'emploi et des inactifs[142] (OT 10) et 20 % à l'accès à l'emploi des

---

[138] *Ibid.*, article 4, paragraphe 3, c). C'est au moins 80 % dans les régions les plus développées et au moins 70 % dans les régions en transition.

[139] En ce sens, le rapport d'évaluation ex-ante du programme opérationnel FEDER–FSE 2014-2020 de Mayotte, 31 mars 2014, p. 10. Le rapport est téléchargeable sur le site suivant (http://www.europe-a-mayotte.fr/les-fonds-europeens/les-fonds/fse/).

[140] Préc., p. 30.

[141] Sont concernées les priorités d'investissement 9.ii, 9.iv et 9.v (article 3 § 1 b, du règlement (UE) n° 1304/2013, préc.). La 1re vise à l'intégration socio-économique des communautés marginalisées, qui constitue un enjeu central pour Mayotte dont la population est composée à 40 % d'étrangers en raison de la forte immigration. La 2e vise à améliorer l'accès à des services abordables, durables et de qualité, y compris les soins de santé et les services sociaux d'intérêt général, vu le déficit de médecins et de services de soins à Mayotte. La 3e tend à promouvoir l'entrepreneuriat social et l'intégration professionnelle dans les entreprises sociales ainsi que l'économie sociale et solidaire, afin de faciliter l'accès à l'emploi en particulier des populations précarisées.

[142] Est ainsi concernée, au titre de l'OT 10, la priorité d'investissement 10.iii (voir article 3 § 1 b, du règlement (UE) n° 1304/2013, préc.). La lutte contre l'illettrisme et l'analphabétisme constitue une priorité absolue à Mayotte et requiert un accompagnement massif à l'acquisition de savoirs de base et des compétences clefs préalablement à toute formation qualifiante.

jeunes[143] (OT 8). Ainsi que le souligne le PO[144], 48,5 % des jeunes de 16 à 18 ans sont en situation d'illettrisme contre 9 % des jeunes métropolitains ; 71 % de la population n'a aucun diplôme qualifiant. En 2012, moins d'un Mahorais sur deux occupe un emploi et le chômage frappe 59 % des jeunes de 15-29 ans[145]. Aussi, l'intervention du FSE à Mayotte en tient-elle compte dans la déclinaison de ses axes prioritaires.

• Les priorités de financement de Mayotte au titre du FSE

Le programme FEDER-FSE identifie cinq axes prioritaires de mobilisation du FSE à Mayotte[146] : améliorer l'accompagnement vers l'emploi et soutenir la mobilité professionnelle des demandeurs d'emploi et des inactifs ; développer la formation de ces deux dernières catégories de personnes ; encourager l'adaptation au changement des travailleurs, des entreprises et des entrepreneurs ; promouvoir l'inclusion sociale et combattre la pauvreté ; renforcer les capacités institutionnelles et l'efficacité des administrations publiques. Concernant la dotation IEJ de Mayotte, le PO a été élaboré au niveau national et validé le 3 juin 2014 par la Commission européenne, avec pour principales ambitions de faciliter l'insertion professionnelle des jeunes Mahorais concernés et de les accompagner dans la recherche d'emploi, de stage ou de formation.

Parmi les effets escomptés de l'intervention du FSE à Mayotte[147], il est relevé que le FSE devrait augmenter dans l'île l'accès à l'emploi ou à la formation des demandeurs d'emploi et des inactifs, le nombre de jeunes sans emploi[148] ou en difficulté participant à des formations certifiantes ou qualifiantes, le nombre d'apprentissages et de contrats de formation professionnelle, le niveau d'employabilité des demandeurs d'emploi grâce à la qualification ainsi que les compétences de base et les compétences professionnelles. Un certain

---

143 Est ainsi concernée, au titre de l'OT 8, la priorité d'investissement 8.ii (voir article 3 § 1 b, du règlement (UE) n° 1304/2013, préc.) axée sur l'intégration durable sur le marché du travail des jeunes.

144 Préc., p. 122.

145 *Ibid.*, p. 9.

146 Il s'agit des axes 7 à 11 du PO, préc., p. 13 et 22.

147 Voir la description du « programme régional Mayotte 2014-2020 », sur le site de la Commission relatif à la politique régionale et les régions ultrapériphériques.

148 Jeunes sans emploi et ne suivant ni études ni formation.

nombre de projets a été financé[149], sachant que 100 % des crédits « IEJ » ont d'ores et déjà été engagés.

En définitive, le FSE s'efforce de répondre aux besoins de formation et d'emploi de la population mahoraise. Il soutient la formation professionnelle de tous les actifs, à l'exception de ceux du secteur de la pêche qui relèvent du FEAMP et de ceux des domaines agricole, agroalimentaire et forestier qui relèvent du FEADER[150].

2. Les stratégies de développement des fonds européens pour l'agriculture et la pêche à Mayotte

En complémentarité des interventions du FEDER et du FSE, le FEADER et, dans une moindre mesure, le FEAMP soutiennent des projets à vocation économique ou environnementale dans les villages de Mayotte.

• Les priorités d'intervention du FEADER 2014-2020 à Mayotte

Élaboré entre 2012 et 2014, le PDR de Mayotte est le premier programme français qui a été approuvé, en la matière, par la Commission européenne le 13 février 2015[151]. Il décrit la stratégie d'utilisation d'un budget de plus de 80 millions d'euros, comprenant des crédits du FEADER (60 millions d'euros) et des contreparties nationales (20,2 millions d'euros). Il fixe quatre priorités majeures pour Mayotte[152]. En premier lieu, il vise à améliorer l'approvisionnement alimentaire de l'île en produits locaux à des prix raisonnables et prévoit à cette fin notamment de désenclaver les terres agricoles, de développer et de moderniser les exploitations, de soutenir l'installation de jeunes agriculteurs et d'investir dans des infrastructures de transformation et de commercialisation des produits agricoles. En second lieu, il tend à améliorer les conditions de vie de la population des villages mahorais et à promouvoir l'inclusion sociale, en permettant notamment l'accès aux services de base (eau, voirie, gestion des déchets…) et à l'emploi dans les zones rurales via en particulier le soutien à la création d'entreprises et aux petites exploitations agricoles. En troisième lieu, il ambitionne de préserver et

---

[149] Voir les projets financés sur le site cité *supra* en note 112.

[150] En ce sens, le PDR de Mayotte 2014-2020, tome 3, p. 35. Les trois tomes du PDR sont téléchargeables sur le site de la DAAF de Mayotte (http://daaf.mayotte.agriculture.gouv.fr/Le-Programme-de-Developpement).

[151] Décision d'exécution n° C (2015) 837 final de la Commission.

[152] PDR de Mayotte 2014-2020, préc., tome 1, p. 78-84.

de valoriser les ressources et les milieux naturels, en soutenant notamment des projets de protection de l'environnement et de la biodiversité terrestre, de valorisation des espaces forestiers et de préservation de la ressource en eau. En quatrième et dernier lieu, il vise à renforcer l'innovation et à développer les compétences des agriculteurs à l'aide notamment de la formation professionnelle.

La Commission européenne met en relief l'impact positif attendu du PDR[153]. Seront ainsi soutenus des projets de modernisation et de développement pour environ 10 % des exploitations, 40 projets d'installation de jeunes agriculteurs ainsi que des actions de formation de plus de 2 000 producteurs. Seront aussi accompagnés 18 projets d'études et d'investissements axés sur l'entretien, la restauration et la réhabilitation du patrimoine naturel ainsi que 200 projets d'investissements non productifs en matière agro-environnementale. En outre, 75 % de la population devrait bénéficier de services de base et d'infrastructures améliorés dans les zones rurales. Le rapport annuel de mise en œuvre du PDR[154] dresse, en 2016, un bilan positif du début de la programmation (2014-2015). Il relève parmi les principaux écueils le préfinancement des subventions et l'accès au foncier, lié à la difficulté de présenter un titre de propriété[155]. Il estime globalement satisfaisant le nombre de dossiers programmés pour un montant de 5 millions d'euros du FEADER[156]. En revanche, la mise en œuvre du FEAMP souffre de retards considérables.

• Les priorités d'intervention du FEAMP 2014-2020 à Mayotte

En vertu de l'article 17 du règlement qui lui est spécifique[157], le PO est unique par État membre et réalisé au niveau national. L'approche « *exclusivement descendante* » de l'organisation et du pilotage du PO contribue, selon les élus ultramarins[158], à des retards significatifs de mise en œuvre des programmes et à un bilan insatisfaisant. Pour la période 2014-2020, le PO français a été approuvé le 3 décembre 2015

---

[153] Cf. le « factsheet » sur le PDR 2014-2020 de Mayotte sur le site suivant de la Commission (https://ec.europa.eu/agriculture/rural-development-2014-2020/country-files/fr_en).

[154] RAMO 2016 visible sur le site de la DAAF de Mayotte (http://daaf.mayotte.agriculture.gouv.fr/Rapport-Annuel-de-Mise-en-Oeuvre).

[155] Dans le même sens, IEDOM, *Mayotte – Rapport annuel 2016,* préc., p. 79.

[156] Pour des exemples de projets financés par le FEADER, au nombre d'une quarantaine, voir le site cité *supra* en note 112.

[157] Règlement (UE) n° 508/2014, préc.

[158] Mémorandum conjoint des RUP de mars 2017, préc., p. 94 et 97.

par la Commission européenne[159]. Il retient six priorités, qui sont alignées sur celles énoncées à l'article 6 du règlement du FEAMP[160], avec pour chacune d'elles un pourcentage spécifique d'intervention financière comme suit[161] : promotion d'une pêche durable (26 %) ; promotion d'une aquaculture durable (15 %) ; mise en œuvre de la PCP (21 %) ; emploi et cohésion territoriale (4 %) ; commercialisation et transformation des produits de la pêche (27 %) ; mise en œuvre de la PMI (1 %). Peu de données concernent Mayotte, en dehors de certaines annexes et maquettes jointes au programme. Ainsi, selon les maquettes financières par région[162], le FEAMP 2014-2020 soutient les mesures régionales suivantes à Mayotte[163] : aide à l'installation de jeunes pêcheurs (16,4 %) ; efficacité énergétique et atténuation du changement climatique (2,8 %) ; ports de pêche, sites de débarquement, halles de criée et abris (20 %) ; investissements productifs en aquaculture (28 %) ; promotion de la qualité et de la valeur ajoutée des produits commercialisés (7,9 %) ; traçabilité des produits commercialisés (8,5 %) ; transformation des produits de la pêche et de l'aquaculture (16,4 %). Au 31 décembre 2016, aucune subvention n'avait été engagée au titre du FEAMP, les mesures régionales n'étant ouvertes que depuis 2017.

En définitive, il est possible d'affirmer que l'aventure européenne de Mayotte a pris une nouvelle dimension depuis son entrée de plain-pied dans l'Union européenne, en sa qualité de RUP, le 1er janvier 2014[164] ; en dépit du traitement discriminatoire dont elle a fait l'objet dans le calcul de la dotation des fonds structurels pour 2014-2020. Les FESI vont lui permettre de s'engager « *dans une véritable dynamique*

---

[159] Décision d'exécution n° C (2015)8863 portant approbation du programme opérationnel « Fonds européen pour les affaires maritimes et la pêche – Programme opérationnel pour la France » (http://www.reunioneurope.org/DOCS/2014-2020_DECISION_FEAMP_2015-8863.pdf).

[160] Règlement (UE) n° 508/2014, préc.

[161] Sur le pourcentage d'intervention du FEAMP par priorité, voir p. 82-87 du PO (http://www.reunioneurope.org/DOCS/2014-2020_PO_FEAMP_NATIONAL.pdf).

[162] Maquettes téléchargeables sur Internet (http://www2.developpement-durable.gouv.fr/IMG/pdf/06_-_Maquettes_financieres_par_Region_3dec2015.pdf).

[163] Les porteurs de projets bénéficient d'un soutien du FEAMP dans le cadre de mesures dites régionales (relevant de l'enveloppe de 3,04 millions d'euros allouée à Mayotte) et dans le cadre de mesures nationales (telles les aides à l'innovation dans les secteurs de la pêche et de l'aquaculture).

[164] En ce sens, les propos du préfet de Mayotte en 2015 retranscrits par O. Lamberti, « L'Europe s'engage à Mayotte », préc., p. 16.

positive de développement »[165]. Ils constituent « *une opportunité historique à saisir pour parachever les changements économiques et sociaux en cours et les traduire en amélioration effective des conditions de vie des populations* »[166]. La réalité du rêve d'une intégration réussie à l'Union européenne dépend désormais en partie de la mise en œuvre au niveau local des instruments financiers mis à la disposition de Mayotte pour son développement durable. Concrètement, « *l'efficience de l'appui financier européen dépendra des modalités de gestion des fonds européens* »[167] et, en conséquence, de la faculté de l'autorité de gestion à consommer les financements alloués, pour ne pas tomber sous la menace du dégagement d'office[168], qui implique la restitution à l'Union des crédits non utilisés. Notons, à cet égard, qu'au 31 décembre 2015, les crédits des FESI programmés à Mayotte représentaient un montant de 35,1 millions d'euros, soit 10,9 % de l'enveloppe totale des FESI dédiée au département français pour 2014-2020[169]. Bien que les données correspondantes ne soient pas disponibles au 31 décembre 2016[170], l'IEDOM se montre optimiste, avec une note positive en 2017 quant à la consommation des crédits européens. Il souligne ainsi : « *Depuis 2014, le taux de programmation des fonds européens à Mayotte est en moyenne de 25,0 % par an. Il s'agit du montant à atteindre pour conserver les crédits et éviter le départ des fonds européens. Fin 2016, le taux de programmation pour le FEDER était légèrement supérieur à 26,0 %. Pour le FEADER, le taux d'engagement était de 24,0 %. En revanche, le FSE accusait un retard, avec seulement 8,0 %* »[171]. En conclusion, formons le vœu, au regard de ces résultats, que Mayotte sache pleinement se saisir de l'opportunité historique des FESI au service de son développement durable !

---

[165] Propos du secrétaire général du SGAR de Mayotte en 2015 retranscrits par O. Lamberti, *ibid.*, p. 25.

[166] IEDOM, *Mayotte – Rapport annuel 2016,* préc., p. 20 confirmant le précédent rapport, préc., p. 21.

[167] F. T. Rakotondrahaso, *Le statut de Mayotte vis-à-vis de l'Union européenne, op. cit.*, p. 255.

[168] Règlement (UE) n° 1303/2013, article 86. Voir aussi le rapport de la Cour des comptes, « La gestion par la France des fonds structurels européens : améliorer, simplifier, évaluer », février 2015.

[169] IEDOM, *Mayotte – Rapport annuel 2015,* préc., p. 62.

[170] La préfecture n'a pas été en mesure de les communiquer selon l'IEDOM, *Mayotte – Rapport annuel 2016,* préc., p. 61.

[171] *Ibid.*, p. 29.

Fractures sociales à Mayotte.
Les défis de la départementalisation dans la lutte contre la pauvreté et les inégalités

Nicolas ROINSARD
Maître de conférences en sociologie
Université Clermont Auvergne
Communication et Sociétés (EA 4647)

Introduction

Mayotte est devenue le 31 mars 2011 le 101e département français et 5e Département et région d'outre-mer (DROM), avant de rejoindre, au 1er janvier 2014, le rang des régions ultrapériphériques d'Europe (RUP). Seule des quatre îles de l'archipel des Comores à avoir refusé l'indépendance en 1974, elle a ainsi dû attendre près de quarante ans pour rejoindre définitivement la nation française. Cette intégration – qui a d'abord nécessité une transformation complexe des institutions locales dans une société traditionnellement régie par le droit coutumier islamique – reste, à ce jour, inachevée du point de vue de l'introduction du droit commun et des promesses d'égalité nationale qui la sous-tendent.

Département le plus jeune de France avec 50 % de sa population âgée de moins de 17 ans, Mayotte est aussi le département le plus pauvre et le plus inégalitaire. Pour l'heure, les quelques politiques sociales mises en œuvre à la suite de la départementalisation ne sont pas à la hauteur, loin de là, des enjeux que ces situations soulèvent. Le long et dur mouvement social de 44 jours « contre la vie chère » à l'automne 2011, celui survenu au printemps 2016 avec comme mot d'ordre « L'égalité réelle tout de suite et maintenant », la montée continue de la délinquance juvénile ou encore la forte émigration mahoraise observée vers le département voisin de La Réunion, informent d'un sentiment largement partagé à Mayotte : au-delà du changement statutaire survenu en 2011, la société mahoraise demeure un « sous-département » français au sein duquel les problèmes socio-économiques s'accumulent en l'absence d'une action publique jouant réellement son rôle d'amortisseur social.

La lutte contre la pauvreté et les inégalités constitue ainsi un enjeu majeur, sinon prioritaire, de la départementalisation. Après avoir rappelé, dans une première partie, quelques-uns des enjeux égalitaires de la départementalisation sur le plan, notamment, de l'éducation, de l'emploi et de la distribution des revenus (sociaux et du travail)[1], nous insisterons plus avant, dans une seconde partie, sur les nouvelles lignes de fracture de la société mahoraise en décrivant la situation sociale, économique et juridique de trois groupes sociaux particulièrement désavantagés – les étrangers, les femmes et les jeunes – étudiés au prisme, notamment, des politiques publiques menées, ou non, à leur endroit. Ce faisant, nous montrerons aussi dans quelle mesure le processus de départementalisation participe, en lui-même, d'une reconfiguration des inégalités sociales[2].

Note méthodologique

Les éléments sur lesquels nous avons fondé nos recherches sont issus de plusieurs sources, statistiques et ethnographiques. Pour les premières, nous nous basons en particulier sur les enquêtes réalisées par l'antenne de l'Institut national de la statistique et des études économiques (INSEE) de Mayotte : Budget des familles (2005 et 2011), Enquête emploi (2009, 2013 et 2016) et Recensement de la population (2007 et 2012). Des données fournies par la Caisse d'allocations familiales (CAF) et le Conseil départemental de Mayotte sont également mobilisées pour décrire la mise en œuvre et les premiers effets du revenu de solidarité active (RSA). De même, des données nous ont été fournies par la Mission locale au sujet des politiques d'insertion à destination des jeunes déscolarisés âgés de 16 à 25 ans.
Le recueil de données ethnographiques (observations, entretiens, récits de vie, etc.) a été mené en plusieurs temps et en plusieurs lieux (Mayotte, La Réunion, France métropolitaine), de manière individuelle et collective, dans le cadre d'une recherche financée par l'Agence nationale pour la recherche (ANR), portée par une équipe pluridisciplinaire de sociologues, d'anthropologues et de linguistes[3]. Notre travail

[1] Sur les enjeux égalitaires en matière de condition sanitaire et d'offre de soins, nous renvoyons à l'article suivant : Roudot A., « Intégration territoriale et fractures sanitaires à Mayotte : états de santé du 101e département français », *Revue française des affaires sociales*, n° 4-2014, p. 73-89. Sur la question de l'habitat et des conditions de vie, voir : INSEE, « Enquête logement Mayotte 2013. Des conditions de logement éloignées des standards nationaux », *INSEE Analyse Mayotte*, n° 11.

[2] Ce texte reprend, actualise et complète des données présentées et discutées dans deux autres articles : Roinsard N., « Conditions de vie, pauvreté et protection sociale à Mayotte : une approche pluridimensionnelle des inégalités », *Revue française des affaires sociales*, n° 4-2014, p. 28-49 ; « Chômage, pauvreté, inégalités : où en sont les politiques sociales à Mayotte ? », *Informations sociales*, n° 186, 2014, p. 82-98.

[3] *La départementalisation de Mayotte : construction et traitement des inégalités sociales et linguistiques,* Programme INEMA, ANR, Métamorphose des sociétés – « Inégalité – Inégalités », dirigé par Foued Laroussi (DySoLa, Université de Rouen), 2012-2015 : http://mayotte.hypotheses.org/

visait à mesurer l'impact de la départementalisation de Mayotte sur la dynamique de production, de régulation et de transformation des inégalités sociales et linguistiques au prisme de trois registres de l'action publique : les politiques éducatives, les politiques sociales et les politiques migratoires. Les données que j'ai personnellement recueillies, successivement auprès de familles et de jeunes ayant migré vers La Réunion et/ou vers la métropole, d'intervenants sociaux en poste à Mayotte (éducateurs spécialisés, assistants de services sociaux, formateurs, référents uniques du RSA, animateurs, psychologues de la Protection judiciaire de la jeunesse [PJJ], etc.), de bénéficiaires du RSA et, enfin, de jeunes déscolarisés, français ou étrangers, se situent de fait à l'interface de ces trois catégories de l'action publique.

Les enjeux égalitaires de la départementalisation

Avec un statut hybride de « collectivité territoriale de la République française » de 1976 à 2000, et un autre de « collectivité départementale » de 2001 à 2010, Mayotte a bénéficié au cours des dernières décennies de très peu de transferts financiers. Ce n'est réellement qu'au début des années 2000, lorsque la départementalisation de l'île est envisagée à l'horizon 2010 dans un accord conclu entre l'État, le conseil général et les principaux partis politiques locaux, que des moyens plus conséquents commencent à être transférés, principalement dans les domaines sanitaires et éducatifs. Pour autant, il reste encore aujourd'hui de nombreux efforts à consentir pour parvenir à un traitement égalitaire avec les autres départements français, et réguler ainsi les fortes inégalités internes et externes qui caractérisent la société mahoraise.

Les enjeux de la scolarisation

On devine, en particulier, l'enjeu des politiques éducatives dans ce nouveau département français où 54 % de la population est âgée de moins de 20 ans, et où l'on compte encore aujourd'hui un habitant sur trois parmi les plus de 15 ans qui n'a jamais été scolarisé (contre 2 % en métropole), et un jeune sur cinq parmi les moins de 30 ans (INSEE, 2014a). Si la scolarisation de tous les enfants mahorais est aujourd'hui assurée, les conditions de cette scolarisation restent, quant à eux, perfectibles. En premier lieu, le rythme soutenu de construction des établissements scolaires ne permet toujours pas de faire face au fort accroissement démographique de l'île[4]. Depuis une dizaine d'années,

[4] Le dernier recensement, réalisé en 2012, estime à 212 645 le nombre d'habitants, soit 81 425 habitants supplémentaires en 15 ans. La population a été multipliée par quatre en moins de 30 ans, sous l'effet d'un fort accroissement naturel d'une part (porté par un indice conjoncturel de fécondité de 5 enfants par femme en 2007, et de

l'école doit intégrer entre 2 000 et 4 000 élèves supplémentaires tous les ans. À titre d'exemple, en 2016, le vice-rectorat de Mayotte accuse encore un déficit de 500 salles de classe. Aussi, les classes du secondaire sont-elles bien souvent surchargées, tandis que les écoles primaires se sont organisées, pour un quart d'entre elles, selon un principe de rotation (certains élèves viennent le matin, d'autres l'après-midi). Ce déficit de moyens matériels explique aussi en partie – sinon cautionne – le déficit de personnel enseignant : tous les ans, des postes de titulaires sont laissés vacants.

Outre le manque de moyens matériels et humains, la scolarisation à Mayotte souffre également d'une situation de plurilinguisme longtemps ignorée, sinon rejetée, par les politiques éducatives locales (Laroussi et Liénard, 2011)[5]. Les élèves mahorais découvrent les apprentissages scolaires dans une langue seconde – le français – et non dans leur langue maternelle : le *shimaore*, d'origine bantoue, qui constitue la véritable langue de communication pour plus de 70 % de la population, la seconde étant le *kibushi* (dérivé du malgache) parlée par environ 22 %. Selon les évaluations réalisées au niveau national auprès des élèves de CM2, 21 % des jeunes Mahorais avaient en 2011 de bons et solides acquis en français, contre une moyenne de 74 % à l'échelle nationale. De même, une étude du ministère de l'Éducation nationale réalisée en 2011 dans le cadre de la journée « défense et citoyenneté » indique que 44 % des jeunes Mahorais âgés de 18 ans seraient illettrés, contre 4,1 % de leurs homologues métropolitains. Au dernier recensement, on compte ainsi 71 % de la population âgée de 15 ans et plus qui n'a pas de diplôme qualifiant, c'est-à-dire de niveau supérieur au diplôme national du brevet ou au certificat d'études primaires (INSEE, 2014a).

On observe cependant un rattrapage progressif avec notamment la part croissante de bacheliers dans une génération : celle-ci est passée de 17 % en 2002 à 49 % en 2012. Si le palier du Bac est de plus en plus franchi localement, il constitue en même temps un « plafond de

---

4,1 en 2012), et d'une augmentation de l'immigration d'autre part. Celle-ci provient, pour l'essentiel, des îles comoriennes et plus particulièrement d'Anjouan, et de la région des Grands Lacs d'Afrique de l'Est. La part des étrangers dans la population de Mayotte passe ainsi de 15 % en 1990 à 41 % en 2007, pour se stabiliser à 40 % en 2012. Parmi eux, 80 % sont en situation irrégulière.

[5] La question du plurilinguisme n'est plus rejetée en bloc par la nouvelle vice-recteur de l'Académie de Mayotte, ce qui était le cas de ses prédécesseurs. Des initiatives d'enseignement en langue locale sont actuellement pratiquées dans le premier degré, et des formations professionnelles en plurilinguisme sont proposées aux enseignants du premier et second degré.

verre » pour une grande partie de ces nouveaux bacheliers. Selon les données recueillies par le Conseil de la culture, de l'éducation et de l'environnement de Mayotte, le taux d'échec des étudiants mahorais inscrits en première année de licence dans les universités métropolitaines était de 92 % en 2012[6]. À titre d'exemple, l'Université Clermont Auvergne au sein de laquelle j'enseigne, et qui accueille une part croissante d'étudiants originaires de Mayotte, a mis récemment en place, dans le cadre de la « Commission réussite des étudiants », des actions visant explicitement à mieux accompagner les jeunes Mahorais dans leur socialisation universitaire. Outre la nécessité de les préparer aux modes de raisonnement propres à chaque discipline académique, des mesures de remise à niveau en langue française se sont avérées utiles sinon urgentes, ce qui interroge bien évidemment la valeur de leur cursus dans le secondaire à Mayotte... Les données recueillies auprès des acteurs de l'enseignement à Mayotte confirment, sur ce point, que le niveau d'exigence attendu des élèves n'est pas le même qu'en métropole, et que si la proportion de bacheliers a fortement augmenté, cela est allé de pair avec une dévaluation du diplôme. Les efforts consentis ces dernières années dans la scolarisation de masse de la population mahoraise méritent ainsi d'être poursuivis dans une logique non seulement quantitative, mais également qualitative dans un souci d'homogénéisation des niveaux d'études à l'échelle nationale. Nul besoin d'abonder notre propos avec des données empiriques pour deviner l'immense déception que peuvent connaître ces jeunes bacheliers en situation (soudaine) d'échec dans les universités métropolitaines, qui plus est, lorsque le financement familial de ces études appelle implicitement un contre-don de la part du jeune qui a eu la chance « de partir pour la France », lieu de tous les possibles, « sœur aînée, riche et généreuse » (Blanchy, 1990, p. 24) avec qui Mayotte entretient des relations d'obligations et de réciprocité. Cette situation d'échec, partagée par le plus grand nombre, constitue ainsi un indicateur important du fossé qui sépare encore le 101e département des autres territoires de la République. Le constat est le même sur le plan économique.

Un développement économique exogène, source de nouvelles divisions sociales

Ce qui est généralement observé dans les territoires ultramarins (Rivière, 2009) l'est également à Mayotte : le développement

[6] *Mayotte Hebdo*, n° 614, 17 mai 2013.

économique est de type exogène, reposant sur un lien extrêmement fort avec la métropole laquelle assure à la fois le transfert de compétences et d'emplois, et l'exportation de biens de consommation. Les perspectives de développement endogène semblent assez limitées dans un tel contexte de petite économie insulaire, « notamment les difficultés à réaliser des économies d'échelle, la vulnérabilité aux risques naturels et aux chocs économiques exogènes, les coûts de transport élevés, la dépendance économique par rapport à un nombre limité de secteurs ou de produits et, de ce fait, des difficultés à s'industrialiser, à se diversifier, à être compétitif » (CEROM, 2010, p. 20).

L'économie mahoraise est donc dominée par le secteur tertiaire qui compte, à lui tout seul, plus de huit emplois sur dix, et dont la moitié sont des emplois publics (éducation[7], hôpital, administrations, action sociale…) (INSEE, 2014a). Compte tenu du faible niveau général de qualification observé à Mayotte, ces emplois sont occupés, pour l'essentiel, par des métropolitains ainsi que par une fraction diplômée de la population mahoraise que l'on retrouve surtout dans les collectivités locales (communes et Conseil départemental). En 2016, seuls 36,7 % des Mahorais âgés de 15 à 64 ans occupent un emploi (INSEE, 2016b).

À l'ombre de cette économie moderne, concentrée autour de Mamoudzou, Petite-Terre et du port de Longoni, subsiste une société rurale marquée par l'importance du chômage et de la pluriactivité. Le taux de chômage, au sens du recensement général de la population (RGP), dépasse les 36 % en 2012. Mesuré au sens du Bureau international du travail (BIT), ce taux était de 17,6 % en 2009, 19,5 % en 2013 et 27,1 % en 2016 (INSEE, 2014b ; 2016b). Des chiffres à considérer avec prudence, tant les critères de disponibilité et de recherche active d'emplois arrêtés par le BIT pour mesurer l'emploi et le chômage dans les sociétés salariales demeurent particulièrement inappropriés au contexte mahorais. De fait, le halo du chômage concerne à Mayotte près de 60 % de l'ensemble des inactifs de 15 à 64 ans, contre 13 % à La Réunion et 3,5 % en France métropolitaine (source : Enquête emploi 2013). S'agissant de la pluriactivité, celle-ci s'exerce pour une bonne part sous la forme du travail non déclaré, dans l'agriculture, le BTP, les taxis, les services domestiques… Le poids de l'économie dissimulée est à mettre directement en relation avec le poids démographique des étrangers en situation irrégulière (ESI). Dans une pure logique de survie

[7] Le vice-rectorat de Mayotte est, de loin, le premier employeur de l'île.

économique, ces derniers se voient dans l'obligation d'accepter ces emplois non déclarés pour des salaires compris bien souvent entre 150 et 250 € mensuels, contre un SMIG mahorais aligné sur le SMIC métropolitain depuis le 1er janvier 2015.

Avec, d'un côté, un sur-salariat porté par la fonction publique et, de l'autre, un sous-salariat adossé à une situation de chômage de masse et de grande précarisation des ESI, la société mahoraise offre un tableau des plus contrastés. Selon l'enquête « Budget de famille » de 2011, les individus les plus modestes (appartenant au premier décile) ont des revenus 14 fois inférieurs à ceux des individus les plus aisés, contre un rapport égal à 3,7 en métropole (INSEE, 2014c). À la même époque et selon la même source, 84 % des Mahorais se situent en dessous du seuil de pauvreté national. Rapporté au revenu médian calculé à Mayotte, ce sont un quart des ménages qui se situent en dessous du seuil de pauvreté.

La société mahoraise est ainsi quatre fois plus inégalitaire que la société métropolitaine. Un premier facteur explicatif tient donc au développement économique exogène qui divise clairement la population en deux avec, d'un côté, des individus qualifiés et donc susceptibles d'occuper les nouveaux emplois salariés créés en même temps que la départementalisation se déploie, et de l'autre, des individus non qualifiés, pourvus ou non de la nationalité française, et contraints de subsister à partir des vestiges de l'économie agraire traditionnelle et/ou de l'économie informelle. Un second facteur explicatif a trait au déficit local de l'économie de transfert qui, par définition, vise justement à corriger les inégalités trop criantes entre ménages par le jeu de la solidarité nationale.

La faiblesse des revenus de transfert

Depuis le début des années 2000, les quelques droits introduits à Mayotte se caractérisent par des critères d'éligibilité singuliers, et des montants minorés par rapport à ceux en vigueur en métropole et dans les autres DROM. Ainsi, la Sécurité sociale a été créée en 2004 et a permis l'introduction de l'assurance maladie, l'assurance vieillesse et l'assurance chômage, mais dans des conditions restrictives. Il en est de même des allocations familiales créées en mars 2002, mais largement minorées pour ne pas encourager des comportements déjà natalistes : jusqu'au 1er janvier 2006, celles-ci n'étaient versées qu'aux salariés et plafonnées à 77,37 € pour trois enfants (contre 262,49 € dans les autres départements, et 147,42 € par enfant supplémentaire). Si elles ont été revalorisées depuis, elles restent bien en deçà des niveaux pratiqués en métropole et dans les autres DROM : à titre d'exemple, l'allocation pour trois enfants est aujourd'hui de 134,90 € à Mayotte, contre 295 € dans les autres départements français.

Aux montants minorés des prestations s'ajoute, plus globalement, une faiblesse de l'offre. En 2016, sur l'ensemble des prestations de la branche famille qui existent au niveau national (plus d'une vingtaine), seules cinq sont servies à Mayotte : l'allocation adulte handicapé, les allocations familiales, l'allocation logement à caractère familial, l'allocation d'éducation de l'enfant handicapé, et enfin, l'allocation de rentrée scolaire, la seule à être désormais appliquée à taux plein. L'extension des minima sociaux se fera, elle aussi, de manière progressive avec une minoration des montants alloués et un alignement différé. C'est le cas, en particulier, du RSA (minoré) appliqué à Mayotte depuis le 1er janvier 2012, et dont nous commentons plus loin la mise en œuvre et les premiers effets. Au total, la part des revenus de transfert est environ cinq fois plus faible à Mayotte que dans l'Hexagone et les autres DROM.

Soucieux de connecter les droits aux réalités économiques et démographiques de la société locale, l'État a initialement estimé la durée de rattrapage et d'alignement des prestations sociales et familiales à 20 ou 25 ans. Un horizon ramené à 15 ans par le Président François Hollande au travers du document stratégique « Mayotte 2025 ». Concrètement, la politique sociale de l'État semble être étroitement solidaire de sa politique migratoire. Comme le suggèrent les différents rapports parlementaires réalisés ces dix dernières années (Gournac, 2005 ; Quentin, 2006 ; Quentin *et al.*, 2008 ; Torre, 2008 ; Sueur *et al.*, 2012), la jugulation de l'immigration comorienne constitue la condition *sine qua non* du transfert définitif de l'ensemble des droits sociaux nationaux. Ainsi témoignait encore, sur ce point, l'ancienne ministre des Outre-mer Mme George Pau-Langevin dans un discours prononcé au début de l'année 2015 :

> « 2014 est également l'année de l'approfondissement de la départementalisation. Je sais combien ce choix a généré d'importantes mutations et de profonds bouleversements à Mayotte, pour les Mahorais, et pour l'équilibre général de la société. Je sais les craintes et les incompréhensions parmi nos concitoyens. Notre responsabilité est d'y répondre et de relever tous les défis qui se présentent à nous, au premier rang desquels celui de la jeunesse. Le mal de développement, le déficit d'infrastructures, la pression migratoire demeurent évidemment encore des préoccupations auxquelles nous devons apporter des réponses adaptées »[8].

---

[8] « Mayotte 2025 », discours de Mme George Pau-Langevin, en ligne sur le site du ministère des Outre-mer.

Du point de vue de l'État – pour faire écho à la problématique de l'immigration comorienne évoquée à demi-mot par la ministre – l'intégration nationale de Mayotte ne pourra se faire sans assurer au préalable sa désintégration régionale en la coupant des autres îles de l'archipel (Grande Comore, Anjouan et Mohéli) avec qui la population mahoraise entretient par ailleurs des liens culturels, cultuels et familiaux (Carayol, 2007). Cette logique de report de l'égalité nationale conforte, en retour, les fortes inégalités qui traversent aujourd'hui la société mahoraise, dont les jeunes, les femmes, et bien entendu les étrangers, subissent les effets en première ligne.

Des lignes de fracture sociale qui se structurent autour des inégalités « ethniques » et de nationalité, de genre et de génération

Au-delà des nouvelles inégalités de classes issues de la diffusion récente des emplois salariés du public et du privé, les principales lignes de fracture sociale qui se dessinent aujourd'hui au sein de la société mahoraise se structurent autour des appartenances « ethniques » et nationales (comoriens/étrangers *versus* mahorais/français), de genre et de génération.

La grande paupérisation des étrangers en situation irrégulière

Avec une population composée pour un tiers d'entre elles d'étrangers, originaires pour une majorité d'entre eux de l'île d'Anjouan qui se situe à 70 kilomètres des côtes mahoraises, il semble difficile d'aborder les questions de pauvreté et d'inégalités à Mayotte sans traiter explicitement de la situation sociale, économique et juridique de ce groupe social qui concentre à lui seul les plus grands risques de paupérisation, de stigmatisation et de relégation sociale. Nous ne reviendrons pas en détail ici sur la genèse historique et géopolitique d'une telle présence et d'une telle catégorisation politique autour de la figure du « clandestin »[9]. Rappelons seulement que les pratiques migratoires historiquement observées au sein de l'archipel des Comores et plus particulièrement celles qui sont le fait

---

[9] Pour une lecture rétrospective de la position de la France vis-à-vis de Mayotte et du mouvement séparatiste avec l'ensemble comorien, voir notamment : Boisadam, 2009 ; Blanchy, 2002 ; Richard, 2009. Pour une lecture critique de cette position et de ses effets en termes de déstabilisation régionale, voir notamment : Salesse, 1995 : Caminade, 2003.

de la population anjouanaise, doivent d'abord leurs origines à une histoire coloniale française de dépossession foncière à Anjouan, les petits paysans étant alors contraints et forcés de quitter leurs terres (et leur île) au profit de la Société Bambao et de l'économie de plantation qui s'y développe (Sidi, 1998). Ces migrations se sont poursuivies et renouvelées vers la fin du XXe siècle, motivées par une même raison de survie économique. La mise aux normes françaises de Mayotte a en effet accentué les disparités régionales et a encouragé de fait les populations comoriennes voisines à venir s'y installer. Au motif économique de la migration s'ajoutent également, dans bien des cas, des motifs sanitaires (Sakoyan, 2010) et familiaux. L'instauration d'un visa de circulation en 1995 ne freine pas les flux migratoires, bon nombre d'Anjouanais contournant cette contrainte administrative en empruntant des *kwassa-kwassa* (petites barques de pêcheurs motorisées) pour se rendre à Mayotte, dans des conditions d'insécurité telles que la traversée se fait bien souvent au péril de leur vie[10]...

La situation se complexifie à partir des années 2000. En premier lieu, la perspective de départementalisation à l'horizon 2010 ouvre un vaste chantier de réforme de l'état civil qui a pour effet de partager la population mahoraise entre citoyens et étrangers. Ainsi, un des effets de la révision de l'état civil a été d'accroître le nombre de « sans-papiers » parmi les Comoriens présents à Mayotte depuis de nombreuses années et dont l'union et la filiation avaient été reconnues par le droit coutumier (Blanchard, 2007). En 2007, un tiers des étrangers (23 000) recensés à Mayotte sont nés sur le sol mahorais. En second lieu, les politiques de contrôle des frontières et d'expulsion des « sans-papiers » vont se durcir au mitan des années 2000. Le nombre d'expulsions a en effet triplé en l'espace de six ans, passant de 8 536 en 2004 à 26 405 en 2010, soit une valeur proche du nombre d'expulsions réalisées à la même époque en France métropolitaine. Les expulsions ont ensuite connu une baisse avec 21 763 reconduites en 2011, 15 908 en 2013, et 18 763 en 2015 (données préfecture). Parallèlement à ces reconduites à la frontière, on observe également des pratiques préfectorales d'obstruction dans le traitement des demandes de titres de séjour (Sakoyan et Grassineau, 2014).

De fait, les ESI sont de loin les plus précarisés d'entre tous à Mayotte compte tenu de leur quasi-exclusion des dispositifs d'aide

[10] On estime, depuis 1995, que cette périlleuse traversée du bras de mer séparant Anjouan de Mayotte a fait plus de 7 000 morts (source : collectif Migrants Outre-mer).

sociale et médicale d'une part, et des effets des politiques migratoires répressives d'autre part, lesquelles les obligent à vivre dans une clandestinité qui limite leurs possibilités d'intégration (accès aux emplois, aux services sanitaires et sociaux, etc.) et porte plus largement atteinte à leur dignité :

> « La brousse est devenue un refuge où beaucoup de « sans-papiers » ont commencé à se cacher nuit et jour – certains hommes laissant leurs épouse et enfants chez une personne de confiance. Or, la brousse est l'espace du règne animal et en s'y réfugiant, les hommes ont perdu leur dignité d'êtres humains, après avoir été privés de leur dignité citoyenne » (*Ibid.*, p. 128).

Lorsqu'ils ne vivent pas ainsi de manière reculée dans les espaces ruraux, les ESI logent le plus souvent dans des bidonvilles et autres habitats insalubres, particulièrement dans la couronne de Mamoudzou. Cette présence croissante et des plus visibles provoque de nombreuses tensions sociales, les Anjouanais étant couramment accusés d'être responsables de tous les maux de la société locale (délinquance, écoles et hôpitaux surchargés, concurrence dans l'accès aux emplois non qualifiés, etc.). Au début de l'année 2016, certains villages de Mayotte ont ainsi offert un triste spectacle de « décasage » des clandestins (expulsion et destruction de leurs habitats), sous l'œil complice des médias locaux et des autorités françaises qui n'ont aucunement fait respecter l'État de droit (Touam Bona, 2016 ; Geisser, 2016). Malgré ce climat d'insécurité et ces reconduites à la frontière répétées, on observe peu de modifications dans les pratiques et les enjeux de la migration anjouanaise. Nombre d'expulsés ont pris l'habitude de refaire la traversée entre Anjouan et Mayotte : il n'est pas rare de rencontrer des personnes qui ont fait la traversée une dizaine de fois. C'est aussi cette multiplication des allers et retours qui signe pour certains, à terme, l'abandon du projet migratoire dans la mesure où toutes les ressources économiques (vente de terres, de zébus, prêts, etc.) ont été épuisées pour payer les « passeurs ». Mais à plus grande échelle, les flux ne tarissent pas ou peu, tant la survie économique passe pour beaucoup par une installation dans ce « petit bout de France » considéré, à juste titre, comme un eldorado comparativement aux États voisins. Entre 2005 et 2011, le PIB par habitant de Mayotte a augmenté de 65 % (passant de 5 200 € à 7 900 €/habitant). Il est dix fois plus élevé que celui des Comores et vingt fois plus élevé que celui de Madagascar.

La conjonction de tels écarts de niveaux de développement d'une part, et de politiques migratoires répressives d'autre part, explique, en dernier ressort, le phénomène massif des mineurs isolés à Mayotte.

Estimés à 3 000, ces jeunes, voire très jeunes enfants (beaucoup ont moins de 10 ans), dont les parents ont été expulsés et reconduits vers Anjouan, constituent une génération symptomatique des pratiques et des politiques migratoires observées ces dernières années (Sakoyan et Grassineau, *art. cit.*). Ce phénomène nous informe, de manière forte et exemplaire, d'une obligation de survie économique qui, dans des cas extrêmes, passe ainsi par des ruptures familiales initiées par la frontière politique érigée entre les deux îles. Il nous rappelle aussi combien une seule politique répressive de l'immigration, sans mesures de co-développement avec l'Union des Comores, est vouée à l'échec, et surtout déplorable d'un point de vue humain, éthique et politique[11] tant la France a bien évidemment sa part de responsabilité dans ce qu'il est convenu d'appeler ici des *fragmentations postcoloniales*.

La pauvreté au prisme du genre

Une première et grande figure de la pauvreté féminine observée à Mayotte renvoie aux logiques d'exclusion de la population anjouanaise évoquées plus haut. Aucune donnée chiffrée n'existe sur ce point, mais on sait qu'une des figures dominantes de l'immigration comorienne est représentée par la femme anjouanaise. La perspective d'accoucher à Mayotte dans des conditions sanitaires autrement plus favorables que celles en vigueur à Anjouan d'une part, et les droits attachés à l'enfant et à sa mère lorsque celle-ci accouche sur le sol français d'autre part[12], représentent deux motifs importants de l'immigration féminine en provenance d'Anjouan. Ce type de trajectoire migratoire et familiale se concentre autour de la femme, de la mère, qui voyage bien souvent seule ou accompagnée d'un premier enfant né à Anjouan (le coût de la traversée limitant, de fait, le nombre d'enfants que l'on peut emmener avec soi). Hébergée dans un premier

[11] Voir, sur ce point, la position du député communiste Jean-Claude Lefort qui rappelait déjà en 2006, à juste titre, combien « la question comorienne » à Mayotte ne se réduit pas à « la question de l'immigration clandestine », au risque sinon de réduire à sa dimension institutionnelle et juridique une situation qui est, d'abord et avant tout, historique, sociologique et géopolitique (*in* Quentin, 2006, p. 97-102).

[12] Pour l'enfant né à Mayotte (et n'ayant pas de parent français), le droit du sol s'applique de la façon suivante : l'acquisition de la nationalité française peut légalement se faire dès la naissance si un des parents est lui-même né en France (ce que l'on nomme le « double droit du sol ») ou à partir de 13 ans si la personne peut justifier d'une résidence préalable d'au moins cinq ans. Pour la mère qui donne naissance sur le sol français, le seul droit qui lui revient instantanément est celui de ne plus être expulsable.

temps chez un parent ou une connaissance, elle pourra, le cas échéant, être rejointe par son mari de nationalité comorienne et envisager alors une vie familiale à Mayotte. Mais dans bien des cas, les femmes anjouanaises se retrouvent seules à élever leur(s) enfant(s) du fait d'un cumul de contraintes : celles des règles conjugales observées dans l'archipel (polygamie, matrilocalité, fragilité des unions conjugales) et celles liées aux mesures répressives de l'immigration qui rendent complexe et coûteux le maintien de la cellule familiale sur le sol mahorais (Sakoyan, 2014). On peut comprendre, dans ces conditions, l'intérêt pour elles de contracter un mariage mixte avec un homme mahorais de nationalité française : si l'union prévient en soi les risques de paupérisation attachés au statut de famille monoparentale, l'union mixte a l'avantage ici d'ouvrir des droits pour le conjoint étranger et ses enfants. De fait, on enregistre trois fois plus d'unions mixtes à Mayotte (32 % du total des unions) qu'à l'échelle nationale[13], et la moitié de ces unions sont le fait d'une femme née aux Comores et d'un homme né à Mayotte (INSEE, 2016a).

Les données fournies par l'INSEE et la CAF de Mayotte permettent, plus largement, de mesurer la position sociale et économique des femmes. Sur le plan de l'emploi, par exemple, le taux de chômage est près de deux fois plus élevé pour les femmes (47,2 %) que pour les hommes (28 %) selon les données du RGP de 2012, et supérieur de dix points selon les critères du BIT retenus dans l'Enquête emploi de 2016 (32,6 % contre 22,6 %). Selon cette même source, le taux d'activité féminine est aujourd'hui de 43,2 %, contre 58,9 % pour celui des hommes (INSEE, 2016b). La distribution traditionnelle des rôles sociaux de sexe où l'homme doit trouver, dans la sphère publique, les moyens pour subvenir aux besoins de sa (ou ses) femme(s) et de leur(s) enfant(s) attachés pour leur part à la sphère domestique, déteint encore en partie sur le marché du travail contemporain. Globalement, les femmes qui occupent un emploi se situent dans des postes de niveau inférieur à ceux occupés par les hommes, sans que cette situation soit nécessairement justifiée par la relation formation/emploi.

Les difficultés qu'elles rencontrent dans l'accès à l'emploi font des femmes le public prioritairement éligible au RSA. Introduit à Mayotte au 1er janvier 2012, le RSA, qui constitue le premier et le seul

[13] Pour autant, et contre une lecture ethnocentrée qui ne verrait ici qu'une instrumentalisation administrative des unions mixtes, rappelons que les mariages ont longtemps été contractés à l'échelle de l'archipel, et non du seul territoire de résidence.

minimum social appliqué à ce jour dans l'île, compte dans ses rangs trois femmes pour un homme. Compte tenu de l'importance du chômage et du sous-emploi dans l'économie mahoraise, ce dispositif – qui vise initialement à soutenir financièrement les ménages à faibles revenus et, parmi eux, les travailleurs pauvres – a suscité beaucoup d'espoir chez la population[14]. Le rôle d'amortisseur social du RSA reste cependant très limité, à l'échelle individuelle comme à l'échelle de la société dans son ensemble, en raison d'un non-recours important aux prestations sociales. Alors que les estimations de l'INSEE et de la CAF tablaient sur une fourchette allant de 13 000 à 18 000 allocataires pour fin 2012, seuls 2 586 allocataires ont été enregistrés à cette date, soit 9 223 bénéficiaires, soit encore 4,3 % de la population mahoraise. Si certains facteurs explicatifs du non-recours comme la complexité du dispositif ne sont pas propres à Mayotte (ODENORE, 2012), d'autres le sont particulièrement (Roinsard, 2014a). La minoration du montant local du RSA – 25 % du montant national pour l'année 2012, revalorisé à 37,5 % pour l'année 2013 et à 50 % depuis le 1er janvier 2014 – explique pour une bonne part le recours faible à la population à l'égard de ce minimum social. Fin 2012, un foyer au RSA socle (soit 98,6 % des allocataires du RSA) percevait en moyenne 107 euros par mois, contre 45 euros par mois pour un foyer au RSA socle et activité ou activité seule (soit 1,4 % des allocataires). La revalorisation à 37,5 % du montant national a eu peu d'effets : on compte un peu moins de 3 900 allocataires fin décembre 2013, tandis que la revalorisation à 50 % fait porter le nombre d'allocataires à 4 300 fin mars 2014, et 6 365 en juin 2016.

Les contraintes administratives qui pèsent sur les allocataires expliquent à leur tour l'importance du non-recours et/ou du non-bénéfice de l'allocation. Les étrangers, par exemple, doivent justifier d'une durée de résidence préalable (avec un titre de séjour ouvrant droit au travail) de quinze ans au lieu de cinq en métropole, ce qui exclut bon nombre d'entre eux du bénéfice du RSA. Pour la population mahoraise, de nationalité française mais en partie non francophone et analphabète, ce sont les codes et usages sociaux de l'administration publique qui s'avèrent difficiles à intégrer, et qui font alors obstacle dans le recours au droit. Un chiffre, à lui seul, exprime

[14] Le RSA – et, avec lui, l'allongement de la piste de l'aéroport demandé depuis de nombreuses années par les élus – a été présenté comme la vitrine de l'égalité sociale lors du vote pour la départementalisation. De fait, beaucoup de ménages pensaient pouvoir disposer de cette allocation, sans connaître réellement les critères d'éligibilité.

la démobilisation rapide de la population vis-à-vis de cette prestation : on compte autant de personnes qui sont venues demander le RSA en janvier 2012 (6 457) que sur les onze mois suivants (6 673). De même, chaque trimestre de l'année 2014, ce sont environ 500 allocataires qui sont sortis du dispositif car ils n'avaient pas rempli leur déclaration trimestrielle de ressources, soit 1/8 de l'ensemble des allocataires.

L'objectif de lutte publique contre la pauvreté qui, ici, s'apparente aussi à une lutte contre les inégalités sexuées, reste donc imparfaitement rempli. Cette faible efficience de l'action sociale laisse de fait aux solidarités privées un rôle primordial d'amortisseur social, et maintient les femmes dans des relations de dépendance économique qui les fragilisent. La forte émigration féminine vers le département voisin de La Réunion observée ces vingt dernières années témoigne, sur ce point, d'une quête d'autonomie juridique et économique qui reste encore à construire à Mayotte (Cherubini *et al.*, 2009 ; Roinsard, 2014c).

Une jeunesse déscolarisée qui cherche en vain les voies de son intégration

Nous avons discuté plus haut des chiffres de la massification scolaire observée ces dernières années à Mayotte, en signalant notamment une phase de rattrapage certes soutenue, mais accompagnée d'une certaine dévaluation des titres scolaires. Intéressons-nous à présent au second versant de la jeunesse mahoraise, à savoir celle qui a quitté les bancs de l'école avec ou, le plus souvent, sans diplôme. Si le taux de chômage à l'échelle de l'île dans son ensemble dépasse les 30 %, celui des 15-29 ans atteint les 55 % en 2012. Faiblement qualifiés, les jeunes subissent de plein fouet les effets que la pression démographique exerce sur le marché du travail local. Chaque année, ils sont près de 4 000 à sortir du système scolaire pour seulement 2 000 offres d'emploi recensées par Pôle Emploi, dont une bonne part (environ 45 %) sont des contrats aidés dans le secteur non marchand. Dans ce contexte de forte tension sur le marché du travail local, la mobilité vers la métropole est largement encouragée, et en partie appuyée financièrement par le Conseil départemental et l'Agence de l'Outre-mer pour la mobilité (LADOM). Une voie qui reste cependant difficile à emprunter pour la grande majorité de la jeunesse, pas ou peu qualifiée (Breton *et al.*, 2014). Contrainte de rester sur place, celle-ci observe sinon dénonce le déficit objectif des politiques sociales locales à destination de la jeunesse (Prévost *et al.*, 2014).

Alors que les missions locales métropolitaines comptent, en moyenne, un conseiller en insertion pour 130 jeunes, celle de Mayotte compte, tant bien que mal, un conseiller pour 600 jeunes. Une sous-représentation qui n'est pas sans produire des effets sur leur engagement : beaucoup de jeunes estiment, je cite, « qu'il n'y a rien à en tirer ». On note, plus largement, un manque cruel de dispositifs d'insertion et d'animation à l'échelle de l'île dans son ensemble : report de la mise en place du dispositif national CIVIS[15] ; absence de la « garantie jeunes » ; emplois aidés en nombre insuffisant (575 emplois d'avenir signés fin 2014, pour 9 000 jeunes inscrits) ; faiblesse de l'offre de formation locale ; déficit de centres de loisirs et de plateaux sportifs ; Maisons de la jeunesse et de la culture (MJC) sans moyens[16] ; faible soutien aux associations, etc. Paradoxalement, alors que la jeunesse est surreprésentée dans la population mahoraise et davantage encore dans ses strates inférieures, peu de moyens lui sont alloués. Une situation qualifiée d'injuste par les intéressés, et qui représente un des substrats importants sur lesquels se construisent très justement le vécu de la jeunesse mahoraise et ses traductions, le cas échéant, en actes déviants et délinquants.

Largement couverte par les médias locaux au cours des dernières années, la montée de la délinquance juvénile à Mayotte n'est pas un fantasme, loin s'en faut. Avec près de 10 000 faits constatés sur l'année 2015 contre 6 555 en 2011 (données préfecture), Mayotte observe une montée continue de la délinquance, faisant aujourd'hui du département le 2e DROM en la matière. Celle-ci se caractérise par deux faits marquants : la prépondérance des atteintes aux biens (66,7 % des faits constatés en 2014, 74,5 % en 2013) et la plus grande part des mineurs impliquée dans ces actes. En 2013, 93 % des faits élucidés en matière de cambriolage concernaient des mineurs. En 2015, un tiers des faits de délinquance sont imputables à des mineurs, contre à peine 20 % en métropole. Le manque cruel de foyers et de familles d'accueil et, plus largement, les faibles moyens alloués par le

[15] Le Contrat d'insertion dans la vie sociale a pour objectif l'accompagnement individuel de jeunes âgés de 16 à 25 ans dans leur projet d'insertion professionnelle. Il peut s'accompagner, sous certaines conditions, d'une allocation de 1 800 euros annuels versée durant les périodes où le jeune ne dispose d'aucun revenu (emploi, stage, prestations).

[16] Sur 73 MJC réparties sur le département, seules quatre fonctionneraient normalement (Mathieu, 2013, p. 47).

Conseil départemental à la politique de l'Aide sociale à l'enfance (ASE) (2 % de son budget contre, en moyenne 55 à 60 % dans les autres départements français) sont régulièrement pointés du doigt par la préfecture qui demande au département de prendre ses responsabilités. De son côté, le département a tendance à réduire la question de l'ASE aux seuls enfants de « clandestins » (qu'ils soient mineurs isolés ou non), et motive ainsi la faiblesse des moyens accordés par les objectifs de la politique migratoire menée localement par l'État. Or, comme le rappelle régulièrement le procureur de la République, la délinquance à Mayotte ne se réduit pas à une histoire de nationalité, loin s'en faut[17]. En revanche, l'accroissement démographique conjugué à un faible développement de l'économie et des politiques sociales locales favorise, de fait, la montée d'une délinquance de survie[18] (Mathieu, 2013, p. 63-68) dans toutes les strates inférieures de l'espace social. La manière même dont certains quartiers urbains sont rebaptisés par les jeunes qui y résident atteste, sur ce point, de l'insécurité sociale et civile qui y préside : *La Favela*, *Bagdad*, *Soweto*, *Sarajevo*, *Gaza*, *Vietnam*, etc.

Sur la question de la genèse de l'insécurité à Mayotte, beaucoup s'accordent à dire – adultes et jeunes confondus – que celle-ci a monté d'un cran à la suite du mouvement social de 44 jours de l'automne 2011, mouvement d'abord porté par des organisations syndicales au nom de « la vie chère » et qui se sont vite fait débordées par une jeunesse incontrôlable, celle-là même qui a multiplié les barrages sur les routes en instituant les rackets systématiques de conducteurs. Dans la parole des jeunes que nous avons interviewés à Kaweni, quartier « de mauvaise réputation » rattaché au chef-lieu Mamoudzou, le mouvement de 2011 est présenté, en pointillé, comme un rite initiatique, un moment où quelque chose a basculé, où ils se sont rendu compte, *in fine*, du pouvoir et de la pression qu'ils pouvaient exercer à l'échelle de la société. Maîtres des barrages ainsi érigés, ils sont devenus, le temps d'un mouvement social, les « patrons » dans une société où, en temps normal, ils occupent une position dominée. La portée symbolique de tels renversements de pouvoir, aussi

---

[17] Ainsi, pour l'année 2011, la maison d'arrêt de Majicavo comptait dans ses rangs 55 % d'étrangers, taux ramené à 25 % si l'on exclut de ce chiffre les « passeurs de clandestins ». De même, parmi les 500 mineurs suivis par les 42 éducateurs de la PJJ, on comptait sur cette même année 35 % de mineurs délinquants, dont 65 % de Mahorais (Mathieu, 2013, p. 64).

[18] En attestent, sur ce point, les vols de nourriture couramment observés lors des cambriolages.

ponctuels soient-ils, n'est pas à négliger pour comprendre la répétition des émeutes juvéniles et des barrages routiers depuis 2011. Elle semble donner raison à une phrase entendue à plusieurs reprises ces dernières années et relayée par la presse locale : « Occupons-nous de notre jeunesse avant qu'elle ne s'occupe de nous… ».

Concrètement, comme si l'on en oubliait les causes profondes, les débuts de réponses apportées à la montée de la délinquance juvénile sont essentiellement répressifs, à l'image des Contrats locaux de sécurité et de prévention de la délinquance (CLSPD)[19] mis en œuvre dans le cadre des contrats urbains de cohésion sociale (CUCS), des comités « voisins vigilants » et autres « comités de sécurité » qui se sont créés sur certaines communes de l'île[20], ou encore des projets de renforcement de l'offre pénale (ouverture de nouvelles places réservées aux mineurs dans la maison d'arrêt de Mayotte, transfert de jeunes Mahorais dans le Centre éducatif fermé de La Réunion). Or, et les intéressés eux-mêmes savent très bien le rappeler, la jeunesse mahoraise a d'abord et avant tout besoin de sécurité sociale (emploi, formation, revenus) pour ne pas « tomber » dans l'insécurité civile :

> « Les jeunes se sentent délaissés, ils sont malheureux, ils ne montrent pas qu'ils sont malheureux mais ils le sont, de vivre dans une famille avec 7, 8 enfants où y a rien… Y a pas de boulot, y a pas d'aides, les MJC sont abandonnées ou alors on en construit une qui reste fermée car y a toujours pas eu d'inauguration [référence à la MJC de Cavani, envahie et dégradée quelques jours avant cet entretien par un groupe de jeunes qui ont voulu montrer leur mécontentement face à ce *statu quo*]. Les jeunes sont assis là, sur le grand boulevard, ils regardent les voitures passer… » (jeune homme âgé de 20 ans, Kaweni, a arrêté l'école à 17 ans, niveau Brevet des collèges, casier judiciaire : 10 mois de prison dont 8 avec sursis).

> « En dehors des équipements sportifs, on n'a aucune réponse. Moi j'ai peur, le soir, quand je me balade. On est en train de construire une société basée sur la peur, comme dynamique… La peur du jeune, comme les blousons noirs à une époque, et aujourd'hui les racailles. Notre projet de société a sacrifié sa jeunesse ! Y a un laisser-aller, pour moi c'est le bordel, excuse-moi ! Y a un système qui était fermé mais qui était structuré, là ça part dans tous les sens. La jeunesse manque de repères. Qu'est-ce qu'on leur offre ? On crée des CLSPD, on embauche des médiateurs, donc on apporte une réponse occidentale à un problème structurel, voilà, donc on a un problème de structures, on a un

[19] En juillet 2012, on comptait 14 communes qui avaient créé un CLSPD, eux-mêmes réunis dans un Comité départemental de sécurité et de lutte contre la délinquance, présidé par le préfet.

[20] Et qui peuvent ressembler, dans les faits, à de véritables milices… Voir, sur ce point, le récit d'un « dérapage milicien » in *France Mayotte*, n° 962, 10 octobre 2014.

problème de… d'effritement, de laisser-aller, c'est le bordel quoi… au lieu de… Moi, on m'a toujours appris que les faits, ce n'est pas le problème. Les faits c'est quoi ? On voit des jeunes en errance, qui se saoulent, qui volent, ce sont les faits, mais quelle est la cause ? Quel est le problème ? Si on s'attaque pas au problème, on aura des petits remèdes, des pansements, mais ça ne résoudra pas le problème ! 40 médiateurs pour apporter la paix, mais ça ne résoudra rien ! Quand tu as en face de toi des gamins qui n'ont rien à faire de toute la journée, qui n'ont rien à manger, qui s'ennuient, qui ne travaillent pas, des gamins qui n'écoutent personne, mais toi qu'est-ce que tu as comme réponse à lui apporter ? C'est d'envoyer un gamin comme lui avec un chasuble [médiateur] qui va lui dire : "OK il faut être calme, tranquille…" Y a un problème de diagnostic, je sais pas, la société elle-même est en vrille, y a pas de repères, les gamins n'ont pas de repères » (élu municipal, 42 ans, marié et père de famille, niveau de formation II).

Comme le rappelle très justement ce nouvel élu, les mesures réparatrices de médiation ou de répression s'attaquent davantage au symptôme qu'aux causes profondes des pratiques déviantes et délinquantes. Un avis partagé par les jeunes eux-mêmes, et parmi eux des anciens délinquants qui souhaitent justement un autre destin pour leurs « petits frères » qui, dès l'âge de 10-12 ans, empruntent parfois ce même chemin de l'errance et de la délinquance. Ce travail de prévention, assuré de manière informelle par les « grands frères », est aussi la raison d'être de certaines associations militantes. C'est le cas, par exemple, de l'Association des jeunes volontaires de Kaweni (AJVK) qui entend porter dans l'espace public la voix des jeunes désœuvrés du quartier, et alerter ainsi les acteurs politiques et économiques sur la nécessité de donner une place à cette jeunesse pour éviter qu'elle ne s'engage dans des carrières délinquantes :

« Kaweni, quartier de voyous ! Ceux qui disent ça, en général, ne nous connaissent pas. Ils mettent pas les pieds ici. Nous, ce qu'on demande justement, c'est d'être aidés un minimum pour que les choses changent dans le quartier, on est complètement délaissés par l'État, par les élus. Regarde les entreprises en bas, dans la zone : combien de jeunes de Kaweni sont embauchés ? Tu peux chercher, tu vas pas en trouver beaucoup ! » (21 ans, membre actif de AJVK).

En soi, le diagnostic sociologique et la position politique de cette association animée par de très jeunes adultes (âgés de 17 à 22 ans), faiblement qualifiés, illustrent les ressources dont peut faire preuve cette jeunesse urbaine qui ne souhaite pas être enfermée dans l'image qui lui est publiquement renvoyée[21] et qui, pour cela, demande à juste titre une plus grande intervention publique sur le territoire.

---

[21] « Délinquance : à Kaweni, les jeunes veulent "sortir du cercle infernal" », *Journal de Mayotte*, 19 mai 2015.

Conclusion

Cinq ans après son accession au statut de Département et région d'outre-mer, Mayotte demeure le département français le plus pauvre et le plus inégalitaire. La mise aux normes françaises de la société locale profite d'abord aux populations en mesure d'occuper les nouveaux emplois qualifiés, en l'occurrence des métropolitains et une fraction diplômée de la population mahoraise. Pour les autres, massivement peu diplômés sinon analphabètes, pourvus ou non de la nationalité française, les logiques de survie s'organisent avant tout autour des vestiges de l'économie agraire traditionnelle, de l'économie informelle et des transferts privés. A contrario, on note un faible déploiement à la fois de l'économie de transfert et, plus largement, des politiques sociales susceptibles de jouer un rôle d'amortisseur social, comme c'est le cas dans les autres départements français. Dans ce contexte se dessinent ainsi de nouvelles lignes de fracture sociale autour des appartenances « ethniques » et nationales, de genre, de génération et de classe. Cette violence sociale est loin d'être invisible. Bien au contraire, elle se donne à voir, au jour le jour, dans ses expressions les plus pathogènes comme le sont la montée continue de la délinquance juvénile ou encore les « chasses aux clandestins » orchestrées épisodiquement par des collectifs villageois. Si le mot d'ordre, depuis Paris, est de mettre en œuvre la départementalisation dans une série successive et étalée, dans le temps, de réformes sociales, économiques et juridiques tout en maîtrisant les flux d'immigration en provenance de l'archipel, les acteurs de la société civile (enseignants, éducateurs, personnel hospitalier, organisations syndicales, associations caritatives, magistrats, etc.) témoignent, pour leur part, de l'urgence qu'il y a à agir pour assurer, a minima, une sécurité sociale, sanitaire et civile digne d'un département français. À la lueur des données recueillies et des analyses sociologiques ainsi produites, il nous semble difficile de leur donner tort.

Bibliographie

Blanchard E. (2007), « Fractures (post)coloniales à Mayotte », *Vacarme*, n° 38.

Blanchy S. (1990), *La vie quotidienne à Mayotte,* Paris, L'Harmattan.

Blanchy S. (2002), « Mayotte : "française à tout prix" », *Ethnologie française*, Paris, vol. 32, n° 4, p. 677-687.

Boisadam P. (2009), *Mais que faire de Mayotte ? Analyse chronologique de l'affaire de Mayotte 1841-2000*, Paris, L'Harmattan.

Breton D., Beaugendre C., Hermet F. (2014), « Quitter Mayotte pour aller où ? », *Informations sociales*, n° 186, p. 59-66.

Caminade P. (2003), *Comores-Mayotte : une histoire néocoloniale*, Marseille, Agone.

Carayol R. (2007), « Mayotte, une société disloquée », *Plein Droit. Revue du GISTI*, dossier « Outre-mer, terres d'exception », n° 74.

CEROM (2010). *Mutations et évolutions de l'économie mahoraise à la veille de la départementalisation*, n° 1.

Cherubini B., Combo A., Roinsard N. (2009), *Stratégies migratoires et enjeux de la protection sociale à La Réunion et à Mayotte : conflits et concurrences dans les espaces sanitaires et sociaux*, rapport à la MiRe-DREES, programme « Migrations et protection sociale ».

Geisser V. (2016), « Mayotte, si loin de Paris et pourtant si emblématique de nos "hypocrisies françaises" », *Migrations Société*, n° 164, p. 5-18.

Gournac A. (2005), *Rapport d'information sur la situation sociale à La Réunion et à Mayotte*, Commission des affaires sociales, Sénat, n° 140, séance du 19 décembre.

INSEE (2014a), « Mayotte, département le plus jeune de France », *INSEE Première*, n° 1488.

INSEE (2014b), « Enquête emploi Mayotte 2013 », *INSEE Analyses*, n° 1.

INSEE (2014c), « Enquête Budget de famille. Entre faiblesse des revenus et hausse de la consommation », *INSEE Analyses*, n° 3.

INSEE (2016a), « La moitié des Mahorais vivent en couple », *INSEE Flash Mayotte*, n° 26.

INSEE (2016b), « Le département au taux de chômage le plus élevé », *INSEE Flash Mayotte*, n° 41.

INSEE (2016c), « Enquête logement Mayotte 2013. Des conditions de logement éloignées des standards nationaux », *INSEE Analyse Mayotte*, n° 11.

Laroussi F., Liénard F. (dirs.) (2011), *Plurilinguisme, politique linguistique et éducation. Quels éclairages pour Mayotte ?*, Rouen, Presses universitaires de Rouen.

Mathieu Y. (2013), *Compte-rendu de mission sur la protection des droits de l'enfant à Mayotte*, rapport au Défenseur des droits, 91 p.

ODENORE (2012), *L'envers de la « fraude sociale ». Le scandale du non-recours aux droits sociaux*, Paris, La Découverte.

Quentin D. (2006), *Rapport d'information sur la situation de l'immigration à Mayotte*, Commission des lois constitutionnelles, de la législation et de l'administration générale de la République, Assemblée nationale, n° 2932.

Quentin D., Gosselin P., Dosière R. (présenté par) (2008), *Rapport d'information sur les perspectives de départementalisation de Mayotte*, Sénat, n° 1485.

Prévost B., Lebel O., Soulage F. (2014), « En visite à Mayotte : M. Hollande, offrez un avenir à la jeunesse ! », *Rue 89*, 19 août 2014.

Richard E. (2009), *Compétence métisse : mobilisations et métier politique à Mayotte (1975-2005)*, Doctorat en sciences politiques, sous la direction de Michel Miaille, Université de Montpellier I.

Rivière F. (2009). « Développement ultramarin et dépendance à la métropole », *in* « L'outre-mer français : où en sommes-nous ? », *Regards sur l'actualité*, n° 355, La Documentation française, p. 41-55.

Roinsard N. (2014a), « Conditions de vie, pauvreté et protection sociale à Mayotte : une approche pluridimensionnelle des inégalités », *Revue française des affaires sociales*, n° 3-2014, p. 28-49.

Roinsard N. (2014b), « Chômage, pauvreté, inégalités : où en sont les politiques sociales à Mayotte ? », *Informations sociales*, n° 186, p. 82-89.

Roinsard N. (2014c), « Des inégalités aux mobilités Outre-mer : une sociologie des migrations dans la France de l'océan Indien (Mayotte, La Réunion) », *in* Vitale P. (dir.), *Mobilités ultramarines*, Paris, éditions des Archives contemporaines, p. 95-117.

Roudot A. (2014), « Intégration territoriale et fractures sanitaires à Mayotte : états de santé du 101e département français », *Revue française des affaires sociales*, n° 4-2014, p. 73-89.

Salesse Y. (1995), *Mayotte, l'illusion de la France. Propositions pour une décolonisation*, Paris, L'Harmattan.

Sakoyan J., Grassineau D. (2014), « Des sans-papiers expulsés à leurs enfants "isolés" : les politiques migratoires de la départementalisation à Mayotte », *in* Vitale P. (dir.), *Mobilités ultramarines*, Paris, éditions des Archives contemporaines, p. 119-140.

Sakoyan J. (2014), *Les mineurs isolés à Mayotte originaires des Comores*, Rapport ethnographique des données recueillies en juin et juillet 2013, Université de Rouen, INEMA.

Sakoyan J. (2010), *Un souci en partage. Migrations de soins et espace politique entre l'archipel des Comores et la France*, Doctorat d'anthropologie, sous la direction de Yannick Jaffré, Paris, EHESS.

Sidi A. (1998), *Anjouan, l'histoire d'une crise foncière*, Paris, L'Harmattan.

Sueur J.-P. (2012), *Mayotte : un nouveau département confronté à de lourds défis*, Sénat, Rapport d'information n° 675.

Torre H. (2008), *Rapport d'information sur l'immigration clandestine à Mayotte*, Commission des finances, du contrôle budgétaire et des comptes économiques de la Nation, Assemblée nationale, n° 461.

Touam Bona D. (2016), « Mayotte, l'archipel censuré », *Africultures*, n° 105, p. 154-167.

Régime douanier et rupéisation

RAKOTONDRAHASO Faneva Tsiadino
Maître de conférences en droit public (CRJ)
Université de La Réunion

Les statuts européens et constitutionnels des territoires ultramarins sont déconnectés. Ainsi, le statut de région ultrapériphérique n'est pas réservé aux territoires soumis au régime de l'article 73 de la Constitution. De même, les collectivités relevant de l'article 74 de la Constitution ne sont pas condamnées au statut de Pays et territoire d'outre-mer. Ainsi, la transformation de Mayotte en région ultrapériphérique n'est pas une conséquence juridique irréfragable de la départementalisation de l'île[1]. Toutefois, les autorités locales ont choisi de coupler la départementalisation avec une intégration à l'Union européenne en devenant une région ultrapériphérique depuis le 1er janvier 2014[2].

Un changement de statut européen entraîne des conséquences notamment sur le terrain économique[3]. Ainsi, l'intégration de Mayotte à l'Union européenne a engendré une augmentation des transferts financiers au titre de la solidarité européenne[4]. En parallèle, cette

[1] Pour une défense de cette thèse, voir. F. RAKOTONDRAHASO, *Le statut de Mayotte vis-à-vis de l'Union européenne*, coll. Droit d'Outre-mer, PUAM, 2014.

[2] Décision n° 2012/419/UE du Conseil européen du 11 juillet 2012 modifiant le statut à l'égard de l'Union européenne de Mayotte, *JOUE L* 204 du 31 juillet 2012, p. 131. V. également, CJUE, gr. ch., 15 décembre 2015, *Parlement européen et Commission c/ Conseil*, aff. jtes C-132/14 à C-136/14 ; Comm. D. Simon, *Europe*, février 2016, n° 39, p. 14.

[3] J. ZILLER, « L'association des pays et territoires d'outre-mer à la Communauté européenne, *RFAP*, n° 101, 2002, p. 127 ; D. DORMOY, « L'évolution de régions ultrapériphériques (RUP) en pays et territoires d'outre-mer (PTOM), » *in* J.-Y. FABERON (dir.), *Les collectivités françaises d'Amérique sur carrefour des institutions*, La Documentation française, 2006, p. 293 ; N. RUBIO, « Les régions ultrapériphériques de l'Union européenne » *in* L. TESOKA, J. ZILLER (dir.), *Union européenne et outre-mers, unis dans leur diversité*, PUAM, 2008, p. 138.

[4] Voir H. PONGERARD-PAYET, « Les fonds européens à Mayotte ».

accession au statut de région ultrapériphérique a limité la liberté économique des autorités locales et engendré un bouleversement du régime douanier.

Les Pays et territoires d'outre-mer[5] et les régions ultrapériphériques[6] bénéficient d'un libre accès similaire au marché de l'Union européenne. De ce fait, s'agissant des exportations, la transformation de Mayotte en région ultrapériphérique est sans incidence majeure. Au demeurant, à ce jour, les potentialités de ce libre accès ont été peu exploitées à Mayotte.

En guise d'illustration, la dernière année en tant que Pays et territoire d'outre-mer, le montant des exportations mahoraises vers l'Union européenne (hors France) s'élevait à 17 582 euros[7]. Lors de la première année en tant que région ultrapériphérique, ce montant a atteint 1 242 920 euros en 2014[8]. Toutefois, en 2015, le produit desdites exportations a été estimé à 162 986 euros soit 1,3 % du volume total des exportations mahoraises[9]. Ce dernier chiffre se rapproche du montant des exportations en 2011 (163 429 euros)[10]. En d'autres termes, le libre accès des produits mahorais au marché de l'Union européenne est anecdotique.

Au surplus, *« les pistes les plus intéressantes pour les PTOM sont celles qui consistent à savoir exploiter les règles d'origine pour exporter vers l'Europe des produits provenant largement des pays tiers voisins »*[11]. Encore faut-il opter pour une politique offensive comme à Saint-Pierre-et-Miquelon. Dans cet archipel, les dérogations aux règles d'origine octroyées par la Commission européenne ont permis de transformer des poissons et crustacés en provenance du Canada puis de les exporter vers le marché de l'Union européenne[12]. Les autorités de Mayotte n'ont pas choisi d'explorer cette voie.

---

[5] T. M'SAÏDIÉ, *Les Pays et territoires d'outre-mer dans la politique de l'Union européenne*, Bruylant, 2013, 648 p.

[6] I. VESTRIS, *Le statut communautaire des régions ultrapériphériques. La construction d'un modèle attractif et perfectible d'intégration différenciée*, Bruylant, 2012, 670 p.

[7] IEDOM, « Rapport annuel-Mayotte », 2013, p. 55.

[8] *Ibid.*, 2014, p. 56.

[9] *Ibid.*, 2015, p. 56.

[10] *Ibid.*, 2011, p. 57.

[11] G. BELORGEY, « L'outre-mer et le IXe Plan », *Regards sur l'actualité*, mars 1993, p. 21-42.

[12] F. RAKOTONDRAHASO, *Le statut de Mayotte vis-à-vis de l'Union européenne*, *op. cit.*, p. 107 et ss.

In fine, la transformation en région ultrapériphérique n'a pas eu d'incidence sur le libre accès au marché européen. De plus, elle n'a pas eu d'influence significative sur le volume des exportations de l'île de Mayotte vers l'Union européenne. Il en est autrement de la faculté de percevoir des droits de douane et taxes d'effet équivalent sur les produits européens entrant sur le territoire mahorais.

Dans le cadre de ces échanges commerciaux avec les pays tiers et l'Union européenne, un Pays et territoire d'outre-mer détient la maîtrise de sa politique douanière. Le régime préférentiel non réciproque permet à ces territoires de ne pas être soumis à l'interdiction de droits de douane entre États membres. Ainsi, sur la base de ce statut, les autorités locales mahoraises disposaient de la faculté de frapper de droits de douane et de taxes d'effet équivalent sur tous les produits entrant sur le territoire mahorais (I). La transformation en région ultrapériphérique a dicté l'abandon de cette faculté. Cette perte a été compensée par la mise en place de l'octroi de mer (II).

I. Le statut de Pays et territoire d'outre-mer, une faculté permanente de protection du marché local

En raison de l'applicabilité de l'article 30 TFUE (ex-article 25 TCE) aux régions ultrapériphériques, l'instauration de droits de douane et de taxes d'effet équivalent frappant les marchandises en provenance des États membres y est prohibée[13]. En leur qualité de territoires non européens, les Pays et territoires d'outre-mer ne sont pas soumis à cette interdiction[14]. Ainsi, jusqu'à sa transformation en région ultrapériphérique au 1er janvier 2014, Mayotte disposait d'un accès privilégié au marché européen sans être tenue à une exigence de réciprocité. Les produits européens pouvaient faire l'objet d'une taxation. En théorie, la perception de droits de douane et taxes d'effet

---

[13] Article 30 TFUE : *« Les droits de douane à l'importation et à l'exportation ou taxes d'effet équivalent sont interdits entre les États membres. Cette interdiction s'applique également aux droits de douane à caractère fiscal ».*

[14] Voir en ce sens, F. RAKOTONDRAHASO, *Le statut de Mayotte vis-à-vis de l'Union européenne*, PUAM, Coll. Droit de l'outre-mer, 2014, p. 54. « *Les dispositions des traités ne sont pas applicables aux Pays et territoires d'outre-mer à l'exception du régime d'association prévu à la quatrième partie du traité sur le fonctionnement de l'Union européenne (TFUE) et les décisions d'association adoptées par le Conseil. Pour autant, cette application résiduelle doit être entendue comme évolutive ».*

équivalent était une faculté. Dans les faits, elle a été systématiquement utilisée **(A)**. Cela étant, les finalités de cet usage étaient éloignées d'une volonté de protection du marché local **(B)**.

A. Une taxation systématique des importations originaires de l'Union européenne

Pour les Pays et territoires d'outre-mer, la perception des droits de douane est garantie à titre permanent et ne nécessite aucune autorisation préalable du Conseil[15]. *A contrario*, pour les régions ultrapériphériques, la possibilité de déroger au droit de l'Union européenne repose sur des mesures ponctuelles et temporaires autorisées par le Conseil[16]. En d'autres termes, les uns sont autorisés par le droit de l'Union européenne à frapper de droits de douane les importations des États membres, les autres doivent cette faculté à la reconduction décennale d'un régime dérogatoire.

Hors du territoire douanier de l'Union européenne en raison de son statut de Pays et territoire d'outre-mer, l'île de Mayotte disposait d'une autonomie douanière et fiscale jusqu'au 1er janvier 2014. Au demeurant, jusqu'à cette date, le législateur français a maintenu les dispositions spécifiques en matière fiscale et douanière[17]. Concrètement, la fiscalité douanière se matérialisait principalement par deux catégories de droits de douane et taxes d'effet équivalent[18]. D'une part, un droit de douane grevait les produits non fabriqués dans l'Union européenne et dans les autres Pays et territoires d'Outre-mer[19]. D'autre part, une taxe de consommation s'appliquait à tous les

---

[15] Article 200 TFUE : *« Les importations originaires des pays et territoires bénéficient à leur entrée dans les États membres de l'interdiction des droits de douane qui intervient entre les États membres conformément aux dispositions des traités »*.

[16] Article 349 TFUE : *« Le Conseil, sur proposition de la Commission et après consultation du Parlement européen, arrête des mesures spécifiques visant, en particulier, à fixer les conditions de l'application des traités à ces régions, y compris les politiques communes »*.

[17] Ordonnance n° 81-296 du 1er avril 1981 relative au régime fiscal et douanier de Mayotte, *JORF* du 3 avril 1981, p. 933 ; Ordonnance n° 92-1142 du 12 octobre 1992 relative au Code des douanes applicable dans la collectivité territoriale de Mayotte, *JORF* du 16 octobre 1992, p. 14482.

[18] En complément d'une redevance sur les marchandises, de la taxe sur les alcools et les boissons, du droit sur les navires et de la taxe sur les produits pétroliers.

[19] Le taux était compris entre 0 et 15 %.

produits indépendamment de leur origine[20]. Les taux et tarifs de douane étaient établis par le Conseil général – aujourd'hui Conseil départemental –, sous réserve d'approbation par le ministre de l'Outre-mer. Par ailleurs, des exonérations étaient possibles pour les biens d'investissement importés par les entreprises locales, sur décision du préfet et après appréciation de la Commission locale d'agrément[21].

En constante augmentation, les recettes fiscales indirectes recouvrées par la Direction régionale des douanes de Mayotte et reversées en totalité au « Département de Mayotte » s'élevaient à 127,8 millions d'euros en 2013. Les recettes correspondant à la taxe de consommation représentaient 85 millions d'euros soit 66,5 % des recettes fiscales indirectes[22]. Les droits de douane ont rapporté 11 millions d'euros soit 8,6 % du total des recettes fiscales indirectes[23]. En d'autres termes, les deux principaux droits de douane et taxes d'effet équivalent permis ont constitué 75,1 % des recettes fiscales indirectes du « Département de Mayotte » avant la transformation en région ultrapériphérique. En guise de comparaison, les recettes fiscales directes ont rapporté 72,1 millions d'euros au titre de la même année[24]. En somme, la faculté octroyée par le droit de l'Union européenne était une prérogative impérieuse au service du budget du Département de Mayotte[25].

Selon Jean Michel Salmon, *« si des mesures douanières ou fiscales fortes perdurent dans certains PTOM, c'est plutôt pour des raisons budgétaires [...] »*[26]. Ce constat peut être transposé à Mayotte.

---

[20] Le taux était compris entre 5 et 41 %. Article 14 de l'arrêté préfectoral 535/SG/Douanes relatif à l'application des règles d'origine de droit commun et préférentielles dans la Collectivité départementale de Mayotte, 9 février 2007.

[21] La commission locale d'agrément est la commission compétente en matière d'attribution des aides économiques émanant du conseil général.

[22] IEDOM, « Rapport-Mayotte », 2013, p. 69.

[23] *Ibid.*

[24] *Ibid.*, p. 67.

[25] F. RAKOTONDRAHASO, *Le statut de Mayotte vis-à-vis de l'Union européenne*, *op. cit.*, p. 103-132.

[26] J.-M. SALMON, « La politique communautaire pour l'outre-mer : les RUP doivent-elles envier le statut de PTOM ou bien est-ce l'inverse ? », *in* T. MICHALON (dir.), *Entre assimilation et émancipation, L'outre-mer français dans l'impasse ?*, Les Perséides, 2006, p. 399.

B. Une utilisation univoque du produit des recettes douanières

« Les pays et territoires peuvent percevoir des droits de douane qui répondent aux nécessités de leur développement et aux besoins de leur industrialisation ou qui, de caractère fiscal, ont pour but d'alimenter leur budget »[27]. À l'origine, la dérogation relative à l'interdiction des droits de douane et taxes d'effet équivalent avait pour objectif premier de permettre la protection des industries naissantes dans les Pays et territoires d'Outre-mer. À titre subsidiaire, les recettes douanières pouvaient servir à financer leur budget. Dans les faits, la logique s'est inversée et l'alimentation du budget est devenue la finalité première de la politique douanière de ces territoires au détriment de la protection du marché local.

En théorie, le régime commercial préférentiel octroyé à Mayotte permettait d'ériger des barrières douanières afin de protéger les activités locales, *« génératrice d'emplois et de développement endogène »*[28]. Dans la pratique, cette dérogation a été usitée à des fins budgétaires et non pour protéger la production locale.

Au-delà de l'absence de volonté politique, cette logique s'explique par la spécificité historique des finances locales à Mayotte. En effet, l'île n'a accédé à la fiscalité de droit commun que le 1er janvier 2014[29]. Avant cette date, l'intégralité du produit des impôts directs et indirects était perçue au bénéfice du « Département de Mayotte ». Ainsi, jusqu'au 1er janvier 2014, les 17 communes de Mayotte étaient dépendantes du Département et étaient financées par les subventions et les dotations versées par ce dernier. L'absence de ressources propres les confrontait à des ruptures de trésorerie. Qui plus est, le décalage entre la réalisation des investissements communaux et le versement des subventions de l'État combiné au refus des organismes bancaires accentuaient la fragilité de leur situation financière[30]. Par conséquent, la relégation au second plan de la protection de la production locale n'est pas incompréhensible.

---

[27] Article 200 TFUE.

[28] T. MICHALON, « Une voie pour les DOM : l'insularité à la carte », *in* J.-Y FABERON, J.-F. AUBY (dir.), *L'évolution du statut de département d'outre-mer*, PUAM, 1999, p.229-231.

[29] Pourtant, la loi n° 2001-616 du 11 juillet 2001 relative à Mayotte, prévoyait en son article 68, la mise en place de la fiscalité de droit commun à compter du 1er janvier 2007.

[30] V. ROUX, « Gouvernance territoriale et développement local à Mayotte », *in* M. ELFORT, V. ROUX (dir.), *La gouvernance territoriale dans les régions et départements français d'Amérique*, PUAM, 2012, p. 129.

Par ailleurs, l'on ne saurait prétendre protéger une production locale si celle-ci est inexistante. La liste des produits mahorais éligibles se limite à la vanille, à l'ylang-ylang et aux poissons issus de l'aquaculture. Or, la production de ces produits ne s'est pas inscrite dans une logique de protection. Pour preuve, les deux premiers produits cités ne s'exportent plus[31]. Les produits locaux exportés sont majoritairement des poissons issus de l'élevage aquacole qui représentent à peine 1,4 % des exportations globales en valeur en 2015[32]. En définitive, l'absence d'affectation des recettes douanières à la protection de la production locale trouve des justifications dans ces données.

Au-delà du cas de Mayotte, la protection du marché local, par le biais des barrières douanières, n'est pas la motivation première des collectivités souhaitant accéder au statut de Pays et territoires d'Outre-mer. À travers ses écrits, Thierry Michalon a pu inviter les départements d'outre-mer à basculer vers le statut de Pays et territoires d'outre-mer afin de permettre *« une réappropriation partielle des marchés locaux par la production locale, grâce aux protections douanières que le statut de PTOM autorise en droit communautaire »*[33]. Si Saint-Barthélemy a répondu favorablement à cette invitation, les motivations de ce changement statutaire sont étrangères à la protection du marché local.

Jusqu'au 31 décembre 2011, Saint-Barthélemy bénéficiait du statut de région ultrapériphérique[34]. Constituant à l'origine une commune faisant partie du département de la Guadeloupe, l'île est devenue, au même titre que Saint-Martin, une collectivité régie par l'article 74 de la Constitution en 2007[35]. Certes, la collectivité de Saint-Barthélemy

---

[31] Voir en ce sens, F. CANDAU, S. REY, « Le commerce extérieur de Mayotte : analyse comparative avec les autres DOM » *in* F. HERMET (dir.), *Mayotte. État des lieux, enjeux et perspectives*, L'Harmattan, 2015, p. 191.

[32] IEDOM, « Rapport-Mayotte », 2015, p. 89. *« La filière aquacole mahoraise rencontre d'importantes difficultés financières, comme l'atteste la mise en liquidation courant 2015 de son principal acteur. Ainsi, si les exportations de poissons issus de l'aquaculture augmentent légèrement sur un an (+15,3 % en 2015), elles ont très fortement chuté par rapport à 2013 (-72,1 %) »*.

[33] T. MICHALON, « Une voie pour les DOM : l'insularité à la carte », *préc.*, p. 227-238.

[34] A. CANTON-FOURRAT, « L'Union européenne et les nouvelles collectivités d'Outre-mer de Saint-Barthélemy et Saint-Martin », *RMCUE*, 2007, p. 553-555.

[35] A. ORAISON, « Réflexions sur les changements statutaires à Saint-Barthélemy et à Saint-Martin à la suite des référendums antillais du 7 décembre 2003-La création de deux "collectivités d'outre-mer" (COM) dans la France caribéenne », *RRJ*, 2006, 2, p. 943-951. Voir également, S. DIEMERT, « La création de deux nouvelles

souhaitait devenir un Pays et territoire d'outre-mer pour récupérer la compétence douanière. Cependant, contrairement au vœu formulé par Thierry Michalon, les autorités de Saint-Barthélemy n'ont pas souhaité obtenir ces protections douanières afin d'entamer « une réappropriation partielle des marchés locaux par la production locale »[36] mais bel et bien pour préserver le financement du budget de la collectivité par les recettes douanières. Ainsi, par une délibération du 8 octobre 2009[37], le Conseil territorial de Saint-Barthélemy a demandé à pouvoir bénéficier de la clause passerelle de l'article 355 paragraphe 6 TFUE par le fonctionnement de l'Union européenne pour devenir un Pays et territoire d'outre-mer.

En réalité, les Pays et territoires d'outre-mer utilisent exclusivement les dispositions de l'article 200 TFUE à des fins budgétaires. D'ailleurs, ces territoires ultramarins modulent les taux de droits de douane et taxes d'effet équivalent en fonction de leur situation budgétaire[38]. En 2007, seules les îles Vierges britanniques et les anciennes Antilles néerlandaises (Aruba, Curaçao, Saint-Martin, Bonaire, Saba et Saint-Eustache) avaient des niveaux de prélèvements douaniers moyens inférieurs à 10 % de la valeur des importations. Le Groenland, Mayotte, Nouvelle-Calédonie, Saint-Pierre-et-Miquelon avaient opté pour un niveau de taxation supérieure en moyenne à 20 % de la valeur des importations. Huit autres Pays et territoires d'outre-mer étaient dans une situation intermédiaire, avec un niveau de prélèvement moyen compris entre 10 % et 20 %.

Du fait de son statut de Pays et territoire d'outre-mer, Mayotte disposait d'une faculté permanente de protection du marché local. Dans les faits, les barrières douanières ont servi à alimenter le budget des collectivités. La transformation en région ultrapériphérique a modifié le paradigme.

---

collectivités d'outre-mer régies par l'article 74 de la Constitution : Saint-Barthélemy et Saint-Martin », *RFDA*, 2007, p. 669.

[36] T. MICHALON, « Une voie pour les DOM : l'insularité à la carte », *préc.*, p. 227-238.

[37] Délibération n° 2009060 du Conseil territorial de Saint-Barthélemy, 8 octobre 2009.

[38] J.-M. SALMON, *Étude d'impact de l'intégration régionale des PTOM*, juillet 2007, rapport réalisé pour l'Union européenne, p. 13.

II. Le statut de région ultrapériphérique, une faculté temporaire de protection du marché local

Suite à sa transformation en région ultrapériphérique, Mayotte a perdu le droit de protéger son marché local au moyen de barrières douanières. En 2013, à l'aube de la transformation en région ultrapériphérique, le budget annuel du Département de Mayotte s'élevait à 360,3 millions d'euros[39]. Sur cette même année, les recettes fiscales indirectes s'élevaient à 127,8 millions d'euros[40]. En d'autres termes, sur l'année 2013, 35,5 % des recettes totales du Département de Mayotte dépendaient des seuls droits de douane et taxes d'effet équivalent. Au regard de ce pourcentage, l'abandon des barrières douanières imposées par la transformation en région ultrapériphérique pouvait soulever des craintes légitimes.

Cette perte a été compensée par l'extension du régime de l'octroi de mer à Mayotte. Aussi salutaire soit-elle pour les finances des collectivités mahoraises, cette extension soulève des difficultés **(A)**. Par ailleurs, pour Mayotte, comme pour les autres collectivités relevant de l'article 73 de la Constitution, la pérennité de l'octroi de mer n'est pas garantie **(B)**.

A. Une extension problématique de l'octroi de mer

Le statut de région ultrapériphérique peut aboutir à « *des mesures positives offrant aux îles relevant de cette catégorie une situation plus avantageuse visant à compenser les handicaps inhérents à l'insularité* »[41]. En effet, la transformation de Mayotte en région ultrapériphérique a permis une prise en compte desdits handicaps notamment par le biais du bénéfice de l'octroi de mer. Depuis le 1er janvier 2014, Mayotte bénéficie d'un dispositif commun aux collectivités régies par l'article 73 de la Constitution française[42]. L'octroi de mer est une taxe perçue à l'importation de marchandises et à la livraison des biens faits à titre onéreux par des personnes qui y exercent des activités de production. La protection de la production locale se traduit par la possibilité d'une taxation différenciée entre les produits importés et les produits fabriqués localement, pour une liste

[39] IEDOM, « Rapport-Mayotte », 2013, p. 73.
[40] *Ibid.*, p. 69.
[41] A.-S. LAMBLIN GOURDIN, « Les îles en droit de l'Union européenne : des territoires comme les autres ? », *RTDE*, 2016, p. 563.
[42] Article 12 de la loi n° 2010-1487 du 7 décembre 2010 relative au Département de Mayotte, *JORF* n° 284 du 8 décembre 2010, p. 21459.

de produits déterminés en accord avec la Commission européenne. La perte fiscale théorique en cas de suppression des droits de douane et taxes d'effet équivalent était estimée à 49 % pour Mayotte[43]. Par conséquent, la substitution par l'octroi de mer est salutaire. Cependant, ce choix n'est pas exempt de difficultés.

Au lendemain de la transformation en région ultrapériphérique, la première inconnue portait sur le(s) bénéficiaire(s) de la répartition du produit de l'octroi de mer. Jusqu'au 1er janvier 2014, faute de recettes fiscales propres, les communes mahoraises bénéficiaient d'une part fixe des impôts perçus par le Département de Mayotte à travers le fonds intercommunal de péréquation (FIP). Depuis le 1er janvier 2014, ce fonds a été supprimé et une fiscalité directe locale a été mise en place avec un complément apporté par l'octroi de mer. Au regard des balbutiements de la fiscalité locale, l'extension du régime de l'octroi de mer à Mayotte est la bienvenue. Cela étant, la formule de répartition retenue peut laisser perplexe.

En vertu de l'article 44 de la loi n° 2004-639 du 2 juillet 2004, le produit de l'octroi de mer fait l'objet d'un prélèvement de 2,5 % pour frais d'assiette et de recouvrement de la part de l'État. Le produit restant est affecté par le biais d'une dotation globale garantie (DGG). Le cas échéant, le solde est reversé à la dotation au fonds régional pour le développement et l'emploi (FRDE). En Guadeloupe, en Martinique et à La Réunion, la dotation globale garantie est répartie entre les seules communes. Par exception, elle est répartie entre la collectivité territoriale unique et les communes en Guyane[44]. À cet égard, saisi par l'Association des maires de Guyane, le Conseil constitutionnel a estimé que cette répartition était conforme à la Constitution[45]. À Mayotte, le choix de la répartition est le fruit d'une valse à trois temps.

---

43 J.-M. SALMON, *Étude d'impact de l'intégration régionale des PTOM*, juillet 2007, rapport final réalisé pour l'Union européenne, p. 132.

44 M.-J. AGLAÉ, « L'octroi de mer, un impôt en sursis ? », *Droit fiscal*, n° 44, novembre 2016, p. 565.

45 Cons. const., n° 2016-589 QPC du 21 octobre 2016, *Association des maires de Guyane et autres*, *JORF* n° 248 du 23 octobre 2016, texte n° 36. L'association et les communes requérantes soutenaient que les dispositions renvoyées au Conseil, en ce qu'elles attribuent à la collectivité territoriale de Guyane une partie du produit de l'octroi de mer affectée à la dotation globale garantie, sont contraires notamment au principe de libre administration des communes garanti par l'article 72 de la Constitution. Jusque-là, le Conseil constitutionnel avait pris soin de ne pas confronter le régime de l'octroi de la mer à la Constitution. Voir en ce sens, T.

Il a été initialement décidé que cette dotation globale garantie devait être affectée intégralement aux communes[46]. Or, une ordonnance du 19 septembre 2013 est revenue sur ce choix en plafonnant le montant bénéficiant aux communes de Mayotte[47]. En vertu de cette ordonnance, la somme des produits de la fiscalité directe locale et de l'octroi de mer affectés aux communes ne pouvait être supérieure à 42,66 millions d'euros en 2014[48]. De manière prévisible, ce plafonnement a eu des conséquences préjudiciables pour les communes de Mayotte. En 2014, les communes ont bénéficié 20,27 millions d'euros de l'octroi de mer, tandis que le département a perçu 50,23 millions d'euros (soit 71,2 % de la DGG)[49]. Sur le modèle guyanais et afin de rétablir un certain équilibre, le législateur a entériné un plafonnement inverse en 2014[50]. La part de l'octroi de mer revenant au Département a été plafonnée à 24,59 millions d'euros, le reliquat revenant aux communes et au fonds régional pour le développement et l'emploi. À ce jour, cette répartition n'a pas été stabilisée. Rien n'interdit au gouvernement d'opter pour une répartition alternative au détriment des communes ou du Département. *« Aucun schéma pérenne n'a pour le moment été adopté, alors qu'il aurait dû constituer un préalable à la réforme du statut de Mayotte. Cette insécurité juridique n'est pas satisfaisante : elle ne permet pas aux collectivités mahoraises de disposer de prévisions durables de leurs ressources »*[51]. Au même titre que sa répartition, le rendement de l'octroi de mer soulève des interrogations.

La transformation en région ultrapériphérique a conduit à s'interroger sur le rendement de l'octroi de mer. En effet, en cas de décalage entre les sommes collectées avec le nouvel octroi de mer et

---

M'SAÏDIÉ, « L'octroi de mer face à la Constitution : réflexions à partir de la décision du Conseil constitutionnel du 26 juillet 2013 », *RFDC*, n° 96, 2013, p. 908.

[46] Article 12 de la loi n° 2010-1487 du 7 décembre 2010 relative au Département de Mayotte, *préc.*

[47] Ordonnance n° 2013-837 du 19 septembre 2013 relative à l'adaptation du Code des douanes, du Code général des impôts, du livre des procédures fiscales et d'autres dispositions législatives fiscales et douanières applicables à Mayotte, *JORF* n° 219 du 20 septembre 2013, p. 15740.

[48] Cour des comptes, *La départementalisation de Mayotte. Une réforme mal préparée, des actions prioritaires à conduire*, rapport public thématique, 2016, p. 68.

[49] *Ibid.*, p. 73.

[50] Article 7 de la loi n° 2014-1655 du 29 décembre 2014 de finances rectificative pour 2014, *JORF* n° 301 du 30 décembre 2014, p. 22898.

[51] Cour des comptes, *La départementalisation de Mayotte. Une réforme mal préparée, des actions prioritaires à conduire, préc.*, p. 74.

les droits de douane et taxes d'effet équivalent perçus en tant que Pays et territoire d'outre-mer, le différentiel serait-il compensé par l'État et à quelle hauteur ? Les projections prévoyaient que la disparition des barrières douanières, un pan entier de la fiscalité mahoraise, entraînerait une baisse conséquente du budget du « Département de Mayotte »[52]. La pratique n'a pas démenti cette prévision.

En guise de compensation, la loi n° 2013-1278 du 29 décembre 2013 de finances pour 2014 a institué un prélèvement sur les recettes destiné à financer le différentiel[53]. À l'origine, le montant de ce prélèvement était envisagé de sorte que la somme des recettes fiscales et douanières du Département de Mayotte en 2014 et de la compensation fût égale aux recettes fiscales perçues par le « Département de Mayotte » en 2012. Pour rappel, la dernière année en tant que Pays et territoire d'outre-mer, le produit les recettes fiscales indirectes s'élevant à 127,8 millions d'euros[54]. On aurait mauvaise grâce à critiquer cette compensation.

Or, si le législateur a stabilisé le montant de cette subvention d'équilibre à 83 millions d'euros, il a pris soin d'abandonner l'idée d'un montant minimum garanti[55]. Dorénavant, ledit prélèvement sur recettes est *« destiné à compenser les pertes de recettes résultant, pour le Département de Mayotte, des conséquences au plan fiscal de l'application de l'article 1er de la loi organique n° 2010-1486 du 7 décembre 2010 relative au Département de Mayotte »*[56]. Ainsi, à ce jour, aucun texte législatif ne garantit un montant minimum de l'octroi de mer.

En définitive, la disparition des droits de douane et taxes d'effet équivalent a été compensée par l'octroi de mer. Or, cette substitution s'avère insatisfaisante sur la forme et le contenu. De plus, le

---

[52] J.-J. HYEST, M. ANDRÉ, C. COINTAT, Y. DETRAIGNE, *Départementalisation de Mayotte : sortir de l'ambiguïté, faire face aux responsabilités*, rapport d'information n° 115 fait au nom de la commission des lois, Sénat, 2008.

[53] Article 45 de la loi n° 2013-1278 du 29 décembre 2013 de finances pour 2014, *JORF* n° 303 du 30 décembre 2013, p. 21829.

[54] Cour des comptes, *La départementalisation de Mayotte. Une réforme mal préparée, des actions prioritaires à conduire, préc.*, p. 69.

[55] *« Il est institué un prélèvement sur recettes de l'État d'un montant de 83 millions d'euros destiné à compenser les pertes de recettes résultant, pour le département de Mayotte, des conséquences au plan fiscal de l'application de l'article 1er de la loi organique n° 2010-1486 du 7 décembre 2010 relative au Département de Mayotte ».*

[56] Article 7 de la loi n° 2014-1655 du 29 décembre 2014 de finances rectificative pour 2014, *JORF* n° 301 du 30 décembre 2014, p. 22898.

mécanisme choisi n'offre aucune garantie pérenne aux collectivités de Mayotte.

Au-delà de ces considérations locales, l'avenir de l'octroi de mer pour l'intégralité des collectivités de l'article 73 est également sujet à interrogations.

B. Une extension menacée de l'octroi de mer

L'octroi de mer a une importance significative dans le budget des communes ultramarines. En 1991, son produit s'élevait à environ 2,5 milliards de francs pour les quatre départements d'outre-mer. En 2014, ce montant avoisine les 1,146 milliard d'euros. Ainsi, la transposition du dispositif à Mayotte est une heureuse nouvelle pour les collectivités mahoraises. Néanmoins, la pérennité de cette manne financière est conditionnée. En effet, le produit de l'octroi de mer doit être affecté à une stratégie de développement économique et social dans les territoires concernés.

La loi n° 92-676 du 17 décembre 1992 prévoyait des exonérations, limitées à une durée de dix ans et justifiées par des nécessités économiques, au profit des productions locales. Pourtant, l'octroi de mer risquait de demeurer contraire aux critères de licéité posés par l'ex-article 90 TCE (article 110 TFUE)[57]. En effet, sont interdites entre les États membres les « *impositions intérieures, de quelque nature qu'elles soient, supérieures à celles qui frappent directement ou indirectement les produits nationaux similaires. En outre, aucun État membre ne frappe les produits des autres États membres d'impositions intérieures de nature à protéger indirectement d'autres productions* ». De manière inattendue, dans les arrêts *Chevassus-Marche*[58] et *Sodiprem et autres*[59], la Cour de justice a considéré que les exonérations pour les produits locaux étaient conformes aux dispositions des traités si elles étaient nécessaires, proportionnelles et précisément déterminées. Au demeurant, elles devaient également être assorties d'une procédure de contrôle par la Commission sous la

---

[57] D. PERROT, « Le nouvel article 299 paragraphe 2 du traité instituant la Communauté européenne, vers un approfondissement de la différenciation juridique en faveur des régions ultrapériphériques ? », *Pouvoirs dans la Caraïbe*, n° 12, 2000, p. 139.

[58] CJCE, 19 février 1998, *Paul Chevassus-Marche c/ Conseil régional de La Réunion,* aff. C-212/96 : *Rec.*, p. 743. B. BOISSARD, « La validité inattendue du nouvel octroi de mer », *RMCUE*, 1999/1, p. 129 et s.

[59] CJCE, 30 avril 1998, *Sodiprem* et al. *et Albert, aff. jtes*. C-37/96 et C-38/96, *Rec.*, p. 2039.

forme d'un rapport relatif à l'application du régime et son incidence sur le développement économique des départements d'outre-mer.

Concrètement, ledit rapport doit permettre de déterminer, pour chaque catégorie de produits, l'incidence du régime en termes de maintien et de promotion des activités locales. Il a fallu attendre l'approche de l'expiration du dispositif pour que cette exigence soit prise en compte. En 2011, les autorités françaises ont commandé un rapport sur l'évaluation de l'impact de l'octroi de mer à La Réunion, en Guadeloupe, en Guyane et à la Martinique[60]. Si la reconduction de l'octroi de mer a été validée, la durée du dispositif est passée de dix ans à cinq ans[61]. L'inexistence d'un instrument, systématique et pour chaque collectivité régie par l'article 73 permettant d'évaluer l'effet économique du dispositif, ne nous semble pas étrangère à cette reconduction raccourcie. D'ailleurs, en guise d'admonestation, le Conseil a rappelé que les exonérations et réductions d'octroi de mer « *doivent s'insérer dans la stratégie de développement économique et social des régions ultrapériphériques [...] et contribuer à la promotion des activités locales* »[62].

In fine, lors du rapport d'étape en 2017 et à l'expiration du dispositif en 2020, la reconduction de l'octroi de mer sera conditionnée à l'appréciation des effets réels du mécanisme sur l'activité économique et sur la promotion de la production locale[63]. À défaut, l'octroi de mer pourrait être considéré comme injustifié et son abandon pourrait être envisagé[64]. Cette épée de Damoclès pourrait

---

[60] LENGRAND ASSOCIÉS, *Évaluation de l'impact de l'octroi de mer dans les DOM*, rapport réalisé pour le ministère des Outre-mer, mai 2012 ; M. HANOTIN, J.-J. VLODY, *Octroi de mer,* rapport d'information n° 659 fait au nom de la délégation aux outre-mer, 2013.

[61] Loi n° 2015-762 du 29 juin 2015 modifiant la loi n° 2004-639 du 2 juillet 2004 relative à l'octroi de mer, *JORF* n° 149 du 30 juin 2015, p. 10979. F. RAKOTONDRAHASO, « La reconduction de l'octroi de mer », *La Semaine juridique – Administrations et collectivités territoriales*, n° 27, 2015, act., 592.

[62] Décision du Conseil n° 940/2014/UE du 17 décembre 2014 relative au régime de l'octroi de mer dans les régions ultrapériphériques françaises, *JOUE L* 367 du 23 décembre 2014, p. 1.

[63] Pour une étude sur les conséquences sur l'emploi et la production locale d'une suppression de l'octroi de mer à La Réunion, voir Y. CROISSANT, S. GARABEDIAN, F. HERMET, Z. MEHOUMOUD-ISSOP, « Fragmentation mondiale de la production et différenciation de la demande dans un MEGC : proposition méthodologique ».

[64] Rapport de la Commission au Conseil relatif au régime de l'impôt sur l'octroi de mer appliqué dans les départements français d'outre-mer SEC (2010) 1558 final, 14 décembre 2010, p. 3.

avoir des conséquences dramatiques pour les finances des collectivités de Mayotte, La Réunion, Martinique, Guadeloupe et de Guyane.

En 1992, au lendemain de la loi n° 92-676 du 17 juillet 1992 relative à l'octroi de mer, Christian Vitalien soulignait que *« les autorités locales ont donc, désormais, un champ véritable de préoccupation. Il consiste à organiser le nouveau régime, afin que la taxe réformée devienne un véritable instrument de développement économique des régions d'outre-mer »*[65]. Deux décennies plus tard, les lignes n'ont que peu bougé et le régime dérogatoire de l'octroi de mer ne constitue pas (encore) un instrument de développement de la production locale à Mayotte et dans les autres territoires ultramarins.

[65] C. VITALIEN, « La réforme de l'octroi de mer », *AJDA*, 1992, p. 616.

Une évaluation du développement humain pour Mayotte : l'application de l'indicateur de développement humain « hybride »

Jean-François Hoarau
Professeur en sciences-économiques,
CEMOI, Université de La Réunion

1. Introduction

Soixante-cinq ans après les « vieilles » colonies d'outre-mer (Guadeloupe, Martinique, Guyane et La Réunion), Mayotte décide le 31 mars 2011 de devenir le 5e département ultramarin français. Ce nouveau statut lui permet quelques années plus tard, le 1er janvier 2014, d'accéder à celui de Région ultrapériphérique de l'Union européenne. Toutefois, comme le rappelle Hermet (2015b), en dépit de cette « révolution » institutionnelle, ce territoire reste le grand oublié à la fois des mondes politique et académique. Et pourtant nombreux sont les enjeux tant sur les plans géopolitique, démographique, économique que social.

Parmi l'ensemble de ces défis, celui du développement est sans aucun doute le plus urgent et à bien des égards. Mayotte est le département le plus pauvre de France. En 2012, son PIB par habitant (7 943 euros) était inférieur de plus de 4 fois à celui de la métropole (31 076 euros) et plus de deux fois à celui du niveau moyen des quatre autres Départements d'outre-mer [DOM] (Coder et Monteil, 2015). En 2011, 84 % de la population mahoraise vivait en dessous du seuil de pauvreté national contre 16 % pour la métropole et entre 40 et 45 % pour les autres DOM (Brasset et Le Pabic, 2014). Cette pauvreté monétaire se retrouve également dans le manque de conditions de vie décentes. En 2013, 28 % des ménages mahorais ne disposait pas d'eau courante dans leur logement (Brasset et Deloeuvre, 2016). Plus généralement, les deux tiers des logements à Mayotte sont dépourvus du confort sanitaire de base (eau courante, baignoire ou douche et toilettes à l'intérieur du logement).

La pauvreté à Mayotte s'inscrit pleinement dans un contexte d'exclusion du marché du travail. En dépit d'une croissance économique soutenue depuis maintenant plusieurs décennies (entre 8 % et 10 % de taux de croissance annuel du PIB), le taux de chômage de Mayotte (27,6 % en 2016) est désormais le plus élevé de France (Fabre et Touzet, 2016). Les perspectives à moyen terme dans ce domaine ne sont guère réjouissantes dans la mesure où les deux tiers de la croissance du PIB mahorais sont portés par les dépenses de consommation finale des administrations publiques et que le tiers restant résulte principalement des dépenses de consommation finale des ménages dopées par la hausse des rémunérations des administrations publiques, le rattrapage du SMIG vers le SMIC national et l'extension progressive des prestations sociales. Le secteur privé, lui, seul capable d'apporter un début de solution pérenne au chômage de masse est largement marginalisé (Le Pabic et Monteil, 2014).

Du côté de l'éducation, la situation est aussi alarmante. Les chiffres de 2014 font ressortir un taux d'analphabétisme de 36,4 % et un taux d'illettrisme chez les jeunes de 73 %. Par ailleurs, trois Mahorais sur quatre de plus de 15 ans n'ont pas de diplôme qualifiant (Fabre et Rivière, 2015). Ce problème risque d'être d'autant plus compliqué à gérer à terme si l'on considère la démographique tout à fait particulière de ce territoire. La population mahoraise augmente rapidement dopée par le taux de natalité le plus élevé de France (32,7 pour mille habitants en 2014) mais également par une forte immigration clandestine en provenance des Comores (1/3 de la population totale).

Dès lors, il paraît crucial d'évaluer le niveau de développement humain de cette région oubliée d'Europe afin d'appréhender l'ampleur du défi que doivent affronter les décideurs locaux, nationaux et européens pour mettre en place un processus de convergence accélérée dans tous les domaines du développement humain (santé, éducation, niveau de vie). Il est ainsi regrettable de constater qu'à ce jour peu d'études se sont penchées sur ce problème. Goujon et Hermet (2015) mesurent le développement humain sous l'angle des privations. Ils construisent pour l'année 2008 un indicateur de pauvreté humaine, lequel se focalise sur les déficits et les manques dans les composantes élémentaires du développement humain (la capacité à vivre longtemps et en bonne santé, le savoir, les moyens économiques et la participation à la vie sociale). Le niveau de pauvreté du territoire français apparaît particulièrement significatif tant sur le plan national que sur le plan régional : Mayotte est le département le plus pauvre de France et dans la zone océan Indien seuls Madagascar et les Comores connaissent pire situation. D'autres travaux (Goujon et Hermet, 2012 ; Sudrie, 2013) ont opté pour l'angle de la performance en calculant un indicateur de développement humain (IDH) pour la période 2005-2007. L'IDH mesure les avancées du développement humain dans les domaines de la longévité, de l'éducation et des conditions de vie décente. Ces auteurs arrivent à la même conclusion à savoir que Mayotte se présente comme le territoire le moins développé d'Europe, un retard principalement expliqué par la dimension économique.

L'objectif de cet article est par conséquent d'enrichir la littérature dans le domaine en proposant une nouvelle évaluation du développement humain de Mayotte à la fois actualisée et dépassant les défauts méthodologiques limitant la portée des études précédentes. Pour cela, nous construisons un IDH dit « hybride » pour un échantillon composé des cinq DOM et de la métropole pour les années 2005, 2010 et 2014. Contrairement aux travaux existants, notre démarche nous permet de réaliser une analyse comparative dans la double dimension spatiale et temporelle.

La suite de l'article est organisée de la manière suivante. La section 2 décrit la méthodologie de construction de notre indicateur synthétique. La section 3 expose les résultats de manière désagrégée (dimension par dimension) avant de statuer dans la section 5 sur l'indicateur global. Enfin, la section 6 conclut en donnant quelques recommandations en matière de politique économique.

2. L'IDH hybride : Définition et aspects méthodologiques

Le concept de développement humain a été présenté pour la première fois par le premier rapport sur le développement humain du PNUD publié en 1990 (PNUD, 1990). Selon les propres termes de ce rapport, « le développement humain est un processus qui conduit à l'élargissement de la gamme des possibilités qui s'offrent à chacun. En principe, elles sont illimitées et peuvent évoluer avec le temps. Mais quel que soit le stade de développement elles impliquent que soient réalisées trois conditions essentielles : vivre longtemps et bonne santé, acquérir un savoir et avoir accès aux ressources nécessaires pour jouir d'un niveau de vie convenable. Si ces conditions ne sont pas satisfaites, de nombreuses possibilités restent inaccessibles ».

L'IDH, également introduit par ce rapport de 1990, est l'émanation statistique de ce concept. Jusqu'en 2009, celui-ci s'obtenait par la moyenne arithmétique de trois indicateurs socio-économiques reflétant les trois grandes dimensions du développement humain : (i) la longévité (L) mesurée par l'espérance de vie à la naissance, (ii) le savoir (EA) mesuré par la moyenne pondérée du taux d'alphabétisation des adultes (TAA) et le taux brut de scolarisation (TBS) combiné (primaire, secondaire et supérieur) et (iii) le niveau de vie donné par le PIB réel par habitant en parité des pouvoirs d'achat PPA (PIB). Pour les trois composantes, les indices dimensionnels individuels (I_L, I_{EA}, I_{PIB}) sont calculés en utilisant la transformation linéaire « Min-Max », soit $\frac{\text{valeur observée - valeur min}}{\text{valeur max - valeur min}}$. Notons que la dimension du niveau de vie fait l'objet d'un traitement particulier. Le PNUD pose l'hypothèse des rendements décroissants du bien-être associé au revenu, c'est-à-dire qu'une augmentation de la richesse est susceptible d'avoir moins d'importance pour les pays riches que pour les pays pauvres. Cette hypothèse est introduite dans l'indice dimensionnel en appliquant aux différentes valeurs la transformation logarithmique. Les valeurs minimales (maximales) sont fixées par le PNUD à 25 (85) années pour L, 0 % (100 %) pour EA et 100 (40 000) dollars US pour PIB. Ensuite, l'IDH global se déduit comme suit :

$$\mathbf{IDH = \frac{1}{3}(I_L + I_{EA} + I_{PIB})}$$

Goujon et Hermet (2012) s'inscrivent dans cette méthode. Néanmoins, cette première forme de l'IDH a fait l'objet de trois types de critiques (Blancard et Hoarau, 2011) : (i) la faible qualité et le manque de disponibilité des données élémentaires, (ii) le besoin de tenir compte de plus d'informations en intégrant d'autres variables dans l'indicateur synthétique, et (iii) des limites techniques à travers les problèmes d'agrégation et de pondération.

Aussi, pour répondre à certaines de ces critiques, le PNUD a décidé de réviser en 2010 la méthodologie (PNUD, 2010, voir également Blancard et Hoarau, 2011). D'un côté, plusieurs variables élémentaires ont changé dans l'objectif de mieux caractériser le développement humain. Dans la dimension du savoir, la durée moyenne de scolarisation et la durée attendue de scolarisation remplacent respectivement le TAA et le TBS. Dans la dimension du niveau de vie, le PIB par habitant laisse place au Revenu national brut (RNB) par habitant. Dans la formule de normalisation, les valeurs maximales deviennent celles effectivement constatées dans les pays considérés sur la période 1980-2010 et les valeurs minimales sont fixées à des seuils correspondant aux niveaux de subsistance (20 ans pour l'espérance de vie, zéro pour les deux variables d'éducation et 163 dollars US pour le RNB par habitant). D'un autre côté, l'IDH global est désormais calculé en prenant la moyenne géométrique des trois indices, et non plus la moyenne arithmétique, afin d'introduire une substituabilité imparfaite entre les trois dimensions, d'où :

$$\mathbf{IDH} = \mathbf{I}_{\mathbf{L}}^{1/3} \times \mathbf{I}_{\mathbf{EA}}^{1/3} \times \mathbf{I}_{\mathbf{RNB}}^{1/3}$$

C'est précisément l'approche retenue par Sudrie (2013). Toutefois, comme le précise le PNUD, les nouvelles variables sont basées sur des données peu disponibles dans la double dimension spatiale et temporelle pour les petites économies, et en particulier pour les petites économies insulaires. Ce problème de disponibilité de données a contraint notamment Sudrie (2013) à ne pas présenter de résultats pour Mayotte pour l'année 2010. Cette limite est particulièrement criante pour les DOM. Dans Sudrie (2013), le PIB reste utilisé au lieu du RNB pour certains territoires en supposant un ratio RNB/PIB constant sur la période d'étude, tandis que pour d'autres, le RNB est généré à partir d'une relation économétrique simple liant le RNB réel par habitant et le PIB réel par habitant estimée sur un échantillon mondial. Cette méthode pose problème car elle consiste à imputer des valeurs manquantes spécifiques sinon atypiques par des estimations « moyennes » tirées d'un modèle commun estimé sur l'ensemble de l'échantillon. Un autre problème, moins évident à surmonter, apparaît si le manque de données n'est pas dû au hasard, c'est-à-dire si les pays pour lesquels les données sont manquantes présentent une caractéristique particulière : dans ce cas, ces derniers ne peuvent répondre au modèle estimé sur l'échantillon de pays pour lesquels toutes les variables sont disponibles. Ce problème est très probablement amplifié dans l'étude de Sudrie (2013) puisque la relation entre le PIB et le RNB est estimée sur un échantillon mondial sans contrôle pour des caractéristiques particulières, importantes qui influencent de toute évidence cette relation (îles, niveau de développement, structure de la population, structure du PIB…)[1].

---

[1] Notons que ce contrôle peut se faire soit en maintenant l'échantillon et en ajoutant des variables explicatives, soit en maintenant le modèle mais en l'estimant sur un sous-échantillon constitué de pays dont toutes les données existent et qui partagent les caractéristiques des pays ciblés dont les données sont manquantes.

Aussi, pour permettre le calcul d'un IDH rétrospectif et la comparaison dans le temps, le PNUD dans sa réforme de 2010 propose également une version « hybride » de l'IDH (Figure 1), dite « pragmatique », combinant la nouvelle méthode d'agrégation géométrique et l'ensemble des anciennes variables élémentaires qui ont le mérite d'être disponibles pour un échantillon plus vaste de pays sur une période longue.

Figure 1. La composition de l'IDH hybride

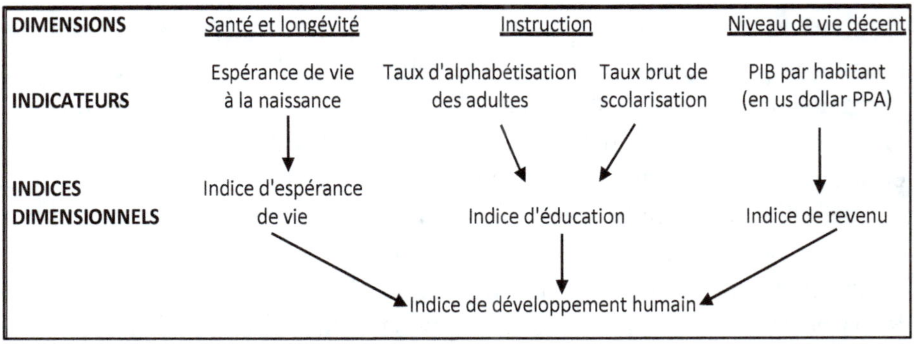

Source : l'auteur, à partir de PNUD (2010).

C'est cette dernière approche que nous appliquons. Nous retenons donc la moyenne géométrique des variables de l'espérance de vie, du TBS, du TAA et du PIB réel par habitant en dollar PPA, soit :

$$\mathbf{IDH} = \mathbf{I_L}^{\frac{1}{3}} \times (\mathbf{I_{TAA}}^{\frac{1}{2}} \times \mathbf{I_{TBS}}^{\frac{1}{2}})^{\frac{1}{3}} \times \mathbf{I_{PIB}}^{\frac{1}{3}}$$

La normalisation des données élémentaires repose sur les valeurs seuils déterminées par le PNUD et valables pour toutes les années de la période d'étude (voir Tableau 1). Les indices dimensionnels (normalisés) se déduisent alors comme suit :

$$\mathbf{I_{L,TAA,TBS}} = \frac{\textbf{Valeur observée} - \textbf{Valeur Min}}{\textbf{Valeur Max} - \textbf{Valeur Min}} \text{ et } \mathbf{I_{PIB}} = \frac{\ln(\textbf{Valeur observée}) - \ln(\textbf{Valeur Min})}{\ln(\textbf{Valeur Max}) - \ln(\textbf{Valeur Min})}$$

Tableau 1. Les valeurs minimales et maximales pour le calcul de l'IDH hybride

Variables	Min	Max
Espérance de vie	20	83,166 (Japon, 2010)
Taux d'alphabétisation des adultes	0	99 (plusieurs pays)
Taux brut de scolarisation combinée	0	115,81 (Australie, 2002)
PIB par habitant (en dollar US PPA)	163,28 (Liberia, 1995)	108211 (EAU, 1980)

Source : PNUD (2010).

3. L'analyse désagrégée : la présentation des composantes individuelles

La méthode présentée ci-dessus est appliquée à l'ensemble des DOM sur les années 2005, 2010 et 2014. Ce travail doit nous permettre d'évaluer les écarts de développement, d'une part, entre les territoires ultramarins entre eux, et d'autre part, entre ces territoires et la France métropolitaine. Par ailleurs, ce qui compte pour la politique économique ce n'est pas tant l'indicateur global, qui ne donne qu'une « image instantanée » du niveau de développement moyen de l'entité considéré, mais davantage la performance sur les déterminants individuels de ce niveau de développement. Dans ce qui suit, nous choisissons donc d'adopter une présentation dimension par dimension.

3.1. La dimension de la longévité

Concernant la variable de la longévité, il n'existe aucune difficulté pour construire l'indice dimensionnel. L'INSEE, EUROSTAT et l'Index Mundi offrent des séries longues sur l'espérance de vie à la naissance, définie comme l'âge moyen atteint par une génération d'enfants nés vivants qui seraient soumis pendant toute leur vie aux quotients de mortalité par âge observés pendant l'année de naissance de la génération. Aussi, pour les années 2005 et 2010, nous reprenons les chiffres regroupés par Sudrie (2013). Pour l'année 2014, nous nous appuyons sur les bases de l'INSEE et d'Eurostat.

Les données brutes sont exposées dans la Figure 2. En matière de longévité, Mayotte reproduit clairement la même dynamique que les autres DOM avec une allure globalement plus marquée. Un processus de convergence par rapport à la métropole est incontestablement en marche. On relève en effet une réduction de l'écart de deux ans depuis 2005. Toutefois, ces écarts restent encore significatifs puisque Mayotte accuse toujours un retard par rapport à la métropole et aux autres DOM respectivement de 6 ans et de 3-4 ans.

Figure 2. L'espérance de vie à la naissance pour les DOM et la métropole, années 2005, 2010, 2014

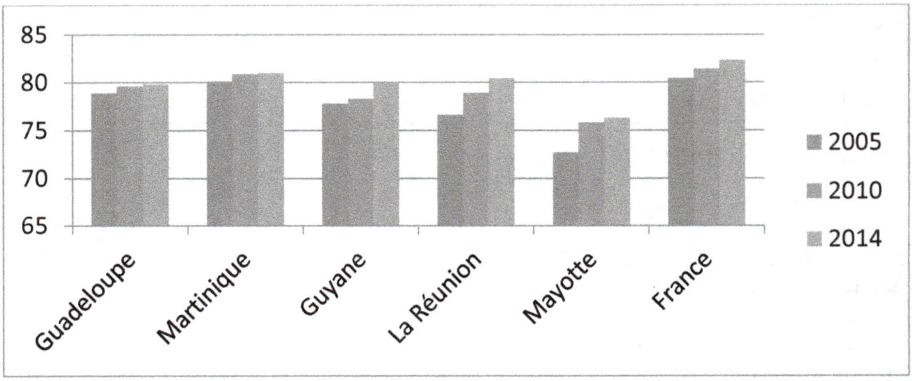

Source : Sudrie (2013), INSEE, Eurostat.

3.2. La dimension de l'éducation

Concernant la dimension de l'éducation, les calculs sont plus complexes. Cette dimension est mesurée à partir de deux variables, le TBS, tous niveaux confondus (primaire, secondaire et supérieur) et le TAA. Précisons que contrairement aux deux autres dimensions, l'année la plus récente est 2013. En effet, les calculs s'appuient sur les recensements de la population effectués par l'INSEE dont la dernière version date de 2013.

3.2.1. Le taux brut de scolarisation

Le TBS est obtenu par le pourcentage d'élèves inscrits par rapport au nombre d'individus en âge d'être scolarisés de moins de 25 ans. Les données n'existent pas en tant que telles pour les DOM. Toutefois, pour les années 2005 et 2010, nous pouvons les reconstruire en utilisant une transformation de la variable « espérance de vie scolaire » (en années) (ERS) fournie par Sudrie (2013). L'ERS est définie comme « le nombre total d'années qu'un enfant d'un certain âge peut s'attendre à recevoir dans le futur, tout en supposant que la probabilité d'être inscrit à l'école est égale aux taux de scolarisation actuels pour cet âge », d'où la formule : $ERS = \frac{Ps}{P^*} DT$, avec Ps = population scolarisée (niveaux 1-6 de la CITE), P* = population de moins de 25 ans, et DT = durée théorique de scolarisation exprimée en années (fixée à 17 ans soit 5 années d'études primaires, 7 années d'études secondaires et 5 années d'études supérieures). Aussi, de par la définition du TBS présentée plus haut, ce dernier se déduit comme : $TBS = \frac{Ps}{P^*} = \frac{ERS}{DT}$. Pour l'année la plus récente, nous reconstituons les données à partir des recensements de la population effectués par l'INSEE en 2013[2]. La Figure 3 donne un aperçu de ces données.

Figure 3. Le taux brut de scolarisation pour les DOM et la métropole, années 2005, 2010 et 2013

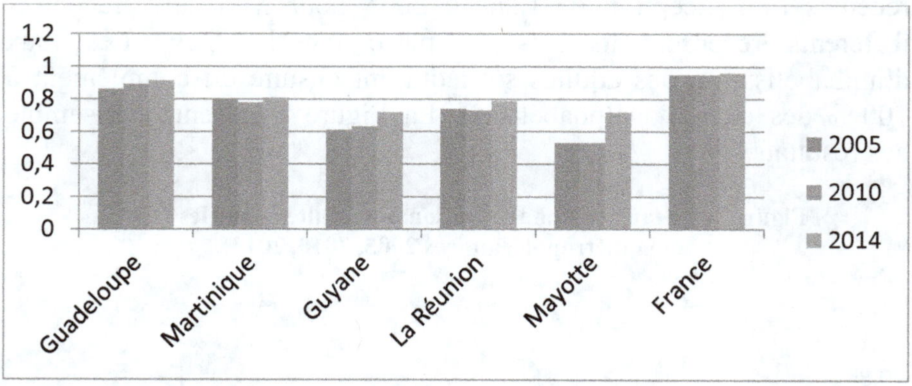

Source : Sudrie (2013), INSEE, l'auteur.

À l'image de l'espérance de vie, Mayotte accuse encore un retard important mais qui semble diminuer rapidement dans le temps. Notons que l'amorce du rattrapage est tardive par rapport aux autres DOM puisqu'il n'intervient qu'au début de la décennie 2010. Ce phénomène s'explique par le caractère récent de la scolarisation massive (depuis 1992) et de la généralisation de la scolarisation des enfants de 3 ans (depuis 2010). L'augmentation des transferts publics avec le statut de département et de région ultrapériphérique devrait permettre d'accélérer cette tendance dans les prochaines années.

3.2.2. Le taux d'alphabétisation des adultes

Pour le TAA, la difficulté majeure est le manque voire l'absence, pour l'ensemble des entités concernées, de données correspondant à la

[2] Les données complètes des recensements de la population concernant les DOM sont disponibles sur le site de l'INSEE.

définition du PNUD de l'analphabétisme, en l'occurrence « le pourcentage des personnes âgées de 15 ans ou plus qui peuvent, en comprenant, lire et écrire un texte court en rapport avec leur vie de tous les jours ». Par conséquent, pour le PNUD, l'analphabétisme est l'incapacité de comprendre, lire et écrire un texte court[3]. Concernant les DOM en particulier, les données n'existant pas, il nous a fallu trouver une façon d'approcher le plus fidèlement possible la conception que le PNUD donne à l'analphabétisme. Aussi, nous avons choisi de considérer comme analphabètes les personnes âgées de 15 et plus non scolarisées à l'année considérée n'ayant jamais eu de scolarisation, c'est-à-dire n'ayant même pas le niveau du primaire. Cette donnée est disponible pour l'ensemble des DOM sur les années récentes (à l'exception de l'année 2005 pour Mayotte) grâce aux différents recensements mis en place par l'INSEE. Les taux d'alphabétisation des adultes se déduisent ensuite du complément à 100 % des taux d'analphabétisme. La Figure 4 présente l'ensemble des résultats.

Figure 4. Le taux d'alphabétisation des adultes pour les DOM et la métropole, années 2005, 2010, 2013

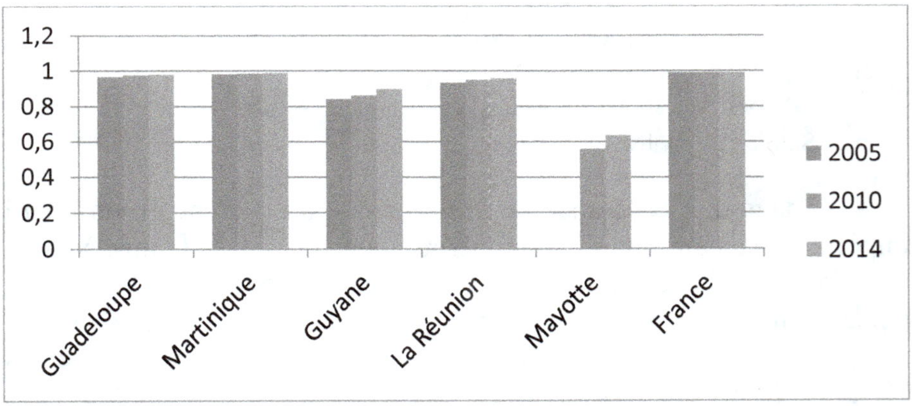

Source : INSEE, l'auteur.

Contrairement aux autres DOM, pour lesquels le TAA est quasiment similaire à celui de la métropole, Mayotte (et dans une

[3] La distinction n'est pas toujours claire entre l'analphabétisme et l'illettrisme, ce dernier étant défini comme un apprentissage imparfait de la lecture et de l'écriture. La question du type et des seuils de compétences testées est donc cruciale, et la difficulté vient du fait qu'ils peuvent différer entre les pays et les organismes qui évaluent ces compétences. Les comparaisons internationales, ou même régionales, ne sont donc pas aisées en la matière.

moindre mesure la Guyane) affiche encore une performance médiocre. L'énorme retard s'explique par la mise en place tardive des campagnes d'alphabétisation en français comparativement aux autres territoires (ANLCI, 2015). Cette composante apparaît clairement comme la plus pénalisante pour le développement humain de l'île avec celle du niveau de vie que nous analysons plus bas.

3.3. La dimension du niveau de vie

L'utilisation de l'unité « parité des pouvoirs d'achat » qui permet la comparaison entre territoires pose problème car elle nécessite l'estimation des différences de prix des biens et services entre les DOM et la métropole. Concernant les DOM, EUROSTAT publie des niveaux de PIB par habitant en euro Standard de pouvoir d'achat [SPA][4] sur la période 1995-2015. Pour pouvoir calculer un IDH comparable aux données du PNUD, il est indispensable de transformer les séries exprimées en euro SPA en dollar US PPA. Pour ce faire, plusieurs étapes doivent être respectées (Goujon, 2008).

– Étape 1 : Le passage du PIB par habitant en euros courants au PIB par habitant en euros SPA

EUROSTAT publie les données de PIB par habitant en euro à prix courants et en euro SPA pour l'Union européenne à 27 pays [UE-27]. Ces données sont disponibles au niveau NUTS3 donc pour l'ensemble des régions européennes, dont les DOM. Le passage du PIB par habitant à prix courants au PIB par habitant en euro SPA se fait par le biais de la formule suivante :

PIB par habitant en euros courants × m =
PIB par habitant en euros SPA

Le coefficient m, qui représente en quelque sorte un taux de change SPA correspondant au rapport du niveau moyen des prix dans l'UE-27 sur le niveau des prix dans le pays ou la région considérée, se déduit de la division du PIB par habitant en euros SPA par le PIB par habitant en euros courants. En calculant ce coefficient pour chaque année de la période d'étude, nous découvrons que celui-ci est identique pour la France et l'ensemble des DOM quelle que soit l'année considérée. En d'autres termes, EUROSTAT considère dans

[4] La différence avec le concept de PPA est purement terminologique dans la mesure où la méthode de conversion est similaire à celle de la PPA.

ses calculs que le niveau général des prix en France et dans les DOM est similaire et toujours supérieur à la moyenne de l'UE-27. Il faudra bien évidemment tenir compte de cette information lorsqu'il faudra passer des séries en euros SPA aux séries en dollar US PPA.

– Étape 2 : Le passage du PIB par habitant en euros SPA au PIB par habitant en dollar US PPA

Pour pouvoir calculer un IDH dans l'esprit du PNUD et permettre des comparaisons internationales, il est indispensable de transformer les séries exprimées en euro SPA en dollar US PPA. Ce passage se fait en deux temps. Dans un premier temps, nous utilisons le rapport du PIB par habitant en dollar US PPA de la France (source : PNUD-IDH) sur le PIB par habitant en euro SPA de la France (source : Eurostat) pour chaque année, soit :

$$c = \frac{\textbf{PIB par habitant en dollar US PPA de la France}}{\textbf{PIB par habitant en euro SPA de la France}}$$

Nous obtenons pour chaque année un taux de change *c* que nous appliquons aux PIB par habitant en euro SPA des DOM :

$$\textbf{PIB/h en dollar US PPA des DOM} = c \times \textbf{PIB/h en euro SPA des DOM}$$

À ce stade, nous obtenons un PIB par habitant en US dollar PPA sous l'hypothèse forte que le pouvoir d'achat de l'euro ou du dollar entre la métropole et les DOM est le même ou encore que le niveau général des prix entre ces derniers est identique. Aussi, il convient de lever cette contrainte. En reprenant la formule d'ajustement utilisée pour tenir compte des différences de prix entre pays, exposée plus haut, le PIB par habitant en dollar US PPA (ou euro SPA) sous l'hypothèse d'un niveau de prix X % plus élevé dans les DOM (par rapport à la métropole) est en fait égal au PIB par habitant en dollar US PPA (ou euro SPA) sous l'hypothèse de niveaux de prix similaires, divisé par le facteur (1+X %), soit :

$$\textbf{PIB/h en US dollar PPA des DOM} = \frac{c \times \textbf{PIB/h en euro SPA des DOM}}{(\mathbf{1} + X\%)}$$

En clair, plus le niveau des prix dans les DOM est élevé (faible) par rapport à celui de la France, plus le PIB par habitant en US dollar PPA est diminué (augmenté), car le pouvoir d'achat d'un dollar est diminué (augmenté) d'autant dans les DOM par rapport à la France. Plus précisément, nous calculons le PIB par habitant en dollar US PPA des DOM en retenant l'hypothèse d'écarts de prix donnés par la récente évaluation de l'INSEE (Jaluzot *et al.*, 2016) et regroupés dans le Tableau 2[5].

Tableau 2. L'évaluation des écarts de prix entre les DOM et la France métropolitaine, année 2015

	Panier métropolitain	Panier outre-mer	Indice de Fischer
Martinique	17,1	-7,1	12,3
Guadeloupe	17	-7,5	12,5
Guyane	16,2	-6,8	11,6
Réunion	10,6	-3,6	7,1
Mayotte	16,7	2	6,9

Source : Enquête de comparaison spatiale des prix 2015 (Jaluzot *et al.*, 2016).

La Figure 5 expose les niveaux de PIB par habitant en PPA corrigés des écarts de prix par rapport à la métropole. Plusieurs constats se dégagent.

Figure 5. Le PIB réel par habitant en US dollar PPA pour les DOM et la métropole, années 2005, 2010, 2014

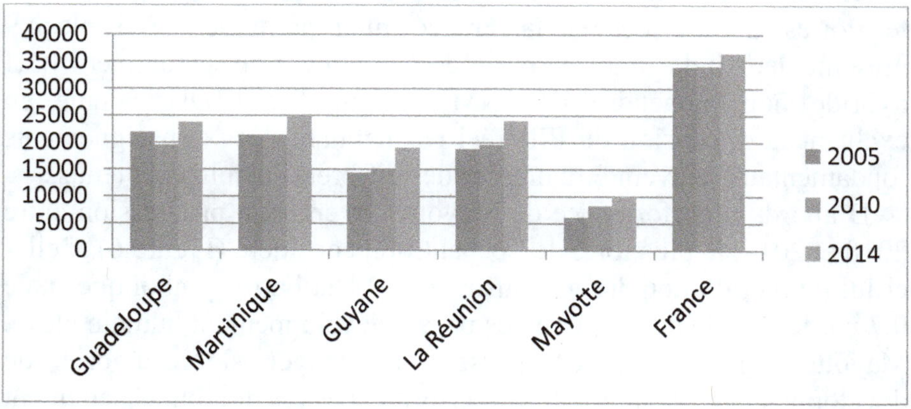

Source : Eurostat, INSEE, l'auteur.

[5] Dans la mesure où les taux d'inflation ont été relativement stables sur la période d'étude, nous retenons les mêmes écarts de prix quelle que soit l'année considérée.

Premièrement, le niveau de vie mahorais est en constante progression sur la période d'étude. Il avoisine en 2014 la barre des 10 000 US dollar PPA ce qui place ce territoire dans la tranche supérieure des revenus moyens selon la classification de la Banque mondiale. Contrairement à la métropole, la Guadeloupe, la Martinique, et dans une moindre mesure, la Guyane et la Réunion, Mayotte n'a pas été impacté par la crise financière internationale. Aucun ralentissement de la progression de son niveau de vie n'est constaté en 2010.

Deuxièmement, malgré cette tendance continue à la hausse poussée par un taux croissance économique en moyenne annuelle de 10 % sur les deux dernières décennies, le niveau de vie de Mayotte reste très en deçà des références retenues : il est inférieur de plus de 2 fois le niveau moyen des autres DOM et plus de 3 fois celui de la métropole. Aussi, si l'on peut parler de convergence réelle, celle-ci se fait à un rythme très lent. En accord avec ce qui est généralement observé pour les DOM, la dimension économique est la composante la plus pénalisante, avec celle de l'alphabétisation, pour le développement humain de Mayotte.

4. L'analyse agrégée : les indicateurs synthétiques IDH et IDHNM

Finalement, l'IDH hybride s'obtient à partir de l'agrégation des quatre indices dimensionnels présentés plus haut. À l'instar de Sudrie (2013), afin de montrer l'impact des écarts de niveau de vie entre les territoires d'outre-mer et la France métropolitaine, le Tableau 9 présente deux indicateurs composites, l'IDH hybride standard et l'IDH hybride non monétaire [IDHNM], c'est-à-dire l'IDH calculé en excluant la dimension du PIB réel par habitant. Deux enseignements fondamentaux peuvent être dressés des différents résultats obtenus.

D'abord, la performance de Mayotte est en nette progression entre 2010 et 2014, la plus forte de l'échantillon considéré (Figure 6). Celle-ci lui permet d'atteindre tout juste en 2014 la barre symbolique fixée 0,7 par le PNUD de la classe des pays à développement humain élevé. Mayotte serait donc en passe de changer de catégorie de développement. Toutefois, sa performance est toujours nettement inférieure à celle des autres DOM, lesquels appartiennent depuis longtemps à la catégorie des pays à développement humain très élevés (un score supérieur à 0,8).

Figure 6. L'IDH pour les DOM et la métropole, années 2005, 2010, 2015

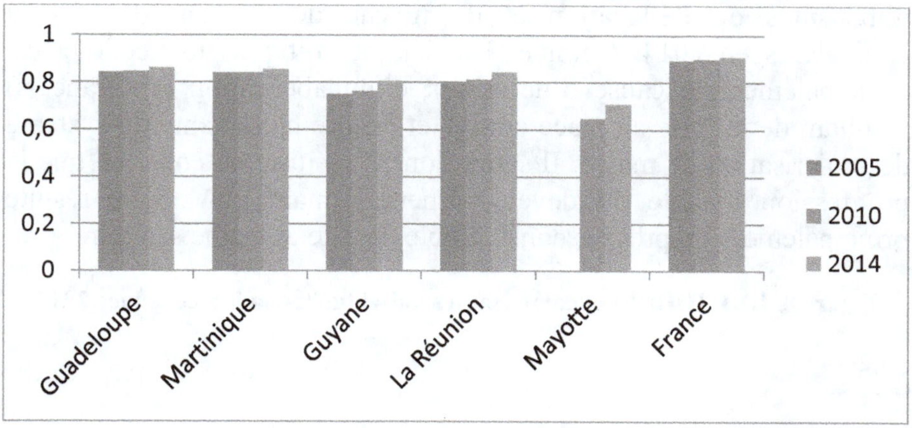

Source : calculs de l'auteur.

Ensuite, il existe un écart non négligeable entre les scores d'IDH et d'IDHNM pour l'ensemble des territoires ultramarins, y compris Mayotte, suggérant que la dimension de niveau de vie est bien la dimension qui pénalise le plus ces économies (Figure 7).

Figure 7. L'IDHNM pour les DOM et la métropole, années 2005, 2010, 2015

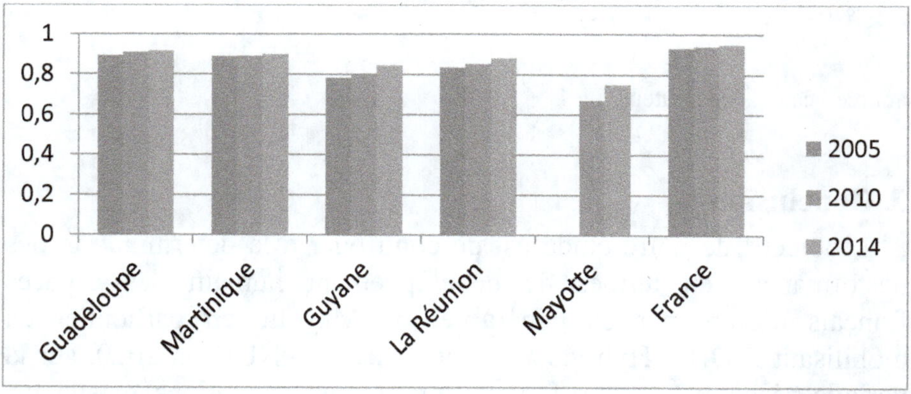

Source : calculs de l'auteur.

Sur ce dernier résultat, on serait donc tenté d'assimiler Mayotte aux autres DOM et conclure que les progrès en termes de développement humain qui caractérisent les territoires ultramarins sur la période d'étude sont plutôt de nature sociale. En fait, le profil du territoire mahorais est tout à fait singulier. Si les résultats dans les domaines de la santé et du niveau de vie suivent les tendances affichées par les autres DOM, la performance particulièrement mauvaise en matière d'éducation est spécifique à Mayotte (figure 8) : En indice, les dimensions de l'éducation et du niveau de vie ont des scores équivalents en 2014. Comme il a déjà été dit plus tôt, celle-ci est principalement la cause d'un défaut d'alphabétisation (en français) résultant de la mise en place tardive et encore balbutiante du système de scolarisation de masse. Il serait donc plus juste de conclure que la progression notable du développement humain à Mayotte résulte principalement du progrès considérable dans le domaine sanitaire.

Figure 8. IDH, IDHNM et composantes individuelles en indice, année 2014

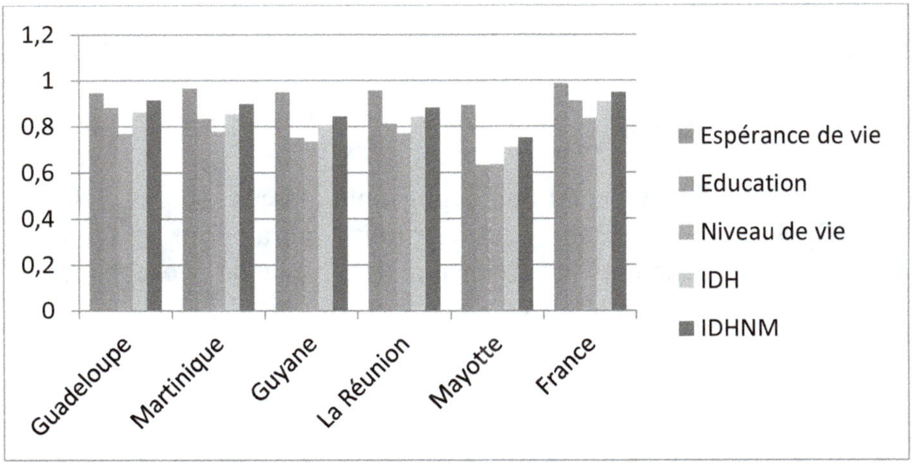

Source : calculs de l'auteur.

5. Conclusion

L'objectif de notre étude est de contribuer à la détermination des performances en termes de développement humain des espaces français d'outre-mer en général et de Mayotte en particulier en mobilisant l'IDH « Hybride », introduit par le PNUD en 2010, sur la période récente 2005-2014. Par rapport aux estimations existantes, notre étude a l'avantage de permettre une comparaison plus exhaustive à la fois dans le temps et dans l'espace. La conclusion majeure qui en ressort conforte le sentiment largement répandu dans la littérature appliquée selon lequel Mayotte présente un niveau de développement relativement moyen à l'échelle mondiale et encore loin des performances des autres DOM et de la France métropolitaine. Cette étude permet aussi de préciser que les progrès en termes de développement humain enregistrés par le dernier DOM français sont clairement de nature sanitaire même si la marge de progression dans ce domaine est encore conséquente. Le score faible sur les dimensions du niveau de vie et d'éducation (principalement l'alphabétisation) explique en grande partie le retard important par rapport aux références domiennes et métropolitaine.

Cette étude a des implications importantes en matière de politique économique. Premièrement, la spécificité mahoraise, à savoir les défaillances dans le domaine de l'éducation, est probablement l'enjeu majeur de la prochaine décennie. En effet, les autorités doivent impérativement améliorer rapidement et significativement le système de scolarisation dans un contexte marqué par une population très jeune (50 % de la population a moins de 17 ans) en forte augmentation, dont la langue maternelle n'est pas le français. Ceci va nécessiter un renforcement conséquent de la capacité d'accueil à la fois en termes d'infrastructures et de capital humain. Aussi, il ne fait aucun doute que la perspective d'une augmentation sensible des transferts publics liée à l'évolution statutaire de Mayotte est une condition nécessaire au progrès dans ce domaine. Deuxièmement, l'augmentation des transferts publics est également une bonne nouvelle pour le niveau de vie des Mahorais. Toutefois, la distribution supplémentaire de revenus associés au développement de l'administration publique et le rattrapage progressif (bien que lent) des prestations sociales ne suffiront pas, à l'image de ce qui est constaté pour les autres DOM, à résorber le problème du chômage, un des principaux facteurs de pauvreté à Mayotte. Comme le rappelle Hermet (2015b), « la forte contribution des administrations à la valeur ajoutée totale n'est pas imputable à un poids excessif de l'administration publique, au regard des standards nationaux, mais à la trop faible part des entreprises dans la production économique » (Hermet, 2015b, p. 17). Il est donc primordial aujourd'hui de réfléchir à un modèle de développement « endogène » qui s'appuie sur l'émergence d'un secteur privé dynamique de préférence tourné vers l'extérieur (tourisme, pêche, commerce maritime…).

Néanmoins, un plan de développement réussi pour Mayotte est difficilement concevable dans le contexte actuel de la forte immigration clandestine venue des Comores. Celle-ci devrait même s'accentuer au fur et à mesure de l'enrichissement de l'île « hippocampe » et du creusement des écarts de niveau de vie avec les autres îles de l'archipel. La capacité à relever ce défi de l'immigration clandestine conditionne finalement tout le reste. Par conséquent, il apparaît clairement que penser le développement de Mayotte ne peut être appréhendé qu'à travers le prisme du co-développement des îles sœurs des Comores.

Bibliographie

ANLCI. (2015). « Plan départemental de prévention et de lutte contre l'illettrisme et l'analphabétisme à Mayotte. Préfecture de Mayotte, République française », www.anlci.gouv.fr/content/download/.../Mayotte_Plan_2011_2015.pdf.

Blancard S., Hoarau J.-F. (2011). "Optimizing the new formulation of the United Nations' human development index: An empirical view from data envelopment analysis", *Economics Bulletin*, 31(1), 989-1003.

Brasset M. et Le Pabic L. (2014). « Enquête Budget de famille : Entre faiblesse des revenus et hausse de la consommation », INSEE Analyses Mayotte, n° 3, décembre.

Brasset M. et N. Deloeuvre (2016). « Des conditions de logement éloignées des standards nationaux : Enquête Logement à Mayotte 2013 », INSEE Analyses Mayotte, n° 1, octobre.

Coder Y. et C. Monteil (2015). « PIB de Mayotte en 2012 : Une croissance économique de 7 % en 2012 », INSEE Analyses Mayotte, n° 7, novembre.

Fabre E. et J. Rivière (2015). « Trois Mahorais sur quatre sans diplôme : Formation et emploi en 2014 », INSEE Flash Mayotte, n° 21, novembre.

Fabre E. et C. Touzet (2016). « Le département au taux de chômage le plus élevé : Enquête Emploi Mayotte 2016 », INSEE Flash Mayotte, n° 41, décembre.

Goujon M. (2008). « L'indice de développement humain : une évaluation pour La Réunion », *Région et Développement*, n° 27, 225-244.

Goujon M. et F. Hermet (2012). « L'indice de développement humain : Une évaluation pour Mayotte », *Région et Développement*, 36, 229-244.

Goujon M. et F. Hermet (2015). « La pauvreté à Mayotte : Une évaluation par l'indice de pauvreté humaine », dans F. Hermet (éds), *Mayotte : États des lieux, enjeux et perspectives*, L'Harmattan, Paris.

Hermet F. (2015a). *Mayotte : États des lieux, enjeux et perspectives*, L'Harmattan, Paris.

Hermet F. (2015b). « Mayotte, un département français méconnu », dans F. Hermet (éds), *Mayotte : États des lieux, enjeux et perspectives*, L'Harmattan, Paris.

Jaluzot L., F. Malaval, G. Rateau (2016). « En 2015, les prix dans les DOM restent plus élevés qu'en métropole », INSEE Première, n° 1589, avril.

Le Pabic L. et C. Monteil (2014). « Une économie en rattrapage soutenue par la dépense publique : PIB Mayotte 2011 », INSEE Analyses Mayotte, n° 2, octobre.

PNUD (1990). *Concept and Measurement of Human Development*, Human Development Report 1990, Oxford University Press.

PNUD (2010). *The real wealth of nations: Pathways to human development*, Human Development Report 2010, Oxford University Press.

Sudrie O. (2013). « Quel niveau de développement pour les départements et collectivités d'outre-mer : Une approche par l'indice de développement humain », Document de travail de l'AFD, n° 129, novembre 2012, mis à jour février 2013.

Annexe

Figure A.1. L'IDH, l'IDHNM et les différentes composantes en niveau et en indice pour les DOM et la métropole, années 2005, 2010 et 2014

	Espérance de vie			TBS			TAA			Niveau de vie			IDH			IDHNM		
En niveau	**2005**	**2010**	**2014**	**2005**	**2010**	**2014**	**2005**	**2010**	**2014**	**2005**	**2010**	**2014**						
Guadeloupe	78,9	79,6	79,8	0,86	0,89	0,913	0,966	0,976	0,978	21894,3	19483,2	23745,43						
Martinique	80,1	80,9	81	0,8	0,78	0,808	0,981	0,985	0,988	21363,6	21359,9	25023,55						
Guyane	77,8	78,3	79,9	0,61	0,63	0,721	0,84	0,86	0,896	14395,8	14909,2	19031,97						
Réunion	76,6	78,9	80,4	0,74	0,73	0,79	0,932	0,949	0,957	18822,4	19556,6	23995,74						
Mayotte	72,7	75,8	76,3	0,53	0,53	0,718	..	0,56	0,637	6115,8	8278,7	9948,975						
France	80,4	81,4	82,3	0,95	0,95	0,962	0,99	0,99	0,99	34050,9	34173,3	36567						
En indice	**2005**	**2010**	**2014**	**2005**	**2010**	**2014**	**2005**	**2010**	**2014**	**2005**	**2010**	**2014**	**2005**	**2010**	**2014**	**2005**	**2010**	**2014**
Guadeloupe	0,932	0,944	0,947	0,743	0,768	0,788	0,976	0,986	0,988	0,756	0,738	0,768	0,843	0,846	0,863	0,891	0,906	0,914
Martinique	0,951	0,964	0,966	0,691	0,673	0,698	0,991	0,995	0,998	0,752	0,752	0,776	0,840	0,840	0,855	0,887	0,888	0,898
Guyane	0,915	0,923	0,948	0,527	0,544	0,623	0,848	0,869	0,905	0,691	0,696	0,734	0,750	0,762	0,805	0,782	0,797	0,844
Réunion	0,896	0,932	0,956	0,639	0,630	0,682	0,941	0,959	0,967	0,732	0,738	0,770	0,798	0,812	0,842	0,834	0,851	0,881
Mayotte	0,834	0,883	0,891	0,458	0,458	0,620	..	0,566	0,643	0,559	0,606	0,634	..	0,648	0,709	..	0,670	0,750
France	0,956	0,972	0,986	0,820	0,820	0,831	1,000	1,000	1,000	0,824	0,824	0,835	0,894	0,899	0,909	0,931	0,938	0,948

Source : Eurostat, INSEE, Sudrie (2013) et calculs de l'auteur.

Durée légale du travail à Mayotte : le 101e département chausse-t-il du 35 heures ?

François HERMET
Maître de Conférences en sciences économiques,
CEMOI, Université de La Réunion

Alexis PARMENTIER
Professeur en sciences économiques,
CEMOI, Université de La Réunion

Michel PAUL
Maître de Conférences en sciences économiques,
CEMOI, Université de La Réunion

1. Introduction

Pendant des dizaines d'années, Mayotte n'a pensé qu'à la départementalisation. Après plus d'un demi-siècle de combat politique, l'île qui en 2011 est une terre française depuis 170 ans, devient le 31 mars de cette même année le 101e département français et le 5e département d'outre-mer. Bien que légitime, ce combat pour la départementalisation a vraisemblablement occulté tous les autres, en particulier celui relatif au développement de cet étroit territoire de 374 km². Les défis à relever sont nombreux pour cette économie émergente dans laquelle le poids des activités traditionnelles, liées à la production de biens et services domestiques, est encore important. Malgré une croissance forte de l'ordre de 6 % par an au cours de ces dernières années, cette économie reste encore aujourd'hui structurellement à mi-chemin entre pays du sud et pays du nord. On note la coexistence d'une activité de subsistance (agriculture, pêche) et d'une activité de services, dominée par les administrations publiques dont le poids relatif est extrêmement important (50 % du PIB). Il n'est donc pas certain que cette forte croissance économique portée essentiellement par les importants transferts publics, se retrouve ipso facto dans les chiffres de l'emploi et du chômage.

Les récurrents mouvements sociaux à Mayotte sont d'ailleurs révélateurs de l'exaspération d'une population frappée par les inégalités et la pauvreté. Pour y remédier, les différentes mesures proposées par les autorités reposent, presque toujours, sur l'augmentation, directe ou indirecte, des transferts publics. Même si ces derniers sont indispensables, en particulier dans la composante santé et éducation – ces fonds permettant de reproduire à Mayotte le processus de convergence en termes de niveau de vie qui fut observé pour les quatre premiers DOM – il faut tout de même garder à l'esprit que parmi les causes reconnues de la pauvreté, figure celle relative à l'exclusion du marché du travail. Compter sur les seuls transferts publics pour tenter d'améliorer de manière significative la situation de Mayotte est illusoire. Comme pour les autres économies domiennes, il faut favoriser des modes de développement endogènes et faire en sorte que ce soient les revenus du travail qui portent l'activité. Au niveau macroéconomique en effet, c'est le marché du travail qui constitue la principale source de revenu des ménages ; et il existe un consensus chez les économistes pour considérer que c'est fondamentalement le fonctionnement du marché du travail qui détermine à terme la capacité d'une économie à produire de la richesse et du bien-être pour la population. Les enjeux en la matière sont de taille car il est manifeste que le développement économique et social de ce nouveau département se jugera à l'aune de sa capacité à insérer sa population de façon durable dans l'emploi. La question du diagnostic du marché du travail constitue alors un préalable nécessaire pour s'assurer de la cohérence des politiques à mettre en place.

À Mayotte, les statistiques disponibles montrent qu'une grande part de la population est touchée par le chômage avec un « halo » particulièrement important. Bien qu'élevé, le chiffre officiel d'un taux de chômage à 26,2 % en 2017 sous-estime nettement la situation sur place car il repose sur une faible participation au marché du travail. En effet, le taux de chômage est calculé sur la seule base de la population active, les inactifs n'étant pas pris en compte. Or, à Mayotte une part significative (15,2 %) de la population en âge de travailler est comptabilisée « à tort » comme inactive. Ces personnes, qui appartiennent au « halo » autour du chômage, sont plus nombreuses que les chômeurs « officiels » ! (21 900 vs 17 300 selon l'INSEE). Il y a ainsi nécessité de prendre en compte le taux d'emploi et le taux d'activité – ces indicateurs prenant comme référence la population en âge de travailler – pour faire une analyse pertinente du marché du travail à Mayotte.

Le premier constat est la faiblesse du taux d'emploi (38,5 %) : seules 3,8 personnes sur 10 en âge de travailler ont un emploi à Mayotte contre 6,9 en métropole et 4,8 à La Réunion. Idem pour le taux d'activité, c'est-à-dire le rapport entre le nombre d'actifs (occupés et chômeurs) et la population en âge de travailler : sa valeur de 52 % est nettement inférieure à celle de la métropole (72 %) et des autres DOM. Ce faible taux d'activité révèle qu'un grand nombre de personnes à Mayotte, en particulier les femmes et les jeunes, sont éloignées du marché du travail.

Globalement, avec un taux de chômage « élargi » de 37,2 %, la photographie obtenue témoigne de l'existence de difficultés qui sont à la fois très profondes et spécifiques au marché du travail mahorais (du fait notamment de la forte immigration clandestine et de la démographie soutenue). Face à cette situation globalement dégradée, des décisions politiques fortes doivent être prises pour tenter d'infléchir les effets de cette dynamique et faire en sorte qu'elle profite à toute la population. Or, la seule logique qui semble prévaloir aujourd'hui est celle du « tout et tout de suite ». Cette règle est bien évidemment légitime en matière de santé, de sécurité, de transport ou encore d'éducation. Mais cette course folle pour l'application sur place de toutes les mesures en vigueur ailleurs en France n'est pas sans risques. Ainsi, la lutte contre la pauvreté, une des conditions nécessaires pour mettre fin aux violences récurrentes, requiert une meilleure insertion de la population dans l'emploi. Compte tenu des spécificités actuelles du marché du travail mahorais, est-on certain que le « phare du standard métropolitain » en matière de législation du travail est la meilleure stratégie possible ? Les autorités, ont-elles pris, par exemple, toute la mesure des conséquences (positives et/ou négatives) que pouvait avoir sur le marché du travail mahorais la réduction de la durée légale du travail à 35 heures (au lieu de 39 heures) au 1er janvier 2018 pour les entreprises de plus de 20 salariés et au 1er janvier 2019 pour les entreprises de moins de 20 salariés[1] ?

On peut évidemment comprendre la volonté et les attentes de la population à disposer des mêmes droits sociaux que le reste de la Nation, mais de tels choix mériteraient d'être pesés au regard de leurs conséquences incertaines sur l'emploi. Ainsi, au niveau national, les débats sur les 35 heures sont encore vifs aujourd'hui entre (*i*) les évaluations du ministère du Travail qui concluent que le passage des

[1] Article 32 de l'ordonnance 2017-1491 du 25 octobre 2017.

39 heures aux 35 heures a permis la création de 350 000 emplois et (*ii*) le scepticisme issu des travaux académiques. On ne manquera pas sur ce point de relever, par exemple, la position d'Artus, Cahuc et Zylberberg [2007] selon laquelle aucune étude sérieuse n'a pu montrer qu'une réduction de la durée du travail se traduisait par des créations d'emplois (p. 10).

Dès lors, d'un point de vue économique, la question suivante doit être posée pour Mayotte : quel est l'impact sur l'emploi de la réduction de la durée légale du travail à 35 heures dans cette économie émergente ?

Le présent papier entend contribuer au débat en donnant des éléments d'analyse économique se rapportant à cette question. Le modèle proposé permet de prendre en compte des dimensions essentielles en matière d'évaluation des impacts des politiques économiques sur la demande de travail et donc sur l'emploi. Plus précisément, la politique publique consiste en la combinaison de deux instruments, une durée légale et un taux de majoration des heures supplémentaires qui, en étant assis sur les caractéristiques de l'économie et celles de ses secteurs d'activité, lui sont spécifiques. Le bon calibrage de ces instruments est une question empirique, à laquelle des estimations économétriques de la demande de travail locale peuvent apporter une réponse et, sauf fruit du hasard, il n'y a aucune raison pour que la durée légale optimale à Mayotte soit la même que celle de la France hexagonale.

La suite du papier se divise comme suit. La section 2 présente le modèle ainsi que sa résolution. La section 3 révèle les propriétés des demandes de facteurs (hommes/emploi et durée effective du travail) à un horizon de court terme, lorsqu'une firme n'est pas en mesure de modifier le niveau de ses équipements. La section 4 s'attache à mettre en évidence la politique de maximisation de l'emploi tandis que la section 5 étend les résultats au long terme et montre le rôle important que joue le marché de l'output, à travers l'ampleur d'un effet volume, dans le calibrage de la politique optimale (de long terme). La section 6 conclut.

2. Le modèle

2.1. La technologie

Comme le soulignent Cahuc & Zylberberg [1996], distinguer les hommes et les heures revient, de façon générale, à considérer une fonction de production à trois facteurs $y = f(K, h, N)$ avec K le stock de capital, N les effectifs salariés et h la durée du travail (supposée être la même pour tous). Cette équivalence formelle ne doit toutefois pas masquer que l'on dispose en fait de deux facteurs, capital et travail, dont l'un, le travail, peut être exploité de façon plus ou moins intensive, en jouant sur la durée, ou de façon plus ou moins extensive en jouant sur le nombre d'hommes. Très naturellement (*cf.* notamment Brechling [1965]), cet aspect du problème conduit à considérer des fonctions de production de la forme :

$y = f(d(h)K, e(h)N)$	(1)

Avec $d(h)$ la durée d'utilisation des équipements et $e(h)$ l'efficacité du travail. Cette dernière variable, précisément définie comme le nombre de tâches productives exécutées par un salarié au cours d'une journée de travail de h unités de temps, constitue une simple mesure de la productivité, entendue au premier sens du terme, dudit salarié. Les effets de mise en route, d'apprentissage et de fatigue font que cette productivité (totale) ne varie pas de façon régulière tout au long de la journée de travail (*cf.* Hart & Moutos [1995], Figure 3, page 23) avec, en particulier, une productivité horaire $e(h)/h$ qui va dépendre de sa durée. Dans ce cadre, la grandeur $e(h)N$, appelée quantité de travail efficace, donne simplement le volume de services productifs fournis par un groupe de N salariés travaillant chacun h heures.

2.2. Le coût du travail

Comme dans la plupart des pays européens, il existe en France, une durée maximale du temps de travail. Cette dernière en étant relativement importante (64 heures par semaine avant l'annualisation du temps de travail, 48 heures aujourd'hui) est toutefois dans les faits rarement atteinte (selon l'INSEE [2017], la durée moyenne pour les salariés à temps complet est de l'ordre de 39 heures par semaine). Parallèlement, il existe une durée légale au-delà de laquelle les heures travaillées sont des heures supplémentaires qui bénéficient d'une rémunération majorée. Ainsi, avant le passage aux 35 heures, la législation française fixait la durée légale du travail à 39 heures par semaine avec un taux (minimal) de majoration de 25 % pour les heures allant de 39 à 47 et de 50 % au-delà. Avec le passage aux 35 heures, le premier taux fut abaissé à 10 % pour les entreprises de moins de 20 salariés, dans la limite de 8 heures supplémentaires par semaine, avec la possibilité de décompter le temps de travail sur l'année. La loi TEPA de 2007 avait, elle, uniformisé ces différents taux à 25 %, cela quelle que soit la taille de l'entreprise, et introduit des allégements de charge sur les heures supplémentaires (1,50 euro par heure pour les entreprises de moins de 20 salariés, 0,50 euro pour les autres). Dans tous les cas de figure, le point est qu'il est possible de travailler en deçà ou au-delà de la durée légale et il convient de distinguer (*i*) la durée légale qui correspond donc au seuil au-delà duquel les heures de travail sont rémunérées de manière plus importante et (*ii*) la durée effective qui correspond aux heures de travail qui sont effectivement fournies par les salariés.

Compte tenu de ces éléments, deux types de charges viennent alimenter le coût du travail :

- les premières, notées F, renvoient aux coûts fixes de l'emploi que l'on supposera ici constants. Elles se réfèrent à l'ensemble des coûts d'embauche et de licenciement. F permet aussi de prendre en compte implicitement la « fluidité » du marché du travail. Plus les appariements entre une firme et un chômeur s'opèrent lentement et plus F est élevé *a priori*, cela pourrait constituer un élément différenciant Mayotte d'autres territoires français.

- Les secondes, qualifiées de coûts variables, sont liées à la durée du travail. Notant w le salaire horaire, x le taux de majoration, T la durée légale et s le salaire, on a $s(h) = wh$ si $h \leq T$ mais $s(h) = wT + (1+x)w(h-T)$ si $h \geq T$ (dans ce cas de figure, le salarié fournit $h - T$ heures supplémentaires qui sont rémunérées au taux majoré $(1+x)w$, les T premières étant payées au taux normal w). Ces éléments font que le coût du travail lié à l'emploi de N personnes travaillant chacune h heures est une fonction définie par morceaux de la forme :

$$C(h,N) = \begin{cases} [F + wh] \times N & si \quad h \leq T \\ [F + wT + (1+x)w(h-T)] \times N & si \quad h \geq T \end{cases} \qquad (2)$$

2.3. Les demandes de facteurs

En considérant (dans un premier temps) (*i*) un stock de capital fixe $K = K_0$ (la section 5 donne les résultats relatifs au long terme) et (*ii*) une durée d'utilisation des équipements qui ne dépend pas de la durée du travail (ce point est discuté plus loin), les demandes de facteurs $N^d(\cdot)$ et $h^d(\cdot)$ s'obtiennent en résolvant un problème de maximisation du profit qui s'écrit :

$\max_{h,N} \Pi(h,N) = pf(K_0, e(h)N) - C(h,N) - rK_0$	(3)

avec p le prix de l'output, r le coût d'usage du capital et $C(h,N)$ le coût total du travail (*cf.* éq. (2)). Sous l'hypothèse additionnelle d'une forme isoélastique pour l'efficacité du travail[2], $e(h) = h^\mu$ avec $\mu \in [0,1]$, la résolution de ce problème établit l'existence de trois types de solution pour le système de demandes, $h^d(\cdot)$ et $N^d(\cdot)$, selon une typologie des régimes qui est fournie par la Figure 1[3]. Cette dernière se construit dans le plan (x,T) à l'aide de deux frontières d'équations :

$T = S_1 = \frac{\mu}{1-\mu}\frac{F}{w}$	(4)
$T = S_2(x) = \frac{\mu}{1+x-\mu}\frac{F}{w}$	(5)

La région au-dessus de S_1 (régime I) rend compte de situations dans lesquelles la firme fait travailler les salariés en deçà de la durée légale, pour une durée précisément égale à :

$h^* = \frac{\mu}{1-\mu}\frac{F}{w}$	(6)

[2] Compte tenu de la condition $\mu \in [0,1]$, $e(h)$ est concave et cette forme fonctionnelle ne rend compte que de la phase de fatigue. Bien que limitative, cette spécification ne doit pas être considérée comme restrictive dans la mesure où, avec des formes plus générales rendant compte de l'ensemble des phases, il s'avère que l'optimum se situe précisément dans cette phase de fatigue.

[3] La dérivée $\partial\Pi/\partial h$ étant discontinue en $h = T$, la résolution du problème ne se résume pas à déterminer le point stationnaire de la fonction $\Pi(\cdot)$. Cette dernière peut se faire de façon séquentielle en calculant, dans une première étape, un niveau d'emploi efficace c'est-à-dire maximisant le profit à durée du travail h donnée, on a ainsi $N^* = N^*(h)$, puis, dans une seconde étape, en étudiant le sens de variation de la fonction valeur $\Pi^*(h) = \Pi(h, N^*(h))$. Le principal avantage de cette méthode de résolution (et qui diffère de l'approche en termes de minimisation du coût du travail efficace retenue habituellement dans la littérature) est de fournir des conditions d'optimalité touchant à la détermination de l'emploi qui sont stylisées et simples à interpréter.

avec un niveau d'emploi, qui alors donné par la solution de la condition :

$p \times f_N(K_0, e(h^*)N) = F + wh^* = \cdots = \dfrac{F}{1-\mu}$	(7)

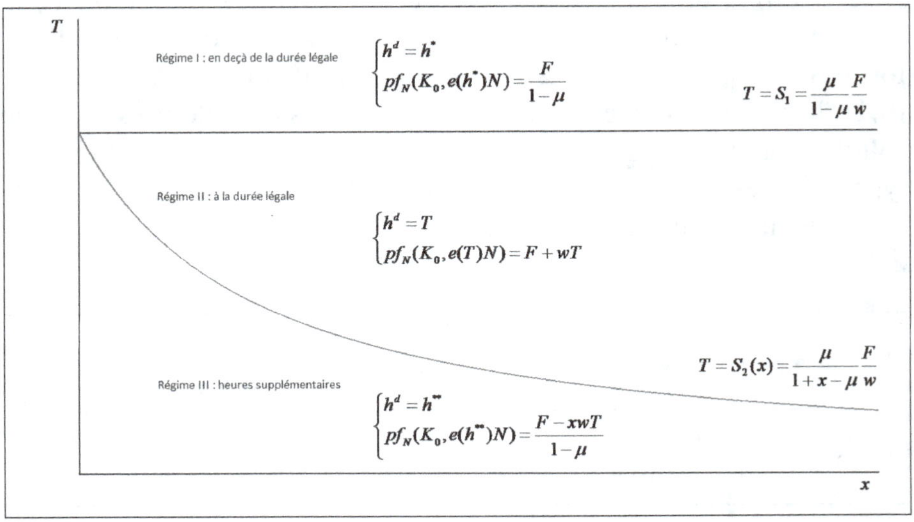

Figure 1 : Typologie des régimes dans le plan (x,T)

À l'opposé, la région en deçà de$S_2(x)$ (régime III) rend compte d'un régime d'heures supplémentaires avec une durée effective qui est donnée par[4] :

$h^{**} = \dfrac{\mu}{1-\mu}\dfrac{F - xwT}{(1+x)w} < h^*$	(8)

et une demande d'emploi qui vérifie :

$pf_N(K_0, e(h^{**})N) = F + wT + (1+x)w(h^{**} - T) = \cdots = \dfrac{F - xwT}{1-\mu}$	(9)

[4] On a$h^* < h^{**}$ car $\partial h^{**}/\partial x < 0$ avec de plus$h^* = h^{**}$en $x = 0$.

Pour finir, entre S_1 et $S_2(x)$ (régime II), la durée effective coïncide avec la durée légale T, i.e. $h^d = T$, et la demande d'emploi vérifie :

$p \times f_N(K_0, e(T)N) = F + wT$	(10)

Avant d'examiner les propriétés (locales) de ces demandes de facteurs, on soulignera les deux points suivants. En premier lieu et **s'agissant de l'identification du régime**, i.e. du type de solution qui s'applique, on remarquera que les heures supplémentaires correspondent non pas à une situation dans laquelle la durée effective est « grande » (on a en effet $h^* < h^{**}$) mais bien à une configuration dans laquelle la durée légale est « petite » (au sens où $T < h^{**}$ ou bien encore et de façon équivalente $T < S_2(x)$). Similairement, lorsque la firme fait travailler ses salariés en deçà de la durée légale, ceci tient à ce que cette dernière en vérifiant $T > S_1 = h^*$ est suffisamment « haute » pour ne pas être contraignante. En particulier, en cette solution, la durée effective est importante et coïncide avec celle qui fait jour sur un marché du travail déréglementé dans lequel il n'existerait pas de durée légale. Pour finir, entre S_1 et $S_2(x)$, il s'avère qu'il n'est pas optimal de faire travailler les salariés en deçà de la durée légale, pas plus qu'il n'est optimal, compte tenu de la majoration du taux de salaire, de leur faire faire des heures supplémentaires (spontanément, la firme cible donc une durée du travail plus importante à laquelle finalement elle renonce, face à la majoration du coût de l'heure de travail passé ce seuil que constitue la durée légale). Ces éléments font que la durée effective coïncide avec la durée légale et cette situation survient pour des valeurs intermédiaires de la durée légale (au sens où $S_2(x) < T < S_1$).

En second lieu, **la détermination de l'emploi au sein d'un régime** s'opère de façon usuelle en égalisant (*i*) la rentabilité d'un emploi nouveau avec une durée du travail qui est ajustée à sa valeur efficace, soit $pf_N(K_0, e(h^d)N)$, au (*ii*) coût d'un emploi nouveau (ou coût marginal de l'emploi) $\partial C / \partial N = Cme$, qui, parce qu'il est lui aussi calculé avec une durée du travail ajustée à sa valeur efficace, varie selon les régimes. On a en effet et précisément :

$$Cme = F + s(h^d) = \begin{cases} F + wh^* = \dfrac{F}{1-\mu} & si \quad S_1 \leq T \\ F + wT & si \quad S_2(x) \leq T \leq S_1 \\ F + wT + (1+x)w(h^{**} - T) = \dfrac{F - xwT}{1-\mu} & si \quad T \leq S_2(x) \end{cases} \qquad (11)$$

Dans ces conditions, on voit que des modifications du salaire horaire w, de la durée légale T ou du taux de majoration des heures supplémentaires x ont des effets sur l'emploi *a priori* très complexes. Premièrement, elles engendrent un impact sur la durée effective en jouant simultanément sur deux canaux de transmission : la rentabilité d'un emploi nouveau et le coût marginal de l'emploi. Deuxièmement, ces impacts diffèrent suivant le régime initial puisque la fonction de coût marginal de l'emploi en dépend ce qui laisse à penser qu'une même mesure de politique économique peut avoir des impacts différenciés, selon donc la situation dans laquelle on se trouve initialement. Par exemple, une augmentation du taux de salaire ne modifie pas le coût marginal de l'emploi dans le régime I, l'augmente dans le régime II et le réduit dans le régime III. Troisièmement, on ne perdra pas de vue que des modifications de ces paramètres de coût peuvent être aussi à la source de changements de régime avec des effets sur l'emploi qui sont alors particulièrement délicats à analyser ; les formes fonctionnelles des équations d'emploi n'étant pas les mêmes selon les régimes[5].

3. Les lois de la demande

Le Tableau 1 donne les propriétés (locales) des demandes de facteurs, l'emploi $N^d(\cdot)$ et la durée effective $h^d(\cdot)$ la demande d dans

---

[5] Sur ce point, *cf.* les équations (13), (14) et (15) notamment. En comparant l'équation d'emploi dans le régime III (heures supplémentaires) avec celle qui fait jour dans le régime I (la durée du travail est en deçà de la durée légale), on voit que ces dernières sont fondamentalement les mêmes à condition de mesurer le coût de l'input durée du travail non pas par w mais par$(1 + x)w$ et le coût de l'input homme non pas par F mais par $F - xwT$. Cette équivalence formelle indique que la formation de l'emploi obéit à des mécanismes similaires dans les régimes I et III dès lors que l'on mesure de façon correcte les prix des facteurs (on revient sur ce point plus loin). Un tel constat n'est pas, en revanche, de mise pour l'équation d'emploi dans le régime II, où la durée légale détermine la durée effective, ce qui témoigne du caractère spécifique de cette solution.

chacun des régimes. Les signes qui y sont renseignés correspondent à ceux de la dérivée. Les symboles +, -, 0 et ? indiquent des impacts respectivement positif, négatif, nul et indéterminé d'une augmentation du paramètre sur la variable d'intérêt. Ces résultats sont établis sous l'hypothèse (usuelle) selon laquelle la productivité marginale de l'emploi, $\partial y/\partial N = ef_2(K_0, eN)$, est une fonction croissante de l'efficacité du travail (*cf.* par exemple Lindbeck & Snower [1988][6]).

Tableau 1 : propriétés locales des demandes de facteurs $N^d(\cdot)$ et $h^d(\cdot)$.

	En deçà de la durée légale		À la durée légale		Heures supplémentaires	
	$h^d = h^*$	$N^d = N^*$	$h^d = T$	$N^d = N_{h^d=T}$	$h^d = h^{**}$	$N^d = N^{**}$
w	-	-	0	-	-	?
F	+	-	0	-	+	-
T	0	0	+	?	-	+
x	0	0	0	0	-	?
p	0	+	0	+	-	+

Indication de lecture : Une augmentation du taux de salaire réduit la durée effective et l'emploi dans le régime I « en deçà de la durée légale », est sans impact sur la durée mais réduit l'emploi dans le régime II « à la durée légale », réduit la durée du travail et peut conduire et des créations ou des destructions d'emploi dans le régime III « heures supplémentaires ».

3.1. Les quatre propriétés générales du modèle

Il est utile à ce stade de formuler quatre commentaires relatifs à des propriétés locales que notre modèle permet de mettre en exergue.

---

[6] Lorsque $y = f(K, L)$ avec $L = e(h)N$ la quantité de travail efficace, il faut et il suffit que l'élasticité de la productivité marginale du travail$\eta_{f_L,L} = -f_{LL}L/f_L$ soit inférieure à l'unité pour que la productivité marginale de l'emploi$f_N(K_0, e(h)N) = e(h)f_L(K, L)$ augmente avec la durée du travail.

1. La durée du travail augmente avec le coût fixe de l'emploi *F* et diminue avec le salaire horaire *w*, excepté lorsque la durée effective se confond avec la durée légale. Ces propriétés sont pour le moins intuitives, une fois remarqué que le premier représente le coût de l'input « homme » tandis que le second correspond au prix de l'input « durée du travail ». Par ailleurs, le fait que la durée du travail efficace ne dépende ni du prix de l'output p (et donc du niveau d'activité de la firme), ni du stock de capital K_0 tient à la forme (séparable) qui est retenue pour la mesure des services du travail. Comme le soulignent Cahuc et Zylberberg [1996], cette modélisation (usuelle) s'accorde alors bien avec les observations qui montrent qu'il y a peu de différences entre les durées (effectives) du travail selon la taille et l'intensité capitalistique des entreprises.

Les propriétés de l'emploi qui sont pour plusieurs d'entre elles contre-intuitives[7] reçoivent des justifications claires une fois remémoré que la détermination des effectifs salariés obéit à une règle simple selon laquelle on égalise, après avoir ajusté la durée du travail à sa valeur efficace, la rentabilité marginale de l'emploi à un coût marginal de l'emploi dont la mesure varie toutefois selon le régime considéré.

2. Abaisser la durée du travail de 39 heures à 35 heures peut détruire des emplois. Ainsi, lorsque la durée effective coïncide avec la durée légale, le coût d'un emploi additionnel est directement donné par $F + wT$ tandis que la rentabilité de ce même emploi nouveau se fixe à $pf_N(K_0, e(T)N)$. Dans ce cadre, si une réduction de la durée légale réduit (en l'absence de compensation salariale) le coût marginal $F + wT$, ce qui tend à faire augmenter l'emploi, cette même baisse réduit aussi l'efficacité du travail à l'optimum $e^* = e(T) = T^{\mu}$. Un salarié additionnel travaillant moins, il en résulte une baisse de la productivité marginale $f_N(K_0, e(T)N)$, ce qui tire l'emploi vers le bas. Ces deux effets, coût vs productivité, ne jouant pas dans le même sens, l'effet sur l'emploi d'une réduction de la durée légale, toujours dans

[7] Tel est en particulier le cas de l'effet de la durée légale dans le régime heures supplémentaires. Le Tableau 1 indique en effet qu'une réduction de la durée légale qui viserait à lutter contre le chômage en mettant en œuvre une forme de partage de l'emploi y serait totalement contre-productive étant donné d'une part qu'elle allongerait la durée effective et, d'autre part qu'elle détruirait des emplois. Le lecteur pourra se référer à l'annexe 2 pour l'exposé des motifs qui font qu'il en va ainsi.

ce régime où $h^d = T$, y est indéterminé. Il n'en est pas de même dans le régime III où les destructions d'emplois sont claires.

3. Alléger les charges sur les heures supplémentaires peut détruire des emplois. De fait, un même mécanisme joue (mais en sens inverse) s'agissant de l'impact sur l'emploi d'une réduction du taux de majoration dans un régime d'heures supplémentaires. Dans une telle situation, le coût marginal de l'emploi est donné *in fine*, compte tenu de l'ajustement de la durée du travail à sa valeur efficace, par $F - xwT/1 - \mu$ et une baisse de x, parce qu'elle génère un allongement de la durée du travail, produit au bout du compte une augmentation du coût marginal de l'emploi[8]. Cette variation tire le niveau des effectifs vers le bas. Parallèlement, ce même allongement de la durée du travail (initié toujours par la réduction du coût de l'heure supplémentaire) fait qu'un employé additionnel travaille plus, ce qui améliore la productivité marginale de l'emploi et tire le niveau de ce dernier vers le haut. La conjonction de ces deux effets qui ne vont pas là aussi dans le même sens rend l'effet total indéterminé.

4. L'augmentation du SMIC détruit (presque toujours) des emplois. Des effets similaires expliquent pourquoi l'effet du taux de salaire sur l'emploi est indéterminé lorsque la firme fait faire des heures supplémentaires tout en étant, parallèlement et sans ambiguïté, négatif dans les deux autres régimes. Notamment, une augmentation du taux de salaire se traduit par une baisse de la durée du travail dans le régime I, ce qui dégrade la productivité marginale de l'emploi sans modifier le coût marginal de l'emploi qui reste égal à $F/1 - \mu$ (dans ce régime). Il s'ensuit une baisse de l'emploi. A contrario, dans le régime II où la durée légale détermine la durée effective, l'accroissement du taux de salaire augmente le coût marginal de l'emploi (qui vaut $F + wT$ dans ce régime) sans modifier la productivité marginale de l'emploi (car la durée du travail reste fixée à T). La conséquence en est là aussi une baisse de l'emploi. Enfin, dans le régime III « heures supplémentaires », une augmentation du taux de salaire conduit à une baisse de la durée du travail, ce qui réduit à la fois (*i*) la productivité marginale de l'emploi et (*ii*) le coût marginal de

---

[8] *In fine* dans la mesure où une baisse de x, si elle réduit sans ambiguïté le coût d'un emploi nouveau à durée du travail fixée, le fait également augmenter en raison de l'allongement de la durée du travail. Le second effet se révélant l'emporter sur le premier, on a bien, au bout du compte, un coût marginal de l'emploi qui augmente avec x.

l'emploi (qui vaut $F - xwT/1 - \mu$ dans ce régime). Le premier facteur jouant à la baisse et le second à la hausse, l'effet total est, au final et en toute généralité, indéterminé.

À ce stade il est intéressant de regarder le mix des propriétés 2 et 4 qui caractérise les réformes à Mayotte. On a une baisse de T et hausse de w donc dans le régime I cela implique une baisse de l'emploi mais les effets sont *a priori* indéterminés dans les régimes II et III. On pourrait alors se demander dans quel régime se situe Mayotte... Des données de l'enquête emploi pourraient, par exemple, nous permettre de savoir quelles sont les heures moyennes travaillées à Mayotte.

3.2. Le cas particulier d'une fonction Cobb-Douglas

Il est possible d'identifier les dimensions importantes qui jouent dans les trois indéterminations révélées dans le Tableau 1 en utilisant une forme fonctionnelle fréquemment utilisée dans les modèles macroéconomiques, à savoir la fonction de production Cobb-Douglas :

$$y = f(K, e(h)N) = K^{1-\alpha}(e(h)N)^{\alpha} = K^{1-\alpha}h^{\alpha\mu}N^{\alpha} \qquad (12)$$

avec $\alpha \in [0,1]$l'intensité en travail de la technologie. Les équations d'emploi ont alors des formes explicites qui sont données selon les régimes par[9] :

– pour le régime I (heures habituelles inférieures à la durée légale) :

$$\log N^d_{h=h^*} = c_1^{ste} - \frac{1-\alpha\mu}{1-\alpha}\log F - \frac{\alpha\mu}{1-\alpha}\log w \qquad (13)$$

– pour le régime II (heures habituelles égales à la durée légale) :

$$\log N^d_{h=T} = c_2^{ste} + \frac{\alpha\mu}{1-\alpha}\log T - \frac{\log F + wT}{1-\alpha} \qquad (14)$$

[9] Les constantes (qui ne sont pas nécessairement égales entre elles) incluent le logarithme du prix et celui du stock de capital qui jouent tous deux positivement. Cette dernière propriété tient à ce qu'un stock de capital plus important accroît de manière certaine la productivité marginale de l'emploi$f_N(K, e(h)N)$, les facteurs étant nécessairement coopérants avec une fonction de production Cobb-Douglas (de façon plus générale, dès que la fonction de production présente des rendements d'échelle constants).

– pour le régime III (heures habituelles supérieures à la durée légale) :

$\log N^d_{h=h^{**}} = c_3^{ste} - \frac{1-\alpha\mu}{1-\alpha}\log F - xwT - \frac{\alpha\mu}{1-\alpha}\log(1+x)w$	(15)

On vérifie alors sans peine que l'effet sur l'emploi d'une réduction de la durée légale sera positif dans le régime II si :

$\left.\frac{\partial N^d}{\partial T}\right\vert_{h^d=T} \leq 0 \Leftrightarrow T \geq S_3(\alpha) \equiv \frac{\alpha\mu}{1-\alpha\mu}\frac{F}{w}$	(16)

avec de plus $S_3(\alpha) < S_1$, $\forall\alpha \in [0,1]$, et[10] $S_3(\alpha) > S_2(x) \Leftrightarrow x > 1 - \alpha/\alpha$. Similairement, l'impact d'une baisse du taux de majoration dans un régime d'heures supplémentaires aboutira à des créations d'emploi si :

$\left.\frac{\partial N^d}{\partial x}\right\vert_{h^d=h^{**}} \leq 0 \Leftrightarrow T \leq S_4(\alpha,x) \equiv \frac{\alpha\mu}{1+x-\alpha\mu}\frac{F}{w}$	(17)

avec de plus $S_4(\alpha,x) \leq S_2(x)$, $\forall\alpha \in [0,1]$. Pour finir, on établit au prix de quelques calculs que l'emploi augmentera avec le taux de salaire dans un régime d'heures supplémentaires lorsque (*i*) la durée légale est supérieure à un certain seuil $S_w \equiv \alpha\mu F/xw$ avec de plus (*ii*) un taux de majoration x qui doit alors être supérieur à $\alpha\frac{1-\mu}{1-\alpha}$ pour que $S_w < S_2(x)$ (dans le cas contraire, $S_2(x) < S_w$ et, dans la mesure où $T < S_2(x)$ par la condition de régime, une augmentation du taux de salaire conduit à une baisse de l'emploi). Pour des valeurs « raisonnables » des paramètres α et μ, les valeurs prises par ce taux de majoration seuil $\alpha\frac{1-\mu}{1-\alpha}$ étant nettement supérieures à ce que prévoit la législation (voir le Tableau 2), il est alors clair que, quand bien même l'effet du taux de salaire sur l'emploi dans un régime d'heures supplémentaires est indéterminé du point de vue théorique, il y a toutes les chances pour qu'il soit bien négatif et, ce faisant, bien partout négatif du point de vue empirique.

---

[10] Lorsque $x < 1 - \alpha/\alpha$, $S_3(\alpha) < S_2(x)$ et une réduction de la durée légale conduit à des créations d'emploi dans le régime II.

μ / α	0.6	0.7	0.8	0.9
0.6	60.0	93.3	160.0	360.0
0.7	45.0	70.0	120.0	270.0
0.8	30.0	46.7	80.0	180.0
0.9	15.0	23.3	40.0	90.0

Tableau 2 : valeurs seuils du taux de majoration (en %) au-delà duquel l'effet d'une augmentation du taux de salaire **peut** conduire à des créations d'emploi dans un régime d'heures supplémentaires.

Le caractère technique de ces discussions témoigne avant tout de la complexité des mécanismes qui sont à l'œuvre lorsqu'il est question d'emploi et de durée du travail. Force est de constater que l'on est bien loin d'une règle de 3 dont on a le sentiment qu'elle peut encore parfois animer certaines réflexions du débat public. Parallèlement et au-delà de leur caractère technique, ces mêmes propriétés sont, sur le fond, d'une grande portée car elles fondent l'existence d'une politique optimale, en matière de durée légale et de rémunération des heures supplémentaires, pour un décideur public qui entendrait implémenter un niveau d'emploi maximal.

4. La politique maximisant l'emploi

4.1. Les réponses globales de l'emploi

Reprenant la Figure 1 qui donne la typologie des régimes dans le plan(x, T), on construit la Figure 2 en y faisant figurer (1) les seuils $S_3(\alpha)$et$S_4(\alpha, x)$ ainsi que (2) le taux de majoration seuil $\underline{x} = (1 - \alpha)/\alpha$ au-delà duquel $S_3(\alpha) \geq S_2(x)$, cela de façon à identifier les signes des dérivées (16) et (17). Par ailleurs, quelques calculs permettent d'établir (3) que l'emploi diminue avec le taux de majoration $x$le long de $S_4(\alpha, x)$ et (4) qu'il est croissant à gauche et décroissant à droite de $x = (1 - \alpha)/\alpha$ le long de $S_2(x)$.

L'intérêt de ce zonage est qu'il permet d'apprécier de façon globale les réponses de l'emploi à des modifications (le cas échéant, conjointes) du taux de majoration x et de la durée légale T, cela en tenant compte explicitement des changements de régime que la modification de ces instruments est susceptible de générer. À ces fins, (5) on fait figurer par des flèches directionnelles le sens dans lequel les politiques Δxet ΔTdoivent être orientées, à la hausse ou à la baisse, pour être emploi-améliorantes. D'autre part, pour finaliser la lecture, (6) il convient de noter que toutes les combinaisons d'instruments(x, T) situées au-dessus de la droite $T = S_1$, $T = S_1$ inclus, et le long de l'axe des ordonnées en lequel le taux de majoration x est nul génèrent un même niveau d'emploi $N = N^*$, à savoir donc :

(*i*) le niveau d'emploi dans le régime I « en deçà de la durée légale » et pour lequel$h^d = h^* < T$ (de façon claire, lorsque $x = 0$, les heures supplémentaires sont rémunérées au même taux que les heures normales et la présence d'une durée légale, quelle qu'elle soit, ne joue aucun rôle) ;

ou bien encore et de façon équivalente :

(*ii*) le niveau d'emploi qui fait jour sur un marché du travail déréglementé, en l'absence donc de durée légale (de façon claire, une situation dans laquelle la durée légale est suffisamment importante pour ne pas être contraignante équivaut à une situation dans laquelle il n'y a pas de durée légale).

4.2. Pourquoi intervenir et avec quel(s) instrument(s) ?

L'intérêt de cette cartographie est multiple. En premier lieu, elle montre que **le décideur public a raison de vouloir légiférer sur la durée légale**. Notamment et partant d'une situation déréglementée dans laquelle le niveau d'emploi se fixe à N^*(*cf.* la région au-dessus de S_1), on voit que l'introduction d'une réglementation douce avec la fixation d'une durée légale T légèrement inférieure à h^*se traduit par des créations d'emploi[11]. Parallèlement, l'examen de cette cartographie établit aussi qu'il existe une durée légale optimale T^*, optimale au sens où elle conduit à un niveau d'emploi maximal[12], et

[11] Le fait que les décisions des employeurs puissent conduire à un niveau d'emploi qui ne soit pas maximal peut sembler étonnant au regard de “la règle du côté court”. Cette propriété se retrouve toutefois dans d'autres contextes avec, bien sûr, l'analyse du monopsone sur le marché du travail et, également, la question de l'introduction de l'emploi dans les négociations entre partenaires sociaux (Leontiev [1946], McDonald & Solow [1981]).

[12] Cette durée légale optimale l'est uniquement au regard du critère de l'emploi. On mobilise donc ici une notion purement technique, relative à l'efficacité d'une politique visant à lutter contre le chômage, et les autres aspects socio-économiques du problème comme le niveau des salaires, les effets sur la santé au travail, la coordination des emplois du temps, l'implication et l'engagement dans des activités citoyennes… ne sont de fait pas pris en compte. Ceci ne signifie pas bien sûr

qui est précisément donné par le seuil $S_3(\alpha)$. Cette dernière doit toutefois être accompagnée de la fixation d'un taux de majoration x^*suffisamment important, en l'espèce supérieur ou égal au seuil $\underline{x} = 1 - \alpha/\alpha$, pour s'assurer que la durée effective sera bien égale à $S_3(\alpha)$ et donc désinciter les firmes à faire faire des heures supplémentaires (le régime choisi est donc celui de la durée légale). La propriété suivante résume ce résultat ayant à nos yeux une portée intéressante au regard de la conception des politiques de l'emploi.

Proposition Il existe une durée légale T^* et des taux de majoration des heures supplémentaires x^*permettant de maximiser l'emploi. Ces combinaisons optimales d'instruments (T^*, x^*) sont données par :

$T^* = S_3(\alpha) = \frac{\alpha\mu}{1-\alpha\mu}\frac{F}{w}$	(18)

Figure 2 : Politiques emploi-améliorantes

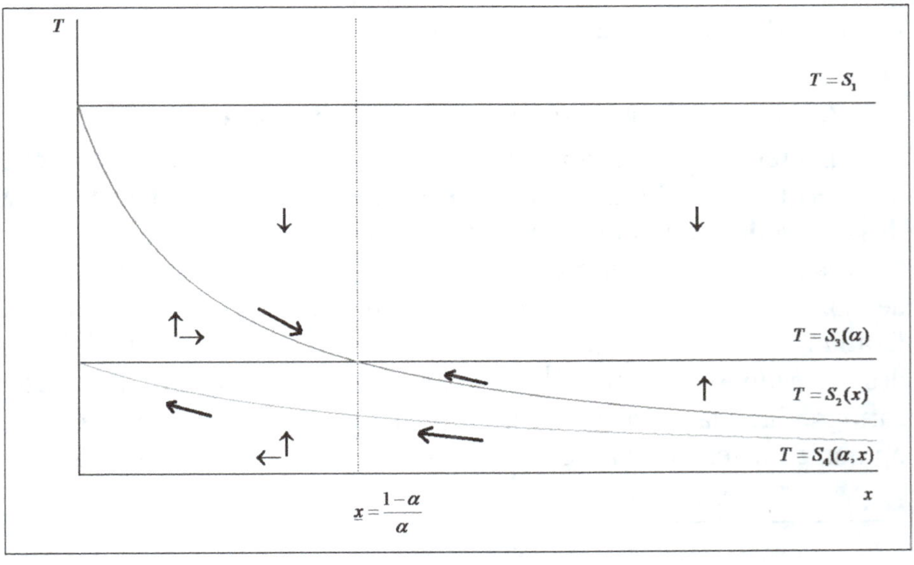

qu'elles ne sont pas à nos yeux importantes et, dans tous les cas de figure, importantes pour un décideur public soucieux du bien commun.

Figure 3 : Courbe d'iso-emploi de niveau $N = N^*$ (marché du travail déréglementé)

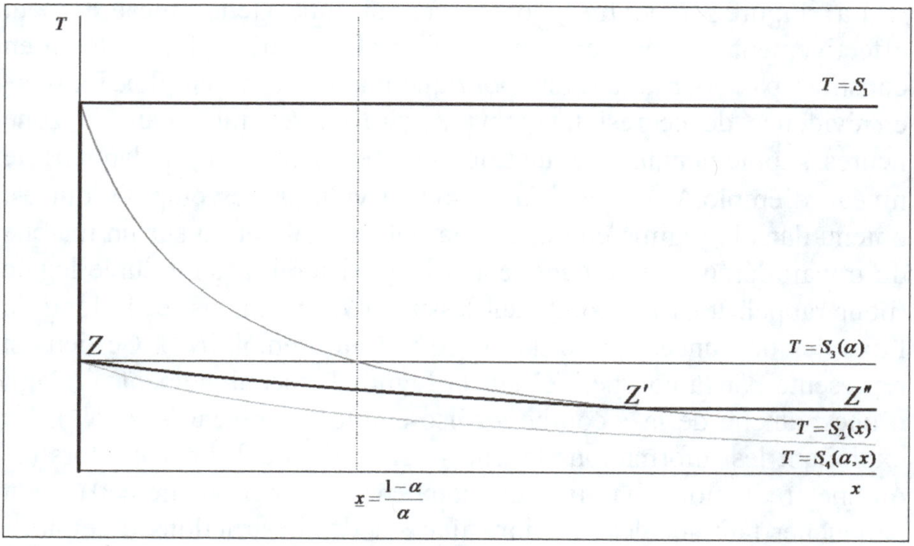

$x^* \geq \underline{x} = \dfrac{1-\alpha}{\alpha}$	(19)

Pour finir, cette cartographie permet d'apprécier le bien-fondé de l'inflexion qui a marqué, au cours de la dernière décade, la politique de l'emploi au niveau national et qui, de ce fait, concerne aussi Mayotte dès lors qu'il est question d'aligner son Droit du Travail local. La question se rapporte à celle des effets sur l'emploi d'une politique qui viserait à alléger de façon massive, en les faisant tendre vers 0, les charges sur les heures supplémentaires (ACHS[13]). De telles mesures ont été introduites à des degrés divers dans plusieurs pays européens (*cf.* Cahuc et Carcillo [2014]) dont la France avec, bien sûr, la loi TEPA de 2007 qui s'est attachée à rompre avec les politiques précédentes de réduction du temps de travail (passage aux 39 heures, loi de Robien, lois Aubry I et II). À cela s'ajoute le fait que, au-delà de la volonté de « dynamiser l'économie » en incitant « à travailler plus pour gagner plus », la baisse du coût du travail sur les heures supplémentaires, lorsqu'elle est massive, a pu aussi être regardée comme un moyen de « sortir des 35 heures », en faisant en sorte qu'une heure supplémentaire coûte quasiment autant qu'une heure

[13] ACHS pour Allégement de Charges sur les Heures Supplémentaires.

normale, cela sans toucher à la réglementation sur la durée du travail à laquelle semble être attachée une grande partie de l'opinion[14].

La Figure 3 montre alors que, si une telle mesure peut effectivement déboucher sur des créations d'emploi, elle n'en constitue pas pour autant une politique maximisant l'emploi. La mise en évidence de ce résultat peut se faire en repérant, dans la zone heures supplémentaires, toutes les combinaisons (x, T) en laquelle le niveau d'emploi N^d est égal à N^*, soit le volume des emplois qui est obtenu dans le régime en deçà de la durée légale et/ou sur un marché du travail déréglementé dans lequel il n'existerait pas de durée légale (pour rappel, tous les points au-dessus de S_1, S_1 inclus, et le long de l'axe des ordonnées $x = 0$ donne ce niveau d'emploi N^*). Ce lieu est représenté par la courbe ZZ' sur la Figure 3 (techniquement, il s'agit d'une branche de la « courbe » d'iso-emploi de niveau $N_0 = N^*$). En exploitant les informations fournies par la Figure 2, on voit alors (1) qu'une réduction massive du taux de majoration ($x \simeq 0$) peut déboucher tant sur des créations que sur des destructions d'emploi[15] et, surtout, (2) que toutes les combinaisons (x, T) situées dans la zone délimitée par la droite S_1, la courbe ZZ' et la demi-droite Z'Z'' mettent en place des niveaux d'emploi plus grands (y compris bien sûr les politiques optimales $(x^*, T^*) = (x, S_3(\alpha))$, $x \geq \underline{x} = 1 - \alpha/\alpha$, en lesquelles l'emploi est maximal). De la sorte, toute stratégie qui viserait à contourner les 35 heures en faisant tendre le taux de

---

14 On pourra citer sur ce point le FMI [2007] : « Même si l'objectif d'assouplissement des 35 heures est louable […] Cette mesure ne représente qu'une solution de second ordre à une distorsion initiale créée par la réduction de la durée hebdomadaire du travail. Cette situation est emblématique du lien pernicieux entre, d'une part, des institutions du marché du travail rigides et, d'autre part, le budget : après avoir dépensé des sommes considérables pour la mise en œuvre des 35 heures, on mobilise à présent des fonds publics supplémentaires pour contourner cette mesure. »

15 Plus précisément, l'annulation à ε près du taux de majoration conduit à une hausse de l'emploi (*i*) pour tous les points situés sous ZZ' (dans ce cas de figure, étant nécessairement sous la courbe $S_2(x)$, la situation initiale est celle de firmes qui font déjà appel aux heures supplémentaires) et (*ii*) pour tous les points situés sous la courbe Z'Z'' et au-dessus de la courbe $S_2(x)$ (dans ce cas de figure, on est initialement dans le régime II « à la durée légale » et l'annulation du taux de majoration génère un changement de régime, avec des firmes qui font dorénavant appel aux heures supplémentaires). A contrario, elle génère des destructions d'emploi (*i*) pour tous les points situés au-dessus de ZZ' mais sous la courbe $S_2(x)$ (dans ce cas de figure, il n'y a donc pas de changement de régime) et (*ii*) pour tous les points situés au-dessus de la frontière ZZ' / Z'Z'' et sous la droite S_1 (dans ce cas de figure, à l'occasion donc d'un changement de régime).

majoration vers 0, i.e. en faisant en sorte que le coût employeur d'une heure supplémentaire soit équivalent à celui d'une heure normale, parce qu'elle recrée effectivement les conditions de fonctionnement d'un marché du travail déréglementé n'est pas une politique de l'emploi optimale.

4.3. Propriétés de la politique maximisant l'emploi

La politique « optimale », c'est-à-dire maximisant l'emploi, $(x^*, T^*) = (x, S_3(\alpha)), x \geq \underline{x} = 1 - \alpha/\alpha$, en matière donc de durée légale et de majoration des heures supplémentaires présente plusieurs propriétés intéressantes. La première est qu'elle est robuste au sens où elle ne dépend pas du prix de l'output p et, ce faisant, de l'état de la conjoncture. Dans le cadre de ce modèle, il n'y a donc pas lieu de la réviser au fur et à mesure de l'état du cycle économique. La seconde est que, la valeur optimaleT^*dépendant du paramètre α (qui mesure l'intensité en travail de la technologie), il y a matière à la moduler selon les secteurs d'activité (et l'intensité en travail de leur technologie).

La conséquence pour Mayotte est que le passage des 39 heures aux 35 heures, fait courir au territoire un coût économique, réel ou d'opportunité, en matière d'emplois perdus dont il reste à prendre la mesure. Sauf coïncidence fortuite, il n'y a en effet aucune raison pour que la durée légale qui s'applique aujourd'hui au niveau national (et dont on peut d'ailleurs se demander si elle est optimale) corresponde à la durée « optimale » de Mayotte. En revanche, le fait que cette durée soit plus forte ou plus faible est une question ouverte. D'un côté, la structure productive de Mayotte (dont les secteurs sont moins capitalistiques) milite pour une durée légale plus importante (car T^*est croissant en α). De l'autre, les coûts fixes de l'emploi, qui sont également probablement plus faibles à Mayotte, poussent à une durée moindre (car T^*est croissant en F). Là aussi, il importe alors de prendre la mesure de ces grandeurs pour une gestion éclairée de la décision publique.

Pour finir, l'examen des propriétés de l'emploi maximal qui est obtenu avec la mise en œuvre de cette politique souligne la nécessité de combiner les instruments. Ainsi et évaluant la demande d'emploi $N^d_{h^d=T}$ en $T = T^* = S_3(\alpha)$, il vient :

$\log N^d_{h=T} = c^{ste} + \dfrac{\log K_0 + \log p}{1-\alpha} - \dfrac{(1-\alpha\mu)\log F + \alpha\mu \log w}{1-\alpha}$	(20)

Le point alors est que l'on gagne à faire baisser le coût du travail, i.e. les politiques qui visent à réduire le coût du travail sont efficaces[16], mais ces mesures doivent s'accompagner à l'optimum d'un ajustement de la durée légale, à la baisse s'il s'agit du coût fixe de l'emploi (car $\partial T^*/\partial F > 0$) mais à la hausse s'il s'agit du salaire horaire (car $\partial T^*/\partial w < 0$).

Au regard de ces propriétés, l'augmentation du SMIG et la réduction de la durée légale qui caractérisent aujourd'hui l'évolution du paysage réglementaire de Mayotte est une combinaison qui interroge. En particulier, s'il est effectivement cohérent de réduire la durée légale optimale face à un taux de salaire qui augmente, il est en revanche préférable, du point de vue de l'emploi, d'avoir une durée légale optimale qui augmente et un taux de salaire qui diminue. Par ailleurs et hors politique optimale, les propriétés du Tableau 1 établissent que, dans le cas le plus favorable où une baisse de la durée légale conduirait à des créations d'emplois à Mayotte, i.e. en admettant qu'une durée légale de 39 heures soit telle que $S_3(\alpha) < T = 39 < S_1$ pour l'économie mahoraise, l'augmentation du taux de salaire détruirait des emplois (car elle accroîtrait le coût marginal de l'emploi qui vaut $Cme = F + wT$ dans le régime II). Dans tous les cas de figure, la condition d'optimalité (10) qui caractérise la détermination de l'emploi dans ce régime y établit que la baisse du coût du travail est un facteur essentiel pour qu'une RTT puisse déboucher sur des créations d'emplois. Ce trait se retrouve alors pleinement dans les évaluations de politiques publiques des lois Aubry I et II[17] qui, lorsqu'elles concluent à un effet favorable de la mesure, imputent la plus grande partie des créations d'emploi aux réductions des cotisations sociales sur les bas salaires et à la flexibilité accrue dans l'organisation du travail, via l'allongement de la durée d'utilisation des équipements, qui l'ont accompagnée.

5. Les effets de long terme

L'endogénéisation du stock de capital ne remet pas en cause les résultats présentés jusqu'à présent. En particulier, une réduction de la durée légale et une baisse du taux de majoration exercent des effets

---

[16] Les coefficients $\frac{1-\alpha\mu}{1-\alpha}$ et $\frac{\alpha\mu}{1-\alpha}$ mesurent, au signe près, les élasticités de l'emploi (maximal) par rapport à, respectivement, le coût fixe de l'emploi F et le taux de salaire w.

[17] Sur ce point, *cf.* notamment Crépon & Kramarz [2006].

sur l'emploi qui demeurent dans, respectivement les régimes II et III, indéterminés. En sus, il existe toujours une combinaison d'instruments, durée légale/taux de majoration des heures supplémentaires, optimale permettant de maximiser l'emploi. Cette dernière doit toutefois être amendée pour tenir compte de la réponse du marché de l'output aux variations du coût unitaire de production (de long terme).

Pour pouvoir bien apprécier les effets qui sont à l'œuvre, il est utile d'adopter une méthodologie différente de celle utilisée pour l'analyse de court terme (et qui se centrait sur la condition d'optimalité). Cette approche, usuelle en théorie de la demande de travail (*cf.* notamment Hamermesh [1993]), consiste à décomposer l'effet total que produit la variation d'un paramètre de coût en un effet substitution, défini à production constante, et un effet volume lié à la variation de la production qui est ainsi générée.

5.1. La règle de décision de l'entreprise

Le premier élément est que l'endogénéisation du stock de capital ne modifie ni les durées h^*eth^{**}, ni les conditions de régime $T \leq S_2(x)$,$S_2(x) \leq T \leq S_1$et$S_1 \leq T$ qui font jour à court terme (ce qui est cohérent avec le fait que la demande de l'input « durée du travail » ne dépende ni du niveau de production, ni du stock de capitalK_0). Compte tenu de ces propriétés, la règle de décision de l'entreprise peut se présenter comme suit.

Dans un premier temps, l'employeur fixe la durée du travail àh^*, T ouh^{**}, en faisant usage des conditions de régime de façon à identifier le type de solution qui s'applique. Ce volet de la décision a aussi pour conséquence de fixer le coût marginal de l'emploi $Cme = F + wh^d$qui reste donné par l'équation (11) (le coût d'un emploi nouveau varie donc toujours selon les régimes).

Dans un second temps et face à un objectif de production $y = y_0$ bien déterminé, la firme sélectionne la combinaison emploi / stock de capital efficace, en l'espèce en égalisant le TMST$-\partial K/\partial N|_{dy=0}$au rapport des coûts des facteurs Cme/r. En procédant de la sorte, on obtient des demandes conditionnelles de long terme, $K^c(\cdot)$ et$N^c(\cdot)$, à partir desquelles il est possible de mettre en évidence des effets de substitution.

Pour finir, les rendements d'échelle étant constants en K et $L = e(h)N$ (*cf.* éq. (12)), la fonction de coût $C^* = (F + wh^d)N^c(\cdot) + rK^c(\cdot)$ présente la particularité d'être linéaire en y et la fonction d'offre (concurrentielle) de la firme est infiniment élastique en un niveau de prix égal au coût unitaire de production. Ce coût unitaire ne dépendant que des prix des facteurs, il est alors possible de mettre en évidence des effets volumes mais à condition de raisonner à l'équilibre sur le marché de l'output avec (*i*) un niveau de prix qui est fixé par le coût unitaire de production et (*ii*) une quantité produite qui est déterminée par la demande en ce niveau de prix[18].

La décomposition de l'effet total en un effet substitution et un effet volume exploite alors le fait que la demande d'emploi (non conditionnelle) $N^d(\cdot)$ peut s'écrire sous la forme :

$$N^d(p^*(\theta),\theta) = N^c(1,\theta) \times y^d\big(p^*(\theta)\big) = N^c(1,\theta) \times y^d\big(c(\theta)\big) \quad (21)$$

avec θ un paramètre de coût ($\theta = w, x, T, r$ ou F),$N^c(1,\theta)$le volume d'emploi utilisé par la firme pour produire 1 unité d'output, $p^*(\theta) = c(\theta)$ le prix de vente à l'équilibre sur le marché de l'output, égal donc au coût unitaire de production, et $y^d\big(p^*(\theta)\big) = y^d\big(c(\theta)\big)$ la production d'équilibre, cette dernière étant déterminée par le niveau de la demande en $p = p^*(\theta) = c(\theta)$. Dérivant alors l'identité (21) par rapport à θ, il vient :

$$\frac{\partial N^d}{\partial \theta} = \left.\frac{\partial N^c}{\partial \theta}\right|_{y=1} \times y^d\big(c(\theta)\big) + N^c(1,\theta) \times \left.\frac{\partial y^d}{\partial p}\right|_{p=p^*=c(\theta)} \frac{\partial c}{\partial \theta} \quad (22)$$

Cette relation indique que la réponse de l'emploi se décompose en la somme de deux termes. **Le premier**, défini à production constante, **est un effet substitution**. A production donnée, la modification d'éléments rentrant dans le calcul du coût du travail (ou du coût du capital) va conduire la firme à modifier les procédés de production (et donc la combinaison capital/emploi/durée du travail). **Le second est un effet volume**. La modification de ces mêmes éléments va avoir un effet sur le coût unitaire de production, ce qui va rétroagir à son tour, via l'équilibre sur le marché de l'output, sur la production de la firme (on parle aussi d'effet de compétitivité ; *cf.* Legendre & Le Maitre [2001]). Dans ce qui suit, on supposera alors que ce retour du marché de l'output est suffisamment grand avec une élasticité de la demande par rapport au prix, noté ε, supérieur à l'unité. Cette dernière

[18] L'hypothèse d'une structure concurrentielle pour le marché de l'output est posée à titre de référence et peut être relâchée sans difficulté.

condition est une hypothèse usuelle dans les modèles macroéconomiques s'agissant de la modélisation du marché de l'output (*cf.* notamment les modèles de concurrence monopolistique), le cas des biens dont la demande est inélastique posant des problèmes spécifiques qui ne seront pas traités dans ce texte.

5.2. Les effets de deux politiques publiques : RTT et ACHS

5.2.1. Analyse des effets d'une RTT dans le régime II

Ce cadre d'analyse étant posé, on examinera dans un premier temps **les effets de long terme**, sur l'emploi et le stock de capital, **d'une réduction de la durée légale *T*** dans une situation où les salariés travaillent à la durée légale, i.e. lorsque $h^d = T$. Quelques calculs simples montrent alors que la combinaison emploi/stock de capital efficace, à production $y = y_0$donnée, vérifie dans ce régime :

$$\begin{cases} \log K = \log\dfrac{1-\alpha}{\alpha} + \log\dfrac{F+wT}{r} + \log N \\ \log y_0 = (1-\alpha)\log K + \alpha\mu\log T + \alpha\log N \end{cases} \qquad (23)$$

La première condition constitue l'équation du sentier d'expansion dans le plan(N, K) ; la seconde fait usage d'une fonction de production « concentrée » dans laquelle la durée du travail h est fixée à sa valeur efficace (du point de vue de l'employeur), soit ici T. La résolution de ce système permet d'obtenir les équations des demandes d'emploi et de capital conditionnelles qui sont données par :

$$\begin{cases} \log N^c = c^{ste} + \log y_0 - (1-\alpha)\log\dfrac{F+wT}{r} - \alpha\mu\log T \\ \log K^c = c^{ste} + \log y_0 + \alpha\log\dfrac{F+wT}{r} - \alpha\mu\log T \end{cases} \qquad (24)$$

De façon évidente, $\partial N^c/\partial T < 0$ et une réduction de la durée légale se traduit, à production constante, par une augmentation de l'emploi. Deux effets jouent alors pour aboutir à ce résultat. Le premier est qu'une baisse de la durée du travail $h = T$ se traduit par une réduction de l'efficacité du travail à l'optimum $e = e^* = T^\mu$. Le nombre de tâches productives réalisées par un homme (en fait, chaque homme) étant moins important, la réorganisation de la production fait que l'on a besoin de plus d'emplois et de plus de capital pour réaliser le niveau d'output$y_0$donné (cet effet est capturé par le terme $-\alpha\mu \log T$qui est commun aux deux équations de demande). Parallèlement, la baisse de Tréduit également le coût marginal de l'emploi qui vaut $Cme = F + wT$ dans ce régime, ce qui incite la firme à remplacer les machines par des hommes (ce sont les termes $-(1-\alpha)\log\frac{F+wT}{r}$et $\alpha \log\frac{F+wT}{r}$ dans les relations (24)). Ces deux éléments font que l'effet sur l'emploi d'une réduction de la durée légale est, toujours à production donnée, positif dans ce régime et l'on peut vérifier qu'il en va, au bout du compte, de même pour la demande de capital[19].

Parallèlement, on établit au prix de quelques calculs (*i*) que le coût unitaire de production est donné dans ce régime par :

$c = c(F + wT, r, T) = c^{ste} \times r^{1-\alpha}(F + wT)^{\alpha} T^{-\alpha\mu}$	(25)

et (*ii*) qu'il vérifie[20] :

$\frac{\partial c}{\partial T} = \alpha c \times \left(\frac{w}{F + wT} - \frac{\mu}{T}\right) < 0$	(26)

i.e. en cette solution, en dépit de la baisse du coût marginal de l'emploi $Cme = F + wT$, une réduction de la durée légale conduit à une augmentation du coût unitaire de production via son effet sur l'efficacité du travail $e = e^* = T^{\mu}$. Dans ces conditions et reprenant l'équation (22), on peut écrire :

$\frac{\partial N^d}{\partial T} = \left.\frac{\partial N^c}{\partial T}\right\vert_{y=1} \times y^d(c(T)) + N^c(1, F + wT, r, T) \times \left.\frac{\partial y^d}{\partial p}\right\vert_{p=p^*=c(T)} \frac{\partial c}{\partial T}$	(27)

Cette relation établit que l'effet total d'une variation de la durée légale se décompose en la somme de deux effets qui ne vont pas dans le même sens. Le premier terme correspond à l'effet substitution décrit plus haut et qui veut que la baisse de Tconduise, à production donnée, à une augmentation de l'emploi. Le second terme représente un effet volume calculé à l'équilibre sur le marché de l'output. Plus

---

[19] Supposant $\partial K^c/\partial T < 0$ donne $T < h^*$, ce qui est vrai car, étant dans un régime où$h^d = T, T < S_1 = h^*$.

[20] Supposant $\partial c/\partial T < 0$ donne là aussi $T < h^*$, ce qui est vrai car$h^d = T$.

précisément, la baisse de la durée légale conduit à une augmentation du coût unitaire de production, puisque $\partial c/\partial T < 0$ dans ce régime, qui se répercute, à l'équilibre sur le marché de l'output, sur le prix de vente du produit. Face à cette hausse de prix, la demande diminue et il en va de même pour la production et l'emploi (qui varie linéairement avec y). Au final, on voit qu'une baisse de la durée légale T s'accompagnera, à terme, d'une augmentation de l'emploi uniquement lorsque l'effet volume est suffisamment petit (on notera que, l'effet volume pouvant être rendu aussi grand que l'on veut en jouant sur la sensibilité de la demande, l'effet total est bien indéterminé).

5.2.2. Analyse d'un ACHS dans le régime III

Étudions à présent l'effet (de long terme) d'un allégement des charges sur les heures supplémentaires (ACHS). Le point de départ est constitué des demandes conditionnelles d'emploi et de capital qui sont données dans un régime d'heures supplémentaires par :

$$\begin{cases} \log N^c = c^{ste} + \log y_0 - (1-\alpha)\log\dfrac{F - xwT}{(1-\mu)r} - \alpha\mu\log h^{**} \\ \\ \log K^c = c^{ste} + \log y_0 + \alpha\log\dfrac{F - xwT}{(1-\mu)r} - \alpha\mu\log h^{**} \end{cases} \qquad (28)$$

avec toujours $h^{**} = \frac{\mu}{1-\mu}\frac{F-xwT}{(1+x)w}$ la durée effective du travail dans ce régime. L'examen de ces deux relations montre qu'une baisse du taux de majoration génère un effet substitution qui est défavorable à l'emploi, et ce, pour deux raisons. La première est qu'une baisse de x conduit à une augmentation de la durée du travail $h^d = h^{**}$; il en résulte une première baisse de l'emploi liée à la substitution des heures aux hommes (c'est le terme $-\alpha\mu\log h^{**}$ qui joue aussi dans la demande de capital). La seconde est que cette même baisse, parce qu'elle fait précisément augmenter la durée du travail, fait aussi augmenter le coût marginal de l'emploi Cme qui est égal à $F - xwT/1-\mu$ dans ce régime. Cette variation conduit à remplacer les hommes par du capital (ce sont les termes $-(1-\alpha)\log\frac{F-xwT}{(1-\mu)r}$ et $\alpha\log\frac{F-xwT}{(1-\mu)r}$).

Parallèlement, il s'avère que le coût unitaire de production dans ce régime est donné par :

$c = c\left(\frac{F - xwT}{1-\mu}, r, h^{**}\right) = \cdots$ $= c^{ste} \times r^{1-\alpha}(F - xwT)^{\alpha(1-\mu)}\big((1+x)w\big)^{\alpha\mu}$	(29)

avec :

$\frac{\partial \log c}{\partial x} = \frac{\alpha\mu}{1+x} - \frac{\alpha(1-\mu) \times wT}{F - xwT} > 0$	(30)

Dans ces conditions, une baisse du taux de majoration, parce qu'il réduit *in fine* le coût unitaire de production[21], est à la source d'un effet volume qui joue en faveur de l'emploi (la baisse de x fait baisser le coût de production, ce qui se traduit par une baisse de prix et une augmentation de la production à l'équilibre sur le marché de l'output). L'adjonction de cet effet avec l'effet substitution décrit plus haut fait que l'effet total d'une variation de $x$sur l'emploi :

$\frac{\partial N^d}{\partial x} = \left.\frac{\partial N^c}{\partial x}\right\|_{y=1} \times y^d(c(x)) + N^c\left(1, \frac{F - xwT}{1-\mu}, r, h^{**}\right)$ $\times \left.\frac{\partial y^d}{\partial p}\right\|_{p=p^*=c(x)} \frac{\partial c}{\partial x}$	(31)

est indéterminé ; la mesure sera toutefois positive si l'effet volume est suffisamment important.

En résumé, une réduction de la durée légale dans le régime II sera efficace si l'effet substitution que génère cette baisse du coût de l'input homme l'emporte sur l'effet volume lié au renchérissement du coût de production (lié lui-même à la baisse de l'efficacité du travail$e^* = T^{\mu}$). A contrario, un ACHS est efficace lorsque l'effet volume lié à la baisse (*in fine*) du coût unitaire de production que génère la mesure l'emporte sur l'effet substitution que génère cette même mesure. Ces propriétés pourraient alors laisser à penser que, à

---

[21] Compte tenu de l'augmentation du coût marginal de l'emploi, $Cme = F - xwT/1-\mu$, l'effet sur le coût de production d'une réduction du taux de majoration est *a priori* ambigu. Toutefois, supposant $\partial \log c\,/\partial x > 0$ donne $T < S_2(x)$, ce qui est vrai car on se situe en cette solution dans un régime d'heures supplémentaires.

terme, le choix entre une RTT et un ACHS doit se faire au regard de l'importance de l'effet volume et, ce faisant, de la structure du marché de l'output (une RTT serait efficace là où une ACSH serait inefficace, faible effet volume, et inversement). Le paragraphe suivant montre que si l'effet volume joue effectivement un rôle important dans la calibration de la politique optimale, cela ne remet pas pour autant en cause l'intérêt qu'il y a pour les autorités publiques à réguler le marché du travail, en fixant donc une durée légale et un taux de majoration pour les heures supplémentaires à des niveaux adéquats.

5.3. La politique « optimale » à long terme

En exploitant ces propriétés de long terme et au prix de quelques calculs additionnels, il est possible d'établir une cartographie similaire à celle qui fait jour dans le cas du court terme (*cf.* Figure 2), mais avec des valeurs (de long terme) pour les seuils S_3 et S_4qui diffèrent (de celles de court terme). L'exploitation de cette cartographie conduit alors à des conclusions de même nature que celles qui ont été discutées dans le cas du court terme. En particulier, il existe toujours une politique optimale qui permet de maximiser l'emploi. Cette dernière consiste (*i*) à fixer une durée légale (de long terme) égale à :

$$T^{**} = \frac{\alpha\mu \times (\varepsilon - 1)}{1 + \alpha(\varepsilon - 1)(1 - \mu)} \frac{F}{w} \qquad (32)$$

(avec, pour rappel, ε l'élasticité de la demande par rapport au prix à l'équilibre sur le marché de l'output) et (*ii*) à accompagner ce volet de la mesure par un taux de majoration des heures supplémentaires supérieur ou égal à :

$$\underline{x}^{**} = \frac{1}{\alpha(\varepsilon - 1)} \qquad (33)$$

de façon à s'assurer que la durée effective h^dsoit bien égale à T^{**}(comme à court terme, le régime choisi à l'optimum est donc celui de la durée légale). Cette politique met en place un niveau d'emploi (maximal) qui est égal à :

$$\log N^{**} = c^{ste} - \big(1 + \alpha(1 - \mu)(\varepsilon - 1)\big) \log F - \alpha\mu(\varepsilon - 1) \log w \qquad (34)$$

avec une conclusion de même nature s'agissant de l'efficacité des politiques qui visent à réduire le coût du travail, i.e. de telles politiques sont efficaces mais elles doivent s'accompagner à l'optimum d'un ajustement de la durée légale, à la baisse s'il s'agit du coût fixe de l'emploi (car $\partial T^{**}/\partial F > 0$), à la hausse s'il s'agit du salaire horaire (car $\partial T^{**}/\partial w < 0$).

D'autre part et comparant cette politique avec celle qui fait jour à court terme, on voit :

(1) que la durée légale de long terme sera supérieure à celle de court terme si $\varepsilon > \frac{2-\alpha}{1-\alpha}$ et inférieure sinon. Cette valeur seuil pour ε pouvant être assez grande, notamment au voisinage de $\alpha = 0,7$ qui est une valeur empirique de référence, on est amené à penser que la durée optimale de long terme est vraisemblablement plus faible que celle de court terme.

(2) Que sous la même condition, $\varepsilon > \frac{2-\alpha}{1-\alpha}$, le seuil de long terme pour le taux de majoration est inférieur à sa valeur de court terme et supérieur sinon. Toutefois, n'importe quelle valeur de x supérieure au taux seuil (correspondant) étant optimale, il n'y a pas lieu de réviser le niveau de cet instrument si l'on sélectionne :

$$x = \max[\underline{x}, \underline{x}^{**}] = \max\left[\frac{1-\alpha}{\alpha}, \frac{1}{\alpha(\varepsilon - 1)}\right] \quad (35)$$

(3) que la durée légale « optimale » doit être d'autant plus élevée que le retour du marché de l'output, capturé par epsilon et correspondant à l'effet volume, est fort. En effet, on a :

$$\frac{\partial T^{**}}{\partial \varepsilon} = \frac{\alpha\mu}{\left(1 + \alpha(\varepsilon - 1)(1 - \mu)\right)^2} > 0 \quad (36)$$

avec de plus :

$$\lim_{\varepsilon \to +\infty} T^{**} = \lim_{\varepsilon \to +\infty} \frac{\alpha\mu \times (\varepsilon - 1)}{1 + \alpha(\varepsilon - 1)(1 - \mu)} \frac{F}{w} = \frac{\mu}{1 - \mu} \frac{F}{w} = h^* \quad (37)$$

Qui correspond à la durée du travail obtenue spontanément sur un marché du travail déréglementé. Ces éléments montrent alors que le choix de la politique « optimale » à long terme doit aussi s'apprécier au regard de la structure du marché de l'output (et le caractère plus ou moins captif de la demande). Parallèlement, ils établissent aussi que la stratégie qui consisterait à contourner les 35 heures, en faisant en sorte qu'une heure supplémentaire coûte quasiment autant qu'une heure normale ($x \simeq 0$), requiert pour être quasi optimale[22] à terme des conditions de demande extrêmes avec un effet volume infiniment grand et qu'également alpha tende vers 1.

6. Conclusion

La relation entre l'emploi et la durée du travail est complexe : elle ne se résume pas à une simple règle de 3. Cela ne signifie pas pour autant que le décideur public n'a pas intérêt à légiférer en la matière : il existe une durée légale optimale permettant de maximiser le niveau d'emploi. Cette durée doit aussi être accompagnée d'un fort taux de majoration des heures supplémentaires afin de limiter l'utilisation de ces dernières par les entreprises (de la sorte, le décideur public fixe aussi la durée effective). Cette politique optimale dépend des caractéristiques de la technologie, des coûts liés à la mise en œuvre des services productifs du travail et, à plus long terme, des caractéristiques du marché de l'output. De ce fait, moduler la durée légale selon les secteurs d'activité, voire encore selon les territoires pourrait maximiser l'emploi dès lors que le décideur public dispose de l'information nécessaire à son niveau d'intervention. Il n'en est cependant pas ainsi pour le taux de majoration. En outre, les propriétés de la demande d'emploi dans le régime afférant montrent que des politiques de réduction du coût du travail peuvent maximiser l'emploi mais elles requièrent un ajustement de la durée légale optimale, à la baisse si les coûts fixes de l'emploi augmentent, et à la hausse si le salaire horaire s'accroît. En revanche, supprimer la durée légale, la fixer à des niveaux tels qu'elle en devienne non contraignante ou réduire le taux de majoration des heures supplémentaires à des valeurs proches de zéro, constituent des mesures qui recréent les conditions de fonctionnement d'un marché du travail non réglementé qui peuvent déboucher sur des créations d'emplois mais qui ne permettent pas d'atteindre un niveau d'emploi maximal.

Bien évidemment, dire que l'emploi sur un marché dérégulé n'est pas au maximum ne signifie pas que le niveau de ce dernier soit

---

[22] Quasi optimale car, dans ce cas, le coût qui est supporté à ne pas ajuster la durée légale à sa valeur optimale est sans nul doute très faible.

« petit » et, en tout état de cause, il est vrai que toute théorie de l'intervention publique doit aussi montrer que l'État fera mieux que le Marché. Force alors est de constater que les obstacles en la matière sont réels, et nombreux, mais le fait est que le décideur public agit encore aujourd'hui sur la durée légale et, dans un contexte où l'argent public se fait rare, on attend de ses décisions qu'elles soient efficaces. Si la question de l'intervention publique va bien au-delà du seul cadre de Mayotte, la décision de passer des 39 heures aux 35 heures interpelle. Le modèle ne nous dit pas si cette décision, dont on comprend bien les motivations citoyennes, aura des conséquences néfastes sur l'emploi. Seules des évaluations de politiques publiques de type ex ante, basées sur des estimations économétriques de la demande de travail locale, peuvent permettre de répondre à cette question (avec toutes les limites de l'exercice). Ce que le modèle nous prédit en revanche est que Mayotte a une durée légale optimale qui lui est spécifique : « tout le monde ne chausse pas du 35 ». Une bonne gouvernance de la chose, mobilisant les adaptations nécessaires dont il est question à la page 8 « Document stratégique » intitulé « MAYOTTE 2025, UNE AMBITION POUR LA RÉPUBLIQUE » (juin 2015) peut aider, sans nul doute de façon significative, au développement socio-économique du territoire. On peut alors espérer que les évaluations ex post dont il est question dans ce document sauront alimenter la réflexion des acteurs sur le sujet.

Bibliographie

Aoki M. [1984], *The Cooperative Game Theory of the Firm*, Oxford University Press, London.

Artus P., Cahuc P. & Zylberberg A. [2007], « Temps de travail, revenu et emploi », Rapport du Conseil d'Analyse Économique n° 688, *La documentation française*, Paris.

d'Autume A. & Cahuc P. [1997], « Réduction de la durée du travail et emploi : une synthèse » in *La réduction de la durée du travail, une solution pour l'emploi ?*, Cahuc et Granier (éds), Chapitre 3, Economica, Paris.

d'Autume A. & Cahuc P. [1998], « La réduction de la durée du travail : faut-il y croire ? » *Revue d'économie politique*, 108, 1, p. 5-14.

d'Autume A. [2000], « Réorganisation de la production et réduction de la durée du travail : une perspective macroéconomique »,

Économie internationale, *la revue du CEPII* n° 83, 3e trimestre 2000.

Blanchard O., Cahuc P. & Zylberberg A. [2007], « Détaxation coûteuse et aléatoire, Point de vue », *Le Monde*, 5 juin 2007.

Bowles S. & Gintis H. [1993], "The democratic firms: an agency-theoretic evaluation", in *Markets and Democracy, participation, accountability and efficiency*, Bowles, Gintis and Gustafson (éds.), Cambridge University Press, New York.

Brechling F. P.R. [1965], "The relationship between output and employment in British manufacturing industries", *Review of Economic Studies*, 32, 3, p. 187-216.

Brodaty T., Crépon B. et Fougère D. [2001], "Using Matching Estimators to Evaluate Alternative Youth Employment Programs: Evidence from France, 1986-1988", in *Econometric Evaluations of Active Labour Market Policies in Europe*, Springer Verlag.

Cahuc P. & Carcillo S. [2014], "The Detaxation of Overtime Hours: Lessons from the French Experiment," *Journal of Labor Economics*, University of Chicago Press, vol. 32(2), p. 361-400.

Cahuc P. & Zylberberg A. [1996], *Économie du Travail – La formation des salaires et les déterminants du chômage*, De Boeck Université. FMI [2007]

Calmfors L., Forslund A. & Henström M. [2001], "Does Active Labour Market Policy Work? Lessons from the Swedish Experiences", *Swedish Economic Policy Review*, 85, p. 61-124.

Costa D. [2000], "Hours of Work and the Fair Labor Standards Act: A Study of Retail and Wholesale Trade, 1938-1950", *Industrial and Labor Relations Review*, 53, 4, p. 648-64.

Crépon B & Kramarz F. [2006], "The Two French Work-Sharing Experiments: Employment and Productivity Effects", in *Labor Market Effects of Work sharing Arrangements in Europe*, Burda, Hamermesh, Kramarz et Weil (éds), Oxford University Press.

Fama E. F. [1980], "Agency problems and the theory of the firm", *Journal of Political Economy*, 88, 2, p. 288-307.

FMI [2007] Rapport annuel sur la situation de la France, Consultations de 2007, disponible à http://www.imf.org/external/np/ms/2007/fra/111907f.htm

Gerfin M. & Lechner M. [2002], "A Micro econometric Evaluation of the Active Labour Market Policy in Switzerland", *Economic Journal*, 112, 482, p. 854-893.

Hamermesh D.S. [1993]. Labor demand, Princeton University Press.

Hart R.A. & Moutos T. [1995], *Human Capital, Employment and Bargaining*, Cambridge University Press.

Hermet F. [2015], « Mayotte, un département français méconnu », dans *Mayotte – État des lieux, enjeux et perspectives. Regards croisés sur le dernier-né des départements français*, F. Hermet, Éditions L'Harmattan.

Hermet F. & Paul M. [2015], « Les caractéristiques du chômage à Mayotte », dans *Mayotte – État des lieux, enjeux et perspectives. Regards croisés sur le dernier-né des départements français*, F. Hermet, Éditions L'Harmattan, 2015.

Hermet F. & Paul M. [2017], « Les dysfonctionnements du marché du travail à Mayotte : un facteur significatif de pauvreté », dans *Dire l'océan Indien*, sous la direction de Yvan Combeau, dir., 2 vol., Epica.

Heyer E. [2010], "Efficacité de la politique économique et position dans le cycle – Le cas de la défiscalisation des heures supplémentaires en France", document de travail de l'OFCE, n° 2010-26.

INSEE [2017] Tableaux de l'Économie Française, Édition 2017.

La loi relative à l'égalité réelle outre-mer (octobre 2016).

Legendre F. & Le Maitre P. [2001], "La sensibilité de l'emploi au coût du travail. Une exploration à partir de données de panel", *Économie et prévision*, n° 150-151, 4-5. p. 1-11.

Leontiev W. [1946], "The pure theory of the guaranteed annual wage contract", *Journal of Political Economy*, 54, 1, p. 76-79.

Lindbeck A. & Snower D.J. [1988] "Cooperation, Harassment, and Involuntary Unemployment: An Insider-Outsider Approach", *The American Economic Review*, 78, 1, p. 167-188.

Mayotte 2025, Une ambition pour la République. Le document stratégique, juin 2015.

McDonald I.M & Solow R.M. [1981], "Wage bargaining and employment", *The American Economic Review*, 71, 896-908.

Meade J.E. [1986], Alternative Systems of Business Organization and of Workers' Remuneration, Allen and Urwin, London.

Scitovsky T. [1943], "A note on profit maximization and its implications", *Review of Economic Studies*, 11, p. 57-60.

Sianesi B. [2004], "An Evaluation of the Swedish System of Active Labour Market Programs in the 1990s", *Review of Economics and Statistics*, 86, 1, 133-155, 2004.

Trejo S. [2003], "Does the Statutory Overtime Premium Discourage Long Workweeks?", *Industrial and Labor Relations Review*, 56, 3, p. 530-551.

Williamson O.E. [1990] "The firm as a nexus of treaties: an Introduction", in *The Firm as a Nexus of Treaties*, Aoki, Gustafsson and Williamson (éds.), Sage, London.

Structures éditoriales du groupe L'Harmattan

L'Harmattan Italie
Via degli Artisti, 15
10124 Torino
harmattan.italia@gmail.com

L'Harmattan Hongrie
Kossuth l. u. 14-16.
1053 Budapest
harmattan@harmattan.hu

L'Harmattan Sénégal
10 VDN en face Mermoz
BP 45034 Dakar-Fann
senharmattan@gmail.com

L'Harmattan Cameroun
TSINGA/FECAFOOT
BP 11486 Yaoundé
inkoukam@gmail.com

L'Harmattan Burkina Faso
Achille Somé – tengnule@hotmail.fr

L'Harmattan Guinée
Almamya, rue KA 028 OKB Agency
BP 3470 Conakry
harmattanguinee@yahoo.fr

L'Harmattan RDC
185, avenue Nyangwe
Commune de Lingwala – Kinshasa
matangilamusadila@yahoo.fr

L'Harmattan Congo
67, boulevard Denis-Sassou-N'Guesso
BP 2874 Brazzaville
harmattan.congo@yahoo.fr

L'Harmattan Mali
Sirakoro-Meguetana V31
Bamako
syllaka@yahoo.fr

L'Harmattan Togo
Djidjole – Lomé
Maison Amela
face EPP BATOME
ddamela@aol.com

L'Harmattan Côte d'Ivoire
Résidence Karl – Cité des Arts
Abidjan-Cocody
03 BP 1588 Abidjan
espace_harmattan.ci@hotmail.fr

L'Harmattan Algérie
22, rue Moulay-Mohamed
31000 Oran
info2@harmattan-algerie.com

L'Harmattan Maroc
5, rue Ferrane-Kouicha, Talaâ-Elkbira
Chrableyine, Fès-Médine
30000 Fès
harmattan.maroc@gmail.com

Nos librairies en France

Librairie internationale
16, rue des Écoles – 75005 Paris
librairie.internationale@harmattan.fr
01 40 46 79 11
www.librairieharmattan.com

Lib. sciences humaines & histoire
21, rue des Écoles – 75005 Paris
librairie.sh@harmattan.fr
01 46 34 13 71
www.librairieharmattansh.com

Librairie l'Espace Harmattan
21 bis, rue des Écoles – 75005 Paris
librairie.espace@harmattan.fr
01 43 29 49 42

Lib. Méditerranée & Moyen-Orient
7, rue des Carmes – 75005 Paris
librairie.mediterranee@harmattan.fr
01 43 29 71 15

Librairie Le Lucernaire
53, rue Notre-Dame-des-Champs – 75006 Paris
librairie@lucernaire.fr
01 42 22 67 13

www.ingramcontent.com/pod-product-compliance
Lightning Source LLC
LaVergne TN
LVHW010939061026
849535LV00007B/2473